21世纪高职高专财经类能力本位型规划教材
国际贸易专业教学改革教材

国际贸易实务

主　编　刘　慧　吕春燕
副主编　徐英姿
参　编　朱惠红　何　晖
　　　　巫丽环　王婉君

内 容 简 介

"国际贸易实务"是国际经济与贸易专业、商务英语专业的核心课程,是一门主要研究国际商品交换的具体过程的学科,也是一门涉及外贸业务综合流程、交易谈判、交易条件(船、货、款)等活动的实践性很强的综合性应用学科。本书案例丰富,主要内容围绕船、货、款三大方面进行编排,具体包括整个外贸流程涉及的知识点:外贸业务岗位设置、国际贸易术语、国际货运保险、国际货款的结算、交易磋商、合同的签订及履行等。本书更新了国际贸易术语部分的内容,采用《INCOTERMS 2010》。同时,本书的内容主要按照实际工作的流程进行安排,遵循循序渐进的学习规律。此外,本书每个项目均配有思考与练习题,以帮助学生理解所学内容。

本书可以作为高职高专国际经济与贸易、商务英语、物流、市场营销等专业的通用教材,也可以作为相关工作人员岗位培训教材和自学参考书。

图书在版编目(CIP)数据

国际贸易实务/刘慧,吕春燕主编. —北京:北京大学出版社,2012.3
(21世纪高职高专财经类能力本位型规划教材)
ISBN 978-7-301-20192-3

Ⅰ.①国… Ⅱ.①刘…②吕… Ⅲ.①国际贸易—贸易实务—高等职业教育—教材 Ⅳ.①F740.4

中国版本图书馆 CIP 数据核字(2012)第 019953 号

书　　　名:	国际贸易实务
著作责任者:	刘　慧　吕春燕　主编
策 划 编 辑:	赖　青　李　辉
责 任 编 辑:	姜晓楠
标 准 书 号:	ISBN 978-7-301-20192-3/F·3076
出 版 者:	北京大学出版社
地　　　址:	北京市海淀区成府路 205 号　100871
网　　　址:	http://www.pup.cn　http://www.pup6.cn
电　　　话:	邮购部 62752015　发行部 62750672　编辑部 62750667　出版部 62754962
电 子 邮 箱:	pup_6@163.com
印 刷 者:	北京鑫海金澳胶印有限公司
发 行 者:	北京大学出版社
经 销 者:	新华书店
	787 毫米×1092 毫米　16 开本　12.25 印张　276 千字
	2012 年 3 月第 1 版　2015 年 1 月第 3 次印刷
定　　　价:	25.00 元

未经许可,不得以任何方式复制或抄袭本书之部分或全部内容。
版权所有,侵权必究　　举报电话:010-62752024
　　　　　　　　　　　电子邮箱:fd@pup.pku.edu.cn

前　　言

本书基于高职高专教育的人才培养目标和教学方法、教学模式的改革，以工作过程为导向，以能力培养为目标，以任务活动为载体的模块式教学设计，使学生能从整体上把握整个工作流程，通过项目操作进行学习，提高技能水平。本书主要体现职业能力本位，以进出口贸易业务流程为主线，强调在"做中学，学中做"，用通俗易懂的语言，提高学生学习的积极性和主动性。

本书的具体特点如下。

（1）内容强调"新"，紧跟时代发展的步伐，更新了国际贸易术语，详细解析了《INCOTERMS 2010》。

（2）在内容编排过程中，编者围绕工学结合这一要义，强调"边做边学"。在章节布局中主要按照实际工作的流程进行安排，从货、证、船、款四个方面进行叙述。强调项目式教学，紧扣工作流程讲述相关的理论知识，每个项目结束后都有技能实训题，让学生扮演外贸业务中的某个角色，将所学的知识用于实践，注重提高学生应用知识和动手的能力，将理论部分尽可能用简短的语言进行概述。

（3）编者在编写过程中参考国际商务单证理论部分考试的大纲，将考证内容纳入本书中，每个项目均配有与考证相关的练习，有助于学生巩固所学的知识，也为国际商务单证员考试做铺垫，真正做到将考证纳入教材，将考证内容融入课堂，提高学生的技能水平。

（4）编者在本书的编写过程中一直强调"简单、易懂"，要求编写人员用最通俗的语言讲述相关的理论知识，用最简单的案例帮助学生消化所学的内容。

（5）重点、难点突出，每个重要的知识点都有特别提示，加深学生的印象，同时也帮助学生理解重点、难点内容。此外本书设有知识链接模块，以扩大学生的知识面。

教学建议："国际贸易实务"是专业核心课程，理论与实操性均比较强，学习的难度相对比较大，建议一学期学时为72学时，本书的重点内容是项目2、6、7、9，其中项目2、7是难点，同时也是国际商务单证理论考试的重点内容，因此教师需分配较多的时间在这两个项目。

本书的编写人员均具有多年专业教学经验和考证培训经验，且亲自参与了任务驱动的课程改革，其中刘慧、吕春燕担任主编，徐英姿担任副主编。具体分工如下：刘慧编写了项目2、3、5、7，吕春燕编写了项目4、8、9、10，徐英姿编写了项目1、6。此外，朱惠红、何晖、巫丽环、王婉君也参与了本书的编写工作，最后由刘慧统一定稿。

编者在本书的编写过程中，参考了诸多同类教材及相关资料，除参考文献中列出的以外，还有许多文献无法一一列出，在此谨向所有文献的作者表示由衷的感谢。

由于编者水平有限，加之编写时间仓促，所以书中难免有错误和不足之处，恳请广大读者批评指正。

刘　慧
2011年12月

目 录

项目1 国际贸易进出口业务岗位与基本流程 1
  1.1 国际贸易进出口业务岗位 2
  1.2 国际贸易进出口业务的基本流程 3
    1.2.1 国际贸易的特点 3
    1.2.2 出口贸易的基本流程 4
    1.2.3 进口贸易的基本流程 7
  小结 8
  思考与练习题 8

项目2 认识国际贸易术语 10
  2.1 国际贸易术语的含义及作用 10
    2.1.1 国际贸易术语的含义 10
    2.1.2 国际贸易术语的作用 11
  2.2 国际贸易术语的国际惯例——《INCOTERMS 2010》 12
  2.3 适合水运的4种贸易术语 12
    2.3.1 FOB 12
    2.3.2 CFR 14
    2.3.3 CIF 15
    2.3.4 FAS 17
  2.4 适合各种运输方式的其他7种贸易术语 17
    2.4.1 EXW 17
    2.4.2 FCA 17
    2.4.3 CPT 18
    2.4.4 CIP 18
    2.4.5 DAT 19
    2.4.6 DAP 19
    2.4.7 DDP 20
  2.5 各种贸易术语的比较 20
  2.6 国际贸易术语选用的注意事项 21
  小结 21
  思考与练习题 21

项目3 合同中商品的品名、品质、数量与包装条款 23
  3.1 合同中商品的品名与品质条款 23
    3.1.1 合同中商品的品名及品名条款概述 23
    3.1.2 合同中商品的品质及品质条款 24
  3.2 商品的数量与包装条款 27
    3.2.1 商品数量计量单位 27
    3.2.2 买卖合同中的数量条款 30
    3.2.3 商品包装 31
    3.2.4 买卖合同中的包装条款 34
  小结 34
  思考与练习题 34

项目4 商品的价格核算 36
  4.1 商品的价格概述 36
    4.1.1 进出口商品作价原则 36
    4.1.2 影响价格的主要因素 37
    4.1.3 作价方法 38
    4.1.4 计价货币选择 39
  4.2 价格换算 40
    4.2.1 常用贸易术语的价格构成 40
    4.2.2 主要贸易术语的价格换算 41
  4.3 出口效益核算 41
  4.4 佣金和折扣 43
    4.4.1 佣金 43
    4.4.2 折扣 44
  4.5 合同中的价格条款概述 45
  小结 46
  思考与练习题 46

项目5 选择合适的国际货物运输方式 48
  5.1 运输方式的分类 48
  5.2 各种运输方式的优缺点比较 49
  5.3 选择运输方式应考虑的因素 50
  5.4 班轮运输与租船运输 51
    5.4.1 班轮运输 51
    5.4.2 租船运输 54
  5.5 海运装运条款概述 55
    5.5.1 装卸时间 55
    5.5.2 装卸港 56
  5.6 分批装运与转运 57
    5.6.1 分批装运 57
    5.6.2 转运 58
    5.6.3 相关装运通知 58

5.7 运输单据 ………………………… 58
　　5.7.1 提单 ………………………… 59
　　5.7.2 海运单 ……………………… 62
　　5.7.3 其他运输单据 ……………… 63
小结 ………………………………………… 64
思考与练习题 ……………………………… 64

项目6 国际货物运输保险 …………… 66
6.1 什么是保险 …………………………… 66
6.2 海上风险、损失与费用 ……………… 67
　　6.2.1 海上风险 …………………… 67
　　6.2.2 海上损失 …………………… 68
　　6.2.3 海上费用 …………………… 70
6.3 我国海运货物保险概述 ……………… 71
　　6.3.1 基本险别 …………………… 71
　　6.3.2 附加险别 …………………… 73
　　6.3.3 其他专门保险 ……………… 74
　　6.3.4 海运货物保险责任起讫 …… 74
6.4 伦敦保险协会海运货物保险条款 …… 76
　　6.4.1 协会货物保险条款的种类 … 76
　　6.4.2 协会货物保险主要险别的
　　　　　承保风险与除外责任 ……… 76
　　6.4.3 协会海运货物保险的保险
　　　　　期限 ………………………… 79
6.5 其他运输方式的货物保险 …………… 79
　　6.5.1 陆运货物保险 ……………… 79
　　6.5.2 空运货物保险 ……………… 80
　　6.5.3 邮包运输保险 ……………… 80
6.6 保险金额与保险费的计算 …………… 81
　　6.6.1 投保险别的选择 …………… 81
　　6.6.2 保险金额的确定 …………… 82
　　6.6.3 保险费的计算 ……………… 82
6.7 保险索赔与理赔 ……………………… 83
　　6.7.1 保险索赔 …………………… 83
　　6.7.2 保险理赔 …………………… 84
小结 ………………………………………… 84
思考与练习题 ……………………………… 85

项目7 国际货款的结算 ……………… 88
7.1 汇票、本票与支票 …………………… 88
　　7.1.1 汇票 ………………………… 88
　　7.1.2 本票 ………………………… 91
　　7.1.3 支票 ………………………… 92
　　7.1.4 汇票、本票与支票的区别 … 93
7.2 汇付与托收 …………………………… 93
　　7.2.1 汇付 ………………………… 93
　　7.2.2 托收 ………………………… 95
7.3 信用证的概念及使用流程 …………… 97
7.4 其他结算方式与各种结算方式的
　　运用 …………………………………… 102
　　7.4.1 银行保函 …………………… 102
　　7.4.2 备用信用证 ………………… 104
　　7.4.3 保付代理 …………………… 104
　　7.4.4 福费廷 ……………………… 106
　　7.4.5 各种结算方式的结合使用 … 107
　　7.4.6 企业国际结算方式选择的
　　　　　因素 ………………………… 108
小结 ………………………………………… 109
思考与练习题 ……………………………… 109

项目8 争议的预防与处理 …………… 111
8.1 商品检验 ……………………………… 111
　　8.1.1 商品检验的作用 …………… 111
　　8.1.2 检验机构 …………………… 112
　　8.1.3 检验证书 …………………… 113
　　8.1.4 商品检验的时间和地点 …… 114
　　8.1.5 买卖合同中的检验条款 …… 115
8.2 争议与索赔 …………………………… 116
　　8.2.1 争议的含义与原因 ………… 116
　　8.2.2 违约的法律责任及补救
　　　　　方法 ………………………… 116
　　8.2.3 争议的解决方式 …………… 118
　　8.2.4 索赔的含义及种类 ………… 119
　　8.2.5 买卖合同中的索赔条款 …… 120
8.3 不可抗力 ……………………………… 121
　　8.3.1 不可抗力的含义及其条件 … 121
　　8.3.2 不可抗力事件的范围 ……… 121
　　8.3.3 不可抗力事件的处理 ……… 122
　　8.3.4 不可抗力条款 ……………… 122
8.4 仲裁 …………………………………… 124
　　8.4.1 仲裁的含义与特点 ………… 124
　　8.4.2 仲裁协议 …………………… 125
　　8.4.3 仲裁程序 …………………… 126
　　8.4.4 仲裁条款 …………………… 128
小结 ………………………………………… 130
思考与练习题 ……………………………… 130

项目9 交易磋商的流程 ……………… 133
9.1 交易磋商前的准备工作 ……………… 133
　　9.1.1 国际市场调研 ……………… 133

  9.1.2 选择交易对象 …………… 134
  9.1.3 拟定商品经营方案 ………… 135
  9.1.4 选配贸易谈判人员 ………… 135
 9.2 交易磋商的内容和形式 ………… 136
 9.3 交易磋商的流程概述 …………… 136
  9.3.1 询盘 ……………………… 136
  9.3.2 发盘 ……………………… 137
  9.3.3 还盘 ……………………… 139
  9.3.4 接受 ……………………… 140
 小结 ……………………………………… 142
 思考与练习题 …………………………… 142

项目10 合同的签订与履行 …………… 144
 10.1 合同的成立 ……………………… 144
  10.1.1 合同成立的时间 ………… 144
  10.1.2 合同成立的要件 ………… 144
 10.2 合同的签订 ……………………… 146
  10.2.1 合同的意义 ……………… 146
  10.2.2 合同的形式 ……………… 146
  10.2.3 书面合同的内容 ………… 147
 10.3 出口合同的履行 ………………… 149

  10.3.1 备货 ……………………… 150
  10.3.2 报验 ……………………… 150
  10.3.3 催证、审证与改证 ……… 151
  10.3.4 租船订舱和装船 ………… 153
  10.3.5 制单结汇 ………………… 157
  10.3.6 出口收汇核销 …………… 161
  10.3.7 出口退税 ………………… 161
 10.4 进口合同的履行 ………………… 161
  10.4.1 开立信用证 ……………… 161
  10.4.2 租船订舱 ………………… 161
  10.4.3 投保 ……………………… 162
  10.4.4 审单付汇 ………………… 162
  10.4.5 进口报关 ………………… 162
  10.4.6 报验与检验 ……………… 163
  10.4.7 提取与拨交货物 ………… 163
  10.4.8 进口索赔 ………………… 163
 小结 ……………………………………… 164
 思考与练习题 …………………………… 165

附录 UCP600 中文版 ……………………… 167
参考文献 ……………………………………… 183

项目 1　国际贸易进出口业务岗位与基本流程

学习目标

知识目标：了解国际贸易进出口业务岗位的职业能力和工作内容；能够熟记进出口贸易的基本流程。

能力目标：掌握进出口贸易的基本流程；能完成一般的贸易进出口业务。

章节导读

国际货物贸易的最大特点是跨国。因为跨国，所以国际贸易比国内贸易复杂。在本项目中，要首先了解国际贸易进出口业务岗位的工作内容范围，以及这些当事人扮演怎样的角色；然后再讨论国际贸易的特点和业务流程。本项目是对全书内容的一个概述，以后的各项目是本项目内容的展开和详解，通过本项目的学习，学生可以从总体上了解国际贸易。

导入案例

美国C公司于2010年3月10日向我国K公司以传真的方式发盘，出售智利鱼粉，规定于当天下午5时复到有效。K公司于当天下午4时答复，对发盘中的价格及检验索赔条件提出了不同意见。4月5日，C公司与K公司通过电话进行洽商，双方各做了让步，K公司同意接受C公司的价格，C公司同意K公司提出的检验索赔条件，至此，双方口头达成了一致意见，并一致同意两公司的代表在广交会上签署合同。4月20日，C公司的代表去广交会会见了K公司的代表，并交给其一份C公司已签署完毕的合同文件，K公司的代表则表示要审阅后才能签字。3天后，C公司的代表再次会见K公司的代表，而K公司的代表仍未在合同上签字，C公司的代表即索回了未签字的合同。5月，C公司致电K公司要求开证履约，K公司不同意，两公司发生争议。

在此案例中，当事人在合同订立时并未对本案适用法律作出选择，以致发生贸易纠纷或受到损失，双方当事人之间国际货物买卖合同关系是否存在？在国际贸易进出口过程应该注意哪些问题？通过本项目的学习学生会对这些问题有比较清晰的认识。

国际贸易实务是一门主要研究国际货物买卖的具体过程及相关活动内容与商务运作规范的学科，也是一门具有涉外商务活动特点的实践性很强的综合性应用学科。国际经贸类专业都把本学科作为一门必修的专业基础课程，特别是在我国加入世界贸易组织（WTO）后，大量国外厂商来华投资设厂和从事贸易活动，国内从事国际贸易的厂商和民营企业也大量增加，这些国内外从业人员都必须了解和研究国际贸易实务。为了学好这门课程，首先必须对下列各节所阐述的问题有所了解。

1.1 国际贸易进出口业务岗位

在全球经济加速一体化发展趋势下,培养高素质的国际经贸人才是一项刻不容缓的战略任务。特别是在知识经济兴起的今天,为了使自己成为合格的国际贸易人才,必须学好"国际贸易实务"这门主要基础课程,要学好这门课程,首先要了解这门课程的目的和任务,下面介绍与国际贸易相关的岗位,使大家对于国际贸易专业的就业方向有个大致的认识,达到理论联系实际、学以致用的目的。

1. 单证员

单证员是指在对外贸易结算业务中,买卖双方凭借在进出口业务中应用的单据、证书来处理货物的交付、运输、保险、商检、结汇等工作的人员。主要工作有审证、制单、审单、交单与归档等一系列业务活动,它贯穿于进出口合同履行的全过程,具有工作量大、涉及面广、时间性强与要求高等特点。

2. 报检员

报检员是指获得国家质量监督检验检疫总局(简称国家质检总局)规定的资格,在国家质检总局设在各地的出入境检验检疫机构注册,办理出入境检验检疫业务的人员。报检员受国家质检总局主管,检验检疫机构负责组织报检员资格考试、注册及日常管理、定期审核等工作。

3. 外销员

外销员是指外贸企业中的业务员,他们从事进出口贸易的磋商谈判、签约等工作,有时还要牵涉运输、保险、报检、报关等业务。因此,外销员不仅要求有较强的外语能力,也要熟悉国际惯例、法律,熟悉整个国际贸易流程业务的操作,另外,还要懂得国际金融知识,了解各国的风土人情等。

4. 报关员

报关员是指通过全国报关员资格考试,依法取得报关员资格,并在登记,代表所属企业(单位)向海关办理进出口货物报关业务的人员。报关员只能受雇于一个依法向海关注册登记的进出口货物收发人或者报关企业,并代表该企业向海关办理报关业务。报关员必须熟悉与货物进出口有关的法律、对外贸易、商品知识,必须精通海关法律、法规、规章并具备办理报关业务的技能。

5. 外贸跟单员

外贸跟单员是指在进出口贸易中,在贸易合同签订后,依据合同和相关单证,对货物加工、装运、保险、报检、报关、结汇等部分或全部环节进行跟踪和监控,协助履行贸易合同的外贸业务人员。外贸跟单员必须熟练掌握国际贸易知识以及进出口的基本流程,国内外有关国际贸易的法律法规和行业标准,以及外贸商品等各种知识。

项目1　国际贸易进出口业务岗位与基本流程

知识链接

国际贸易专业应用型人才应具备的技能

国际贸易专业应用型人才应该具备如下技能：一是知识结构应围绕国际贸易业务，掌握国际贸易、国际贸易经济、国际贸易相关法规以及国际贸易金融知识等。二是专业能力结构不应是某一岗位能力，而应该是国际贸易岗位群能力，即必须具有国际贸易综合能力，并熟练掌握谈判、签约、审证、制单、跟单、投保、运输、报关、报检、结汇等能力。三是基本能力结构应精通一国以上外语和电子计算机（简称计算机）操作，前者包括精通外贸外语函电和外贸外语口语，后者包括精通电子商务、海关电子口岸业务与计算机办公等。

1.2　国际贸易进出口业务的基本流程

国际贸易包括货物贸易、服务贸易和生产要素的跨国流动3部分内容，其中货物贸易是国际贸易最主要的组成部分。在对外贸易中，不仅要考虑经济利益，还应配合外交活动，认真贯彻国家的对外方针、政策，切实按国际规范行事，恪守"重合同、守信用"的原则，对外树立良好的形象。

1.2.1　国际贸易的特点

与国内贸易相似，国际贸易与国内贸易都是货物、服务和生产要素的交换活动，交易过程大同小异；经营的目的都是为取得利润或经济效益。但是，国际贸易具有许多不同于国内贸易的特点，主要表现在下列几个方面。

1. 国际贸易难度比较大

由于国际贸易中各国使用的语言不同，货币与度量衡差别很大，各国的贸易政策与措施不尽相同，以及商业法律、风俗习惯、宗教、信仰等并不完全一致，使得进行对外贸易、开拓国外市场、进行市场调查、了解贸易对象的资信状况等都比较困难，一旦发生贸易纠纷，解决起来难度也比较大。

2. 国际贸易风险比较大

在国际贸易中，自买卖双方接洽开始，要经过报价、还价、确认而后订约，直到履约的基本流程。在此期间将会出现各种各样的风险，主要表现在以下几个方面。

（1）信用风险。买卖双方的财务状况可能发生变化，有时甚至危及履约，出现信用风险。

（2）商业风险。因货样不符、交货期晚、单证不符等情况的出现，进口商往往拒收货物，从而给出口商造成商业风险。

（3）汇兑风险。交易双方如果以外币计价，在外汇汇率不断变化的情况下，如果信息不灵，就会出现汇兑风险。

> **特别提示**
>
> 汇兑风险可以通过外汇的套期保值进行规避，预计现货市场上有一笔外汇收入的时候，在相同的月份在期货市场上卖出同样数量的外币。学好金融专业的相关课程就知道怎样规避这一风险。

3

(4) 其他外来风险。国际贸易中货物运输里程一般都会超过国内贸易，在运输过程中可能会遇到各种自然灾害、意外事故和各种其他外来风险。

(5) 价格风险。对外贸易多是大宗交易，贸易双方签约后，货价可能上涨或下跌，对买卖双方存在价格风险。

(6) 政治风险。一些国家因政治变动，贸易政策法令不断修改，常常使经营贸易的厂商承担很多政治风险。

3. 国际货物贸易交易环节多

在国际货物贸易中，交易过程的中间环节多，除了双方当事人外，还涉及中间商、代理商以及为货物贸易服务的相关部门，如商检、仓储、运输、保险、银行、车站、港口、海关等，若一个部门、一个环节出了差错，就会影响整笔交易的正常进行。

4. 国际贸易的市场竞争更加激烈

在国际货物贸易中，一直存在着争夺市场的激烈竞争，竞争的形式有的表现为价格竞争，有的表现为非价格竞争。竞争种类繁多，不胜枚举。在通信业发达的今天，国际、国内市场环境比较透明，竞争有时甚至达到了白热化的程度。

5. 对从事国际贸易的人才素质要求更高

从事国际贸易的人员不仅要精通外语，了解国外的政治、法律制度、风俗文化、宗教等，而且还要具有良好的商业信誉，熟悉国际贸易惯例，掌握各种专业理论知识与基本技能，具有远大的眼光，善于交流，具备开拓创新的能力、驾驭市场的能力和随机应变的能力，以及经营管理企业的能力。

1.2.2 出口贸易的基本流程

在实际进出口业务中，由于运用的交易方式不同和采用的成交条件不同，其业务环节也不尽相同。各环节的工作，有的分先后进行，有的先后交叉进行，也有的齐头并进。尽管业务环节很多，但是各个环节之间均有密切的、内在的联系。无论是出口贸易还是进口贸易，就它们的基本业务程序而言，均可概括为3个阶段，如图1.1所示。

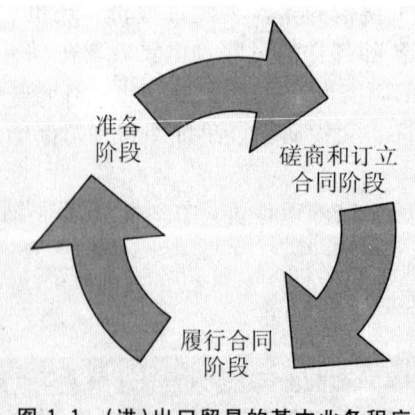

图1.1 （进）出口贸易的基本业务程序

接下来介绍出口贸易的基本业务程序和不同阶段的主要工作内容。

1. 出口交易前的准备

出口交易前的准备工作主要包括下列事项。
(1) 加强对国外市场与客户的调查研究，选择适销的目标市场和资信好的客户。
(2) 拟定出口商品经营方案或价格方案，以便在对外洽商交易时心中有数。
(3) 组织货源、备货或制订出口商品的生产计划。
(4) 开展多种形式的广告宣传和促销活动，必要时及时在目标市场进行商标注册。

2. 出口交易磋商和合同订立

外贸企业在与选定的国外客户建立业务关系以后，即可就出口交易的具体内容与对方进行实质性谈判，即交易磋商。磋商的内容主要是买卖货物的各项交易条件。交易磋商既可通过交换书信、数据电文（包括电报、电传、传真、电子数据交换和电子邮件）等书面形式进行，也可通过电话、当面谈判的口头形式进行。交易磋商一般要经过询盘、发盘、还盘、接受等环节。除另有约定外，国际货物买卖合同均于接受生效时即告订立。

> **特别提示**
>
> 在实际业务中，为了明确责任、便于履行，即使口头谈成的合同生效，通常还需当事人双方签署一份有一定格式的书面合同。例如，出口销售合同或售货确认书。

3. 出口合同的履行

有效订立出口合同以后，买卖双方就应根据合同规定，各自履行自己的义务。若有违反或不履行，致使对方蒙受损失的，违约方必须承担赔偿对方损失的法律责任。目前，我国出口贸易中使用较多的是 FOB、CFR 或 CIF 贸易条件，支付方式中使用信用证支付的较多，我国外贸企业在履行这类出口合同时，需要进行的工作主要有以下几项。

(1) 准备货物，保证按时、按质、按量交付合同约定的货物。在备货过程中，还应按照有关法律和行政法规报请主管机构检验或检疫，或自行安排检验，在取得检验或检疫合格证书，或自行检验符合要求以后，才能对外装运出口。

(2) 落实信用证，做好催证、审证和改证工作。如国外客户未能按合同规定及时开来信用证或在其他情况需要时，我国外贸企业应向国外客户催开信用证。在收到信用证后，还要根据合同规定和《跟单信用证统一惯例》审查信用证，如发现有与合同不符、不能接受或难以办到的条款，应当立即要求客户通过开证银行修改信用证，使之符合出口合同规定或直至我方可以接受为止。

(3) 及时租船订舱，安排装运，办理保险，及时办理出口报关手续。收到信用证经审核无误后应立即办理发货装运手续。目前，对于外装运货物，外贸企业一般均委托货物运输代理机构办理。在办妥托运手续，明确载货工具后，必须及时办理运输保险，然后向海关办理出口报关手续。经海关查验放行后，将货物交由承运人接管或装上指定的载货工具，并向承运人取得由其签发的运输单据。在货物装运后，外贸企业应立即将装运情况通知买方，以便买方准备收货和支付价款等事宜。对于由买方自办货物运输保险的交易，还应适当提前发出装运通知的时间，以便买方有足够的时间办理保险手续。

(4) 缮制、备妥有关单据,及时向银行交单结汇,收取货款。货物装运后,应缮制和备妥各种单据,包括商业发票、运输单据和保险单等主要单据以及其他单据。单据备妥后,即可向有关银行交单,收取货款,按国家外汇管理规定办理结汇取得人民币收入。

(5) 办理出口收汇核销和出口退税。货款收回后,还应及时到国家外汇管理局办理出口收汇核销,到国家税务局办理出口退税手续。

4. 出口业务流程

出口业务流程如图 1.2 所示(以信用证支付方式和海洋运输方式为例)。

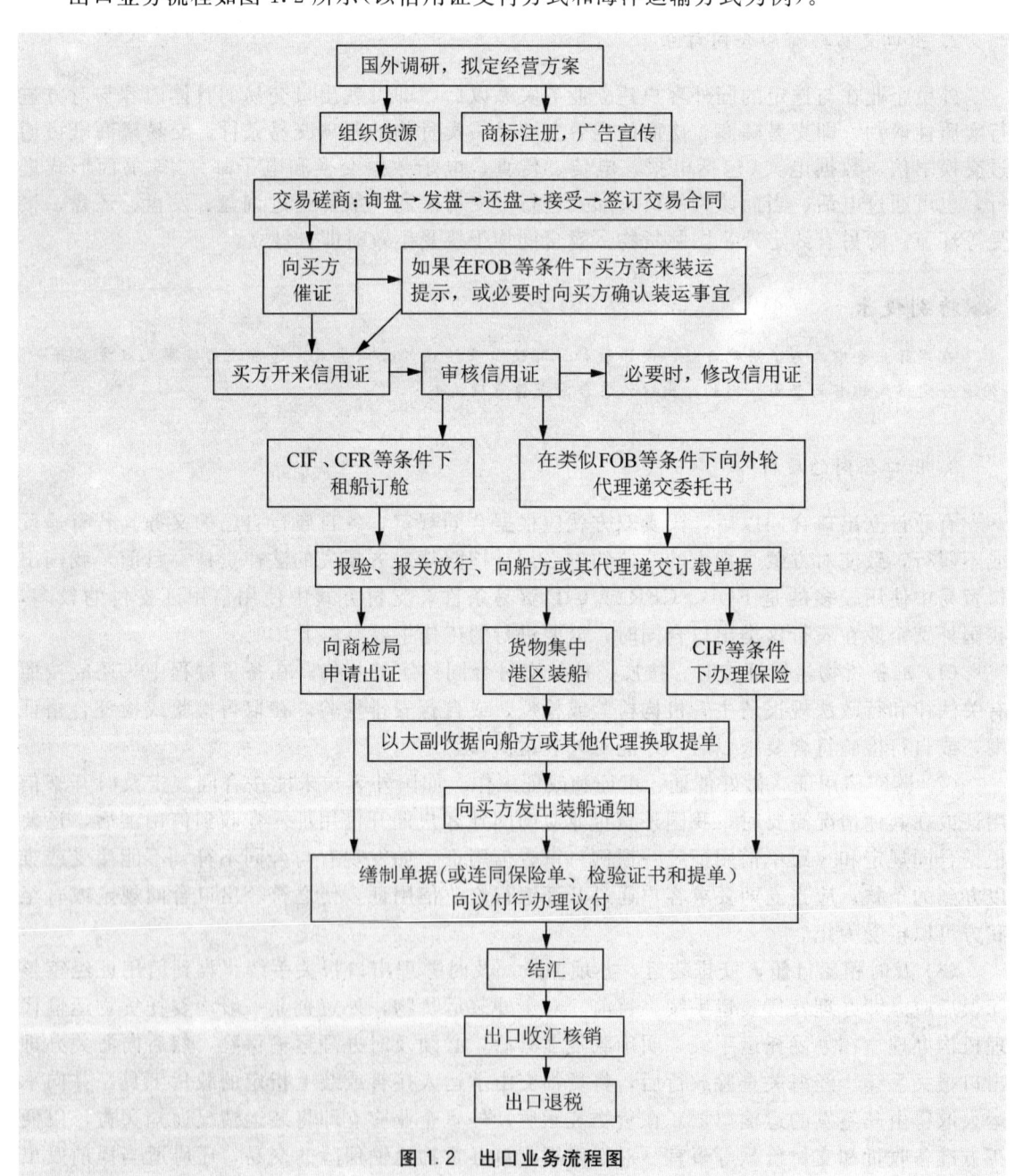

图 1.2　出口业务流程图

1.2.3 进口贸易的基本流程

进口贸易的业务程序也分为交易前准备、交易磋商和合同订立以及合同履行3个阶段。其具体工作内容有许多与出口贸易相同,但是由于进口企业与出口企业所处的地位不同,各阶段的某些业务内容也有所不同。其具体内容简述如下。

1. 进口交易前的准备

(1) 在对国外市场和外商资信情况调查研究的基础上,选择适当的采购市场和供货对象。

(2) 制定进口商品经营方案或价格方案,以便在对外洽商交易和采购商品时做好充分的准备,避免盲目行事。

特别提示

根据《中华人民共和国货物进出口管理条例》的规定,凡属限制进口的货物,进口经营者应视货物不同事先向相关主管部门办理进口配额或进口许可证。

2. 进口交易磋商和合同订立

进口贸易的交易磋商和合同订立的做法与出口贸易基本相同。但特别应做好比价工作,以便在与外商谈判中争取到对我国企业最有利的条件。在此应强调的是,如果进口的属于含有高新技术的成套设备,应注意选配好洽谈人员,组织一个有各种专业技术人员在内的谈判小组,以保证所购买设备的技术含量符合预期目的。

在通过发盘与接受达成交易后,一般还需要签订一份有一定格式的书面合同,如购货合同或购货确认书等。

3. 进口合同的履行

履行进口合同与履行出口合同的程序相反,工作侧重点也不一样。在进口贸易中,如果是按FOB条件和信用证付款方式订立的合同,其程序的履行一般包括下列事项。

(1) 按合同规定的时间和内容向银行申请开立信用证。

(2) 及时租船订舱或订立运输合同,通知国外卖方装货日期,催促卖方备货装船。

(3) 派船到对方口岸接运货物。

(4) 办理货运保险。

(5) 审核有关单据,在单证相符的情况下付款赎单。

(6) 办理进口货物报关手续,接卸货物并验收货物。

以上是进出口贸易一般业务程序的基本环节。倘若在订立合同以后,一方不履行或在履行中有违反合同规定的情形,势必使对方蒙受损失。此时,无论是出口贸易还是进口贸易,受损害方均有权按合同规定向违约方提出索赔甚至解除合同。倘若双方对是否违约或对损失金额看法不一,就会引起争议。这就产生了索赔与理赔以及处理争议的问题。对此,买卖双方应本着实事求是的原则,按照买卖合同的规定,依据法律和国际惯例,认真处理,以维护企业的权益和对外声誉。

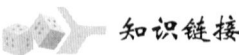

有关国际贸易合同的法律、公约

1.《中华人民共和国合同法》

1999年3月15日，第九届全国人民代表大会第二次会议通过《中华人民共和国合同法》（简称《合同法》），自1999年10月1日起施行，《中华人民共和国经济合同法》、《中华人民共和国涉外经济合同法》、《中华人民共和国技术合同法》同时废止。《合同法》包括总则、分则和附则，共23章428条。其中总则包括一般规定、合同的订立、合同的效力、合同的履行、合同的变更和转让、合同的权利义务终止、违约责任及其他规定等，分则包括买卖合同、借款合同、租赁合同、运输合同、技术合同、仓储合同、委托合同等15种合同。

2.《联合国国际货物销售合同公约》（以下简称《公约》）

由于考虑到在平等互利基础上发展国际贸易是促进各国间友好关系的一个重要因素，认为采用不同的社会、经济和法律制度的国际货物销售合同统一规则，将有助于减少国际贸易的法律障碍，促进国际贸易的发展，因此，1980年4月11日联合国大会第六届特别会议在维也纳召开，在这次大会上订立了《联合国国际货物销售合同公约》，该《公约》自1988年1月1日生效。《公约》包括4个部分，共101条，其中第一部分为适用范围和总则；第二部分为合同的订立；第三部分为货物销售；第四部分为最后条款。我国于1981年9月30日在《公约》上签字，并于1986年12月11日批准该《公约》。我国在核准该《公约》时，对《公约》提出两点保留：一是对《公约》第一条第1款b项提出保留，即我国不同意扩大《公约》的适用范围。对于我国企业来说，《公约》的适用范围仅限于营业地分处于不同缔约国的当事人之间所订立的买卖合同。二是对《公约》第11条、第29条及有关规定提出保留，即我国企业对外订立、修改协议、终止合同应采用书面形式，书面形式包括信件、电报和电传。

小 结

(1) 国际贸易包括进口和出口，参与国际贸易的人员必须具备一定的专业知识，应用流利的外语，熟练掌握计算机的应用，具有认真负责的态度。

(2) 国际贸易的特点是风险大、环节多，必须认真对待每一个环节，确保合同的顺利履行。

(3) 国际货物买卖合同是确定买卖双方权利、义务的核心，因此必须认真缮制合同的每一个细节，做到清晰明了。

(4) 进出口贸易的基本业务程序包括交易前的准备工作、交易磋商、签订合同以及合同的履行。

思考与练习题

一、简答题

1. 国际贸易进出口业务中有哪些岗位？你希望未来从事哪一个岗位？为什么？
2. 国际贸易有哪些特点？
3. 我国外贸企业在履行出口合同时，需要进行的工作有哪些？

二、案例分析题

1. 我国某外贸企业向国外一个新客户订购一批初级产品，合同规定由外方以程租船方式将货物运交我方。国外银行按规定的付款方式付清货款后，装运船只一直未到达目的港。后经多方查询，发现承运人原来是一家在船舶起航后不久就宣告倒闭的公司，承运船舶是一艘旧船，船、货均告失踪，此系卖方与船方互相勾结进行诈骗，导致我方蒙受重大损失。

试分析，我方应从中吸取哪些教训？

2. 我国某出口公司向外商出口一批苹果。合同及对方开来信用证上均写的是三级品，但卖方交货时才发现三级苹果库存告罄，于是该出口公司改以二级品替代，并在发票上加注"二级苹果仍按三级计价，不另收费"。

请问：卖方这种做法是否妥当？为什么？

三、技能实训题

1. 以一家进口公司为例，写出该公司的进口贸易流程。
2. 以一家出口公司为例，写出该公司的出口贸易流程。

四、学习网址

浏览"中华人民共和国商务部"网站，网址为www.mofcom.gov.cn，查询世界各国和地区的经贸动态。

项目 2　认识国际贸易术语

 **学习目标**

知识目标：掌握6种主要贸易术语；掌握贸易术语之间的区别及要点。

能力目标：能够应用贸易术语进行报价；能够用所学的知识点分析实际业务中发生的争端。

 章节导读

在国际贸易中，货物一般需要长途运输，在运输过程中需要办理各种手续和支付各种费用，也可能发生各种各样的风险和损失。对此，买卖双方在签订合同时，需要对以下问题进行商议：①何地交货？②谁来租船，办理保险，及进出口报关手续等？③谁支付运费、保险费、报关费等？④谁承担途中的货损？

对这些责任、费用、风险的划分问题，在长期实践中国际贸易形成了一整套习惯做法，总结出来即成为目前的国际贸易术语。

 导入案例

假设你是某外贸公司的一名业务员，作为卖方，经理让你去谈判，告知你最好由我方安排运输和保险，这样可以做好船货衔接，同时要求承担的风险也不能太大，运输途中的风险要由买方承担，卸货费也要由买方承担。在这种条件下，谈判时你该选择什么样的贸易术语？

2.1　国际贸易术语的含义及作用

2.1.1　国际贸易术语的含义

在国际货物买卖过程中，有关交易双方责任和义务的划分，是一个十分重要的问题。为了明确交易双方在货物交接过程中，有关风险、责任和费用的划分，交易双方在洽商交易和订立合同时，通常都要商定采用何种贸易术语，并在合同中具体订明。

贸易术语是国际货物买卖合同中不可缺少的重要内容，因此，从事国际贸易的人员，必须了解和掌握国际贸易中现行的各种贸易术语及其他有关的国际贸易惯例，以便正确选择和使用各种贸易术语。

贸易术语(Trade Terms)也称价格术语或贸易条件，它是以简明的3个缩写字母来概括说明买卖双方在交易中交货的地点、责任、费用及风险的划分问题，同时也表明价格的构成。例如，按装运港船上交货条件(FOB)成交与按目的港船上交货条件(DAT)成交相比，由于交货条件不同，买卖双方各自承担的责任、费用和风险就有很大区别。FOB货物到达装运港就完成交货义务，而DAT则要将货物运到目的港或目的地才完成交货义务。

此外，贸易术语也可用来表示成交商品的价格构成因素，特别是货价中所包含的从属费用，如运费、保险费。因此不同的贸易术语报价也不同。一般来说，凡使用出口国国内交货的贸易术语，如工厂交货(EXW)和装运港船边交货(FAS)等，卖方承担的责任、费用和风险都较小，商品的售价就低；反之，凡使用进口国国内交货的各种贸易术语，如目的港交货(DAT)和完税后交货(DDP)等，卖方承担的责任、费用和风险则比较大，商品的售价就高。

【例2-1】 外贸中的报价：每吨7 500日元CIF大阪，看到这样一句话你能明白吗？

分析：这一句话说明目的港是大阪，运输及保险责任及费用由卖方承担，因此7 500日元的报价里面包含了货物成本、运费及保险费。交货地点是在装运港。

特别提示

贸易术语能体现商品的价格构成，所以有些人便称其为"价格术语"。可见，贸易术语具有两重性：一方面表示交货条件，另一方面表示成交价格的构成因素。

2.1.2 国际贸易术语的作用

贸易术语在国际贸易中起着积极的作用，主要表现在下列几个方面。

1. 有利于买卖双方洽商交易和订立合同

由于每种贸易术语都有其特定的含义，而且一些国际组织对各种贸易术语也作了统一的解释与规定，这些解释与规定在国际上被广为接受，并成为惯常奉行的做法或行为模式。因此，买卖双方只需商定按何种贸易术语成交，即可明确彼此在交接货物方面所应承担的责任、费用和风险，这样就简化了交易手续，缩短了洽商交易的时间，从而有利于买卖双方迅速达成交易和订立合同。

2. 有利于买卖双方核算价格和成本

由于贸易术语表示价格构成因素，所以买卖双方确定成交价格时，必须要考虑采用的贸易术语包含哪些费用，如运费、保险费、装卸费、关税、增值税和其他费用。这就有利于买卖双方进行价格比较和加强成本核算。

3. 有利于解决履行当中的争议

在买卖双方商订合同时，如对合同条款考虑欠周，导致某些事项规定不明确或不完备，致使履约当中产生的争议不能依据合同的规定解决。在此情况下，可以援引有关贸易术语的一般解释来处理，因为贸易术语的一般解释已成为国际惯例，并被国际贸易界从业人员和法律界人士理解和接受，从而成为国际贸易中公认的一种类似行为规范的准则。

2.2 国际贸易术语的国际惯例——《INCOTERMS 2010》

1. 《INCOTERMS 2010》简介

《INCOTERMS 2010》是国际商会根据国际货物贸易的发展,是对《2000年国际贸易术语解释通则》进行的修订,2010年9月27日公布,于2011年1月1日实施。

2. 《INCOTERMS 2010》与《INCOTERMS 2000》的区别

(1) 贸易术语分类的调整:由原来的EFCD四组分为适用于两类,数量由原来的13种变为11种。

第一类:适用于水上运输方式的术语,有4种:FAS、FOB、CFR、CIF

第二类:适用于任何运输方式的术语有7种:EXW、FCA、CPT、CIP、DAT、DAP、DDP。

(2)《2010年国际贸易术语解释通则》(简称《通则》)删去了《2000年国际贸易术语解释通则》4个术语:DAF(Delivered at Frontier,边境交货)、DES(Delivered Ex Ship,目的港船上交货)、DEQ(Delivered Ex Quay,目的港码头交货)、DDU(Delivered Duty Unpaid,未完税交货)。新增了2个术语:DAT(Delivered at Terminal,在指定目的地或目的港的集散站交货)、DAP(Delivered at Place,在指定目的地交货)。即用DAT取代了DEQ,DAP取代了DAF、DES和DDU3个术语,且扩展至适用于一切运输方式。

(3) 取消了"船舷"的概念,卖方承担货物装上船为止的一切风险,买方承担货物自装运港装上船后的一切风险。

(4)《INCOTERMS 2010》不仅适用于国际销售合同,也适用于国内销售合同。

2.3 适合水运的4种贸易术语

2.3.1 FOB

1. FOB 的定义

Free on Board(…named port of shipment),即船上交货(……指定装运港)。FOB是指卖方在约定的装运港将货物装上买方指派的船上,即完成了交货义务,买方必须承担货物装上船后的一切风险和费用。

从定义中可以看出买卖双方的基本义务如下。

1) 卖方的义务

(1) 在约定的地点将货物装上买方指派的船,发出装船通知。

(2) 办理出口清关手续。

(3) 提交单据结汇。

2) 买方的义务

(1) 租船、订舱。

(2) 办理保险。

(3) 受领单据并支付货款。

(4) 办理进口清关手续。

 知识链接

关于FOB

《1941年美国对外贸易定义修正本》中将FOB分为6种,只有第5种是装运港船上交货。与《通则》的FOB相近,但该术语的出口报关的责任在买方而不在卖方。所以我国在与美国、加拿大等国家洽谈进口贸易使用FOB方式成交时,除在FOB后注明Vessel外,还应明确由买方负责办理出口结关手续。

2. FOB在实际应用中需要注意的问题

1) 船货衔接问题

FOB是买方派船、卖方备货,若买卖双方通知不到位就会导致船等货,或货等船,因此一定要做好船货衔接问题,卖方需及时通知买方货已备妥,买方需及时通知卖方船何时到达及船名、航次等。

若因买方没有通知卖方船的相关信息,导致货等船,由此产生的一切费用将由买方承担。反之,则由卖方承担。

2) 装船费的问题

用FOB的变形来说明装船费的负担问题。

(1) FOB Liner Terms(班轮条件)。按此条件成交,是指装货费包含在班轮运费当中,即买方要承担装船费。

(2) FOB Under Tackle(吊钩下交货)。按此条件成交,卖方仅需将货物交到买方指定的船的吊钩所及处,以后的装货费卖方不负责。如载货船舶因装运港水浅不能靠岸,则卖方应将货物用驳船驳运到载货船的吊钩所及处,驳运费由卖方承担。

(3) FOB Stowed(理舱费在内)。理舱,即将船上的货物放置妥当并分布合理,货物装船后需要垫隔和整理。按此条件成交,卖方不仅要负担装货费还要负担理舱费。

(4) FOB Trimmed(平舱费在内)。平舱费,即为了保持船的平稳和航行安全,对成堆装入船舱的散装货物(如煤炭、粮食谷物等),需要进行平整。按此条件成交,卖方既要负责装船费又要负责平舱费。

(5) FOB Stowed and Trimmed(理舱费和平舱费)按此条件成交,卖方既要负责装船费,又要负责平舱费和理舱费。

【例2-2】 我国广州的A出口公司与美国的进口公司B公司买卖服装一批,以FOB Liner terms 条件成交,但是在货物装船时突然下雨,货物遭受雨淋。卖方认为是买方负责装船费,因此雨淋造成的损失应该由买方承担。问卖方的要求合理不合理?说明理由。

> **特别提示**
>
> FOB术语的变形只说明装船费的划分，不改变风险转移点。

2.3.2 CFR

1. CFR的定义

Cost and Freight (…named port of destination)是指卖方必须在合同规定的装运期内，在装运港将货物交至运往指定目的港的船上，负担货物装上船为止的一切费用和货物灭失或损坏的风险，并负责租船或订舱，支付抵达目的港的正常运费。

从定义来看买卖双方的义务如下。

1) 卖方的义务
(1) 负责租船订舱，在约定的时间将货物装上船，并发出装运通知。
(2) 办理出口清关手续。
(3) 提交合格单据结汇。

2) 买方的义务
(1) 负责办理保险。
(2) 受理单据并支付货款。
(3) 办理进口清关手续。

2. CFR在实际应用中需注意的问题

1) 装运通知问题

卖方在货物装船后必须及时发出装运通知，以便买方买保险。若由于卖方的疏忽没有发出装运通知，则风险转移不能以装运港装上船为界，卖方须承担运输途中的一切风险。

2) CFR的变形：只说明卸货费用的负担问题

按照CFR条件成交，货到目的港后的卸货费由谁负责是一个需要考虑并加以明确的问题。如果使用班轮运输，由于装卸费用已打入班轮运费中，故在卸货费由谁负担上不会引起争议，而大宗商品一般采用租船运输，在租船运输情况下，卸货费用由谁负担呢？由于各国和地区有不同的习惯做法，为避免在卸货费用负担上引起争议，便产生了CFR的变形。常见的变形有以下几种。

(1) CFR Liner Terms(CFR班轮条件)。这一变形指卸货费按班轮做法处理，即谁负责运输谁就负责卸货费，卖方负责卸货费，买方不负担卸货费。

(2) CFR Landed(CFR卸至码头)。这一变形是指由卖方承担货物到达目的港后的卸货费，包括可能涉及的驳船费在内。

(3) CFR Ex Tackle(CFR吊钩下交货)。这一变形是指卖方负责将货物从船舱吊起一直卸到吊钩所及之处(码头上或驳船上)的费用，船舶不能靠岸时，驳船费用由买方负责。

(4) CFR Ex Ship's Hold(CFR舱底交货)。按此条件成交，船到目的港在船上办理交接后，由买方自行启舱，并负担货物由舱底卸至码头的费用。

【例2-3】 2010年10月，我国某家具公司以CFR贸易条件出口一批沙发床，业务员小王装运取得提单后，忘记发装运通知，货物在海运途中遭受暴风雨，部分沙发床受雨淋发霉，买方认为这是卖方的责任，拒绝收货和付款。问买方的做法合理吗？能不能以装运港装上风险转移为由要求买方付款？

特别提示

装运通知的发出相当重要，若没有发出装运通知，则责任的转移不能以装运港船上为界，卖方需承担运输途中的一切风险。

2.3.3 CIF

1. CIF 的定义

Cost Insurance and Freight(…named port of destination)指卖方需要在约定的时间和装运港将货物装上船，这样就完成了交货义务，卖方需要承担到目的港的正常运费和保险费。

1) 卖方的义务

(1) 租船订舱，支付到目的港的正常运费。

(2) 购买由装运港到目的港的最低险别的保险并支付保险费。

(3) 出口清关。

(4) 提交全套合格单据结汇。

2) 买方的义务

(1) 进口清关。

(2) 接受全套合格单据并支付货款。

知识链接

《1932 年华沙-牛津规则》

《1932 年华沙-牛津规则》(Warsaw‐Oxford Rules 1932，简称 W.O. Rules 1932)即 CIF 买卖合同的统一规则，是由国际法协会(International Law Association)所制定的。该协会于 1928 年在华沙举行会议，制定了关于 CIF 买卖合同的统一规则，共 22 条，称为《1928 年华沙规则》。后又经过 1930 年纽约会议、1931 年巴黎会议和 1932 年牛津会议修订为 21 条，定名为《1932 年华沙-牛津规则》。如在合同中采用本规则，就肯定说明合同当事人欲订立一个 CIF 合同，但规则中明确，经双方当事人同意可以对规则进行修改。

2. CIF 应用中需注意的问题

1) 象征性交货问题

象征性交货是指在买卖双方不直接接触的情况下，卖方按合同规定的时间和地点将货物装上运输工具或交付承运人后，并向买方提供包括物权证书在内的有关单证，凭承运人签发的运输单据及其他商业单据履行交货义务，而无须保证到货。

象征性交货的特征如下。

(1) 卖方凭单交货，买方凭单付款。

(2) 卖方履行交单义务。只要卖方如期向买方提交了合同规定的全套合格单据，即使货物在运输途中损失或灭失,买方也必须履行付款义务。如果卖方提供的单据不符合要求,即使货物完好无损运达目的地,买方仍可拒绝付款。

(3) 卖方履行交货义务。如果货物运达目的地时,不符合要求,即使买方已经付款,仍可据合同规定向卖方提出索赔。

2) 保险险别及保险金额

在 CIF 情况下,卖方购买的是最低险别的保险,如果要加保其他险别,则需买方支付保险费。若合同中没有规定投保加成率,则保险加成率默认为 10%。

3) 运费

在 CIF 情况下,卖方支付的是正常情况下的运费,对于途中意外事故等导致的运输费用的增加由买方自己负担。

4) 用 CIF 的变形来说明目的港卸货费的问题

(1) CIF Liner Terms(CIF 班轮条件)。这一变形是指卸货费按班轮做法处理,即买方不负担卸货费,而由卖方或船方负担。

(2) CIF Landed(CIF 卸至码头)。这一变形是指由卖方承担将货物卸至码头上的各项有关费用,包括驳船费和码头费。

(3) CIF Ex Tackle(CIF 吊钩下交接)。这一变形是指卖方负责将货物从船舱吊起卸到船舶吊钩所及之处(码头上或驳船上)的费用。在船舶不能靠岸的情况下,租用驳船的费用和货物从驳船卸至岸上的费用,概由买方负担。

(4) CIF Ex Ship's Hold(CIF 舱底交接)按此条件成交,货物运达目的港在船上办理交接后,自船舱底起吊至卸到码头的卸货费用,均由买方负担。

【例 2-4】 我方与荷兰某客商以 CIF 条件达成一笔交易,合同规定以信用证为付款方式。卖方收到买方开来的信用证后,及时办理了装运手续,并制作好一整套结汇单据。在卖方准备到银行办理议付手续时,收到买方来电,得知载货船只在航海运输途中遭遇意外事故,大部分货物受损。买方认为卖方负担到目的港的运费及保险费,卖方就应该负责货物安全到达目的港。据此,买方表示将等到具体货损情况确定以后,才同意银行向卖方支付货款。问:(1)卖方可否及时收回货款?为什么?(2)买方应如何处理此事?

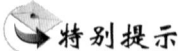
特别提示

CIF 是象征性交货,以交单代替交货,费用延伸到目的港,但风险仍然在装运港转移。费用划分点和风险划分点相分离。

【例 2-5】 我方按 CIF Landed 条件对外出口,并按规定提交了全套符合要求的单据,货轮在航行途中触礁沉没,货物全部灭失,买方闻讯以"卖方需将货物运到目的港并安全卸到岸上才算完成交货任务"为由拒付货款。

请分析买方拒付的理由是否合理?我方应如何处理?

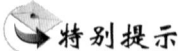
特别提示

CIF 的变形只说明卸货费用的负担问题,不改变风险划分点。

2.3.4 FAS

1. FAS 的定义

Free Alongside Ship(...named port of shipment)即船边交货(指定装运港),它指卖方在指定的装运港码头或驳船上把货物交至船边,从此时起买方须承担货物灭失或损坏的全部费用和风险。

1) 卖方的义务
(1) 提交全套合格单据。
(2) 出口清关手续。
2) 买方的义务
(1) 租船订舱。
(2) 办理保险。
(3) 接受全套合格单据并支付货款。
(4) 进口清关手续。

特别提示

FAS 与 FOB 很相似,FAS 的优点在于不用讨论装船费问题,至船边就完成交货义务,不用负担货物装船过程中的风险。

2.4 适合各种运输方式的其他7种贸易术语

2.4.1 EXW

EXW 是 ExWorks(...named place)的缩写,即工厂交货(指定地点)。是指当卖方在其所在地或其他指定的地点(如工场、工厂或仓库)将货物交给买方处置时,即完成交货,卖方不办理出口清关手续和将货物装上运输工具。该术语是卖方承当责任最小的术语。买方必须承担在卖方所在地受领货物的全部费用和风险。但是,若双方希望在起运时卖方负责装载货物并承担装载货物的全部费用和风险,则需在销售合同中明确写明。在买方不能直接或间接地办理出口手续时,不应使用该术语,而如果卖方同意装载货物并承当费用和风险的话应使用 FCA。

2.4.2 FCA

FCA 是 Free Carrier(...named place),即货交承运人(……指定地点)。此术语是指卖方在指定地点将货物交给买方指定的承运人而言。当卖方将货物交给承运人照管,并办理了出口结关手续,就算履行了其交货义务。FCA 术语适用于各种运输方式,包括多式联运。

1) 卖方义务

(1) 自负风险和费用，取得出口许可证或其他官方批准证件，在需要办理海关手续时，办理货物出口所需的一切海关手续。

(2) 在合同规定的时间、地点，将符合合同规定的货物置于买方指定的承运人控制下，并及时通知买方。

(3) 承担将货物交给承运人之前的一切费用和风险。

(4) 自负费用向买方提供交货的通常单据。如买卖双方约定采用电子通信，则所有单据均可被具有同等效力的电子数据交换(EDI)信息所代替。

2) 买方义务

(1) 自负风险和费用，取得进口许可证或其他官方批准证件，在需要办理海关手续时，办理货物进口和经由他国过境所需的一切海关手续，并支付有关费用及过境费。

(2) 签订从指定地点承运货物的合同，支付有关的运费，并将承运人名称及有关情况及时通知卖方。

(3) 自费办理货物运输保险，承担货物交给承运人之后所发生的一切费用和风险。

(4) 根据买卖合同的规定受领货物并支付货款。

2.4.3 CPT

CPT 是 Carriage Paid to(...named place of destination)的缩写，即运费付至(……指定目的地)。指卖方支付货物运至指定目的地的运费。自货物已交付给承运人照管之时起，关于货物灭失或损坏的风险以及货物交至承运人后发生事件所产生的任何额外费用，由买方承担。另外，卖方须办理货物出口的结关手续。本术语适用于各种运输方式，包括多式联运。

2.4.4 CIP

CIP 是 Carriage and Insure Paid to(...named place of destination)的缩写，即运费保险费付至(指定目的地)。指卖方支付货物运至指定目的地的运费和保险费。自货物已交付给承运人照管之时起，关于货物灭失或损坏的风险以及货物交至承运人后发生事件所产生的任何额外费用，买方承担。另外，卖方须办理货物出口的结关手续。本术语适用于各种运输方式，包括多式联运。

FOB，CFR，CIF 是 3 个最常用的贸易术语，但由于它们仅仅限于海运，因此将其分别推广为适用于一切运输方式的 FCA、CPT、CIP。在集装箱运输方式下，采用后 3 种贸易术语对卖方更有利，因此有必要将这 6 种主要贸易术语进行区别，掌握它们的不同点，从而在国际贸易实际操作中选择更有利的贸易术语。6 种主要贸易术语的不同点见表 2-1。

表 2-1 6 种主要贸易术语的不同点

区别点 \ 贸易术语	FOB、CFR、CIF	FCA、CPT、CIP
运输方式	仅适用于海运和内河运输	适用于各种运输
承运人	一般为船公司	因运输方式不同而有多种情况
交货点和风险转移点	装运港船上	货交承运人

(续)

区别点 \ 贸易术语	FOB、CFR、CIF	FCA、CPT、CIP
租船运输时装、卸费用负担	贸易合同中要采用贸易术语变形加以确定装卸费用负担	运费中包含装货费和卸货费,贸易合同中无需采用术语变形
运输单据	卖方一般要提交"清洁已装船"提单	因运输方式不同需要的单据也不同
保险险别	海洋货物运输险	因运输方式的不同而不同

2.4.5 DAT

DAT 是 Delivered at Terminal(...named terminal at port or place of destination)的缩写,即目的地或目的港的集散站交货,指卖方在指定的目的地或目的港的集散站卸货后将货物交给买方处置即完成交货。该术语所指目的地包括港口。卖方应承担将货物运至指定的目的地或目的港的集散站的一切风险和费用(除进口费用外)。本术语适用于任何运输方式,包含多式联运。

1) 卖方义务

(1) 负责货物运抵目的地或目的港的集散站交买方处置前的一切成本及费用。

(2) 提供全套合格单据。

(3) 协助买方取得输入货物且须由发货国签发的文件。

(4) 卖方应于规定的期限内负担所有风险及费用直到货物运抵指定目的地或目的港的集散站交买方处置为止。

2) 买方义务

(1) 待货物交买方处置后其一切风险及费用全归买方自行负责。

(2) 接受全套合格单据。

(3) 支付货款。

2.4.6 DAP

DAP 是 Delivered at Place(...named terminal at port or place of destination)的缩写,即目的地或目的港的集散站交货。卖方只需做好卸货准备无需卸货即完成交货。本术语适用于任何运输方式,包括多式联运方式及海运。

1) 卖方义务

(1) 货物运抵目的地或目的港的集散站交买方处置前一切成本及费用。

(2) 提供全套合格单据。

(3) 协助买方取得输入货物但须由发货国签发的文件。

(4) 卖方应于规定的期限内负担所有风险及费用,直到货物运抵指定目的地或目的港的集散站交买方处置为止。

2) 买方义务

(1) 待货物交买方处置后其一切风险及费用全归买方自行负责。

(2) 接受全套合格单据。

(3) 支付货款。

> **特别提示**
>
> DAT、DAP 是《2010 年国际贸易解释通则》新增的两个贸易术语。DAT 与 DAP 的唯一区别在于对于卖方而言，DAT 需要卸货，而 DAP 不需要卸货。

2.4.7 DDP

DDP 是 Delivered Duty Paid(... named place)的缩写，即完税后交货(……指定目的地)。是指卖方在指定的目的地，办理完进口清关手续，将在运输工具上尚未卸下的货物交与买方，即完成交货义务。卖方必须承担将货物运至指定的目的地的一切风险和费用，包括在需要办理海关手续时在目的地应交纳的任何税费(包括办理海关手续的责任和风险，以及缴纳手续费、关税、税款和其他费用)。

> **特别提示**
>
> EXW 术语下卖方承担最小责任，而 DDP 术语下卖方承担最大责任。若卖方不能直接或间接地取得进口许可证，则不应使用此术语。

2.5　各种贸易术语的比较

在国际贸易的谈判过程中，买卖双方均会根据自身的条件选择对自己有利的贸易术语，因此必须从整体上掌握各种贸易术语的区别。各种贸易术语的比较见表 2-2。

表 2-2　各种贸易术语的对照一览表

贸易术语	交货地点	风险转移点	出口报关责任、费用	进口报关责任、费用	运输	保险
FOB	装运港	装运港船上	出口方	进口方	买方负责	买方负责
CFR	装运港	装运港船上	出口方	进口方	卖方负责	买方负责
CIF	装运港	装运港船上	出口方	进口方	卖方负责	卖方负责
FAS	装运港	装运港船边	出口方	进口方	买方负责	买方负责
EXW	卖方仓库	货交买方	进口方	进口方	买方负责	买方负责
FCA	装运港	货交承运人	出口方	进口方	买方负责	买方负责
CPT	指定地点	货交承运人	出口方	进口方	卖方负责	买方负责
CIP	指定地点	货交承运人	出口方	进口方	卖方负责	卖方负责
DAT	目的地或目的港	货交买方	出口方	进口方	卖方负责	卖方负责
DAP	目的地或目的港	货交买方	出口方	进口方	卖方负责	卖方负责
DDP	目的地	货交买方	出口方	出口方	卖方负责	卖方负责

2.6 国际贸易术语选用的注意事项

在外贸业务中，采用适当的贸易术语对促进成交、提高经济效益顺利履行合同都有重要意义。贸易术语的选用关系到买卖双方的利害得失，因此在交易洽谈时，应该在合同中就采用何种贸易术语达成一致意见，并在合同中具体订立清楚。

（1）考虑运输条件。在选用贸易术语时，应首先考虑采用何种运输方式，并考虑安排运输的难易程度。在本身安排运输存在困难时，应争取以由对方安排运输的条件成交，如 E、F 组。

（2）考虑货物本身的特点及成交量。货物本身的特性不同，对于运输条件的要求也不同，运费的高低也不一样。其次是成交量，成交量太小又无班轮运输的情况下，运输成本必然较高。

（3）运费因素。运费越高，需要垫付的资金越多。

（4）考虑运输途中的风险。国际贸易运输路途遥远，途中可能遇到自然灾害、意外事故、战争等情况，因此，必须根据不同时期、不同地区、不同运输路线和不同运输方式，选择合适的贸易术语。

（5）考虑进出口结关手续的难易程度。出口方若不能办理进口报关，则不应选用 DDP，进口方若不能办理出口报关，则不应选用 EXW。

小 结

（1）FOB、CFR、CIF 三者卖方承担的风险相同，风险转移点都在装运港船上，费用不同。

$$CFR=FOB+运费，CIF=CFR+保险费$$

（2）FCA，CPT，CIP 是 FOB、CFR、CIF 3 个贸易术语的衍生，将仅适合水运扩展到了各种运输方式。对卖方而言有利于提前转移风险，风险转移点都是货交承运人。在用集装箱运输过程中更适合采用 FCA、CPT、CIP。

（3）DAT、DAP 的区别在于，DAT 需要卸货，DAP 不需要卸货。

（4）贸易术语的变形只说明费用负担问题，不改变风险转移点及责任的划分。

（5）贸易术语的内容相对较多，分组记忆会更容易理解，学会比较记忆。

思考与练习题

一、单项选择题

1. 成交一批由青岛出口到旧金山的花生，下列贸易术语正确的是（   ）。
   A. FCA 青岛   B. CPT 青岛   C. CIF 旧金山   D. CIF 青岛

2. 就卖方承担的费用而言，正确的是（   ）。
   A. FOB＞CFR＞CIF   B. FOB＞CIF＞CFR
   C. CIF＞CFR＞FOB   D. CIF＞FOB＞CFR

3. 就卖方承担的风险而言，正确的是（   ）。
   A. FOB＞CFR＞CIF   B. FOB＞CIF＞CFR

C. CIF＞CFR＞FOB　　　　　　D. 一样大

4. 在 FOB 条件下，若采用程租船运输，如买方不愿承担装货费及平舱费，则应在合同中规定（　　）。
　　A. FOB Liner Terms　　　　　　B. FOB Under Tackle
　　C. FOB Stowed　　　　　　　　D. FOB Trimmed

5. CPT 与 CFR 区别产生的主要原因是（　　）。
　　A. 交货地点不同　　　　　　　B. 风险划分界限不同
　　C. 承保险别不同　　　　　　　D. 运输方式不同

6. CIF 条件下，卖方如期向买方提交合同规定的全套单据，然而由于货物在运输途中遭遇暴风雨而发生损失，则该损失应由（　　）负责。
　　A. 卖方　　B. 买方　　C. 船公司　　D. 买卖双方

7. CIF Ex Ship's Hold 与 DES 相比，买方承担的风险（　　）。
　　A. 前者大　　B. 两者相同　　C. 后者大　　D. 买方不承担任何风险

8. 我公司出口某大宗货物，按 CIF Nhava Sheva 成交，合同规定采用租船运输，若我公司不想负担卸货费，应选择的贸易术语变形是（　　）。
　　A. CIF Liner Terms Nhava Sheva　　　　B. CIF Landed Nhava Sheva
　　C. CIF Ex Tackle Nhava Sheva　　　　　D. CIF Ex Ship's Hold Nhava Sheva

二、案例分析题

1. 2010 年，某公司以 CIF 价向外商出口一批季节性较强的货物。双方在合同中规定：卖方须保证运货船只不得迟于 2010 年 12 月 1 日抵达目的港。如迟于 12 月 1 日抵达，买方有权撤销合同。如货款已收，卖方必须将货款退还买方。

问这一合同的性质还属于 CIF 合同吗？为什么？

2. 我方按 CIF Landed LONDON 条件对外出口，并按规定提交了全套符合要求的单据，货轮在航行途中触礁沉没，货物全部灭失，买方闻讯以"卖方须将货物运到目的港并安全卸到岸上才算完成交货任务"为由拒付货款。

请分析买方拒付的理由是否合理？我方应如何处理？

三、技能实训题

学生分组扮演进出口方，对货物进行报价及商定运输、保险等事项，根据情况选定对自己最有利的贸易术语，并给出选择该贸易术语的理由。出口公司深圳某家具有限公司，进口公司名称是美国一家家具卖场。双方谈判过程中，卖方由于资金紧缺，不愿意承担运输费用、保险等相关费用。买方不愿意办理出口清关等手续。

双方采用海运，问应该选用哪一个贸易术语能满足双方的要求？

四、学习网址

1. 外贸精英网，学习和了解外贸知识。网址：http：//www.cnexp.net/。
2. 国际展览网，主要针对需要开拓国外市场，参加海外最具影响力的展会企业的展会查询。网址：http：//www.exposworld.com。
3. 贸易人门户网站，了解外贸行业。网址：http：//www.maoyiren.com/。

项目 3 合同中商品的品名、品质、数量与包装条款

学习目标

知识目标：能够正确地理解品名及品质条款；能够熟练应用品质的各种表示方法；掌握数量条款的订立方法和写作技巧；学习包装条款包含的基本内容。

能力目标：能在合同中正确约定品名及品质条款；能够根据不同的商品选择适合该商品的品质表示方法；能够运用各种计量单位，并能够拟定出数量条款；能够根据货物属性选择合理包装，并拟定包装条款。

章节导读

国际贸易的谈判中必定会涉及商品的品名、品质、数量、包装，这些条件是签订合同和履行合同的依据。同时，国际贸易的商检过程中，主要也是对品名、品质、数量、包装等进行鉴定。达成合同是国际贸易的第一步，要达成一个完整的国际贸易合同首先就要知道商品的品名、品质、数量条款、包装条款该怎么样去商定，以及怎么样商定对自己有利。

导入案例

大连某出口公司向日本出口一批大米，在洽谈时，谈妥出口2 000公吨，每公吨\$280FOB大连口岸。但在签订合同时，在合同上只是笼统地写了2 000吨，我方当事人认为合同上的吨就是指公吨，而发货时日商要求按长吨供货。

请问外商的要求是否合理，应该如何处理此项纠纷？

3.1 合同中商品的品名与品质条款

3.1.1 合同中商品的品名及品名条款概述

商品品名，是合同中不可缺少的主要交易条件。品名代表了商品通常应具有的品质。在合同中，应尽可能使用国际上通用的名称。

在国际贸易中，买卖双方商订合同时，必须列明商品名称，品名条款是买卖合同中不可缺少的一项主要交易条件。按照有关的法律和惯例，对成交商品的描述，是构成商品说明

(Description)的一个主要组成部分,是买卖双方交接货物的一项基本依据,它关系到买卖双方的权利和义务。

品名条款的基本内容和规定,取决于成交商品的品种和特点。就一般商品而言,只要列明商品的名称即可。但有的商品,往往具有不同的品种、等级和型号,为了明确起见,也把有关具体品种、等级或型号的概括性描述包括进去,作为进一步的限定。此外,有的甚至把商品的品质规格也包括进去,这实际是把品名条款与品质条款合并在一起。

约定品名条款的注意事项以及国际货物买卖合同中的品名条款,是合同中的要件,因此,在规定此款时,应注意下列事项。

(1) 内容必须明确、具体,避免空泛、笼统的规定。

(2) 条款中规定的品名,必须是卖方能够供应且买方所需要的商品,凡做不到或不必要的描述性的词句,都不应列入。

(3) 尽可能使用国际上通用的名称,若使用地方性的名称,交易双方应事先达成共识;对于某些新商品的定名及译名应力求准确、易懂,并符合国际上的习惯称呼。如土豆,国际上一般称为马铃薯,交易时就应优先选择马铃薯作为品名。

(4) 注意选用合适的品名,以利减低关税,方便进出口和节省运费开支。

3.1.2 合同中商品的品质及品质条款

商品的品质(Quality of Goods)是指商品的内在素质和外在形态的综合。前者包括商品的物理性能、机械性能、化学成分等自然属性,后者包括商品的外形、色泽、款式等。品质条款是合同中不可或缺的条件。

1. 商品的品质表示方法

在外贸业务中,通常用两种方式表示商品的品质:一是以实物来表示,二是用说明表示。

1) 以实物表示品质

以实物表示品质,包括凭成交商品的实际品质(Actual Quality)和凭样品(Sample)两种表示方法,前者即指看货买卖,后者即指凭样品买卖。

(1) 看货买卖。即买方或代理人通常先到卖方的工厂仓库验看货物,一旦达成交易,卖方就须按对方验看过的商品交货,只要卖方交付的是验看过的货物,买方就不能对货物的品质提出异议。

在国际贸易中,由于买卖双方远离两地,交易洽谈多以函电方式进行,买方到卖方所在地验看货物有很多不便,此外,看货时也无法逐件查验。所以看货买卖这种做法,多用于寄售、拍卖和展卖业务中。

(2) 凭样品买卖。样品通常是指从一批商品中抽出来的或由生产、使用部门设计加工出来的,足以反映和代表整批商品质量的少量实物,凡以样品表示商品品质并以此作为交货依据的,称为"凭样品买卖(Sale by Sample)"。

在国际贸易中,按样品提供者的不同,可分为以下几种。

① 卖方样品(Sellers Sample)。由卖方提供的样品称为"卖方样品"。凡以卖方样品作为交货的品质依据者,称为"卖方样品买卖"。在此情况下,买卖合同中应订明:"品质以卖方样品为准"(Quality as Per Sellers Sample)。日后,卖方所交货物的品质,必须与提供的样品相符。

② 买方样品(Buyers Sample)。买方为了订购到符合自身要求的商品，有时提供样品交由卖方依样承制，如卖方同意按买方提供的样品成交，称为"凭买方样品买卖"。在这种情况下，买卖合同中应订明：B品质以买方样品为准(Quality as Buyers Sample)。日后，卖方所交货的品质，必须与买方样品相符。

③ 对等样品(Counter Sample)。在国际贸易中，卖方往往不愿意接受凭买方样品交货的交易，以免因交货品质与买方样品不符而招致买方索赔甚至退货的危险。在此情况下，卖方可根据买方提供的样品，加工复制出一个类似的样品交买方确认，这种经确认后的样品，称为"对等样品"或"回样"，也称为"确认样品"（Confirming Sample）。当对等样品被买方确认后，则日后卖方所交货物的品质，必须与对等样品相符。

此外，买卖双方为了发展贸易关系和增进彼此对对方商品的了解，往往采用互相寄送样品的做法，这种以介绍商品为目的而寄出的样品，应标明"仅供参考"（For Reference Only)字样，以免与标准样品混淆。

2) 凭说明表示品质

凭说明表示品质，即指用文字、图表、相片等方式来说明成交商品的品质，在这类表示品质方法中，可细分为以下6种。

(1) 凭规格买卖(Sale by Specification)。商品规格(Specification)是指一些足以反映商品品质的主要指标，如化学成分、含纯度、性能、容量、长短、粗细等。在国际贸易中，买卖双方洽谈交易时，对于适合于规格买卖的商品，应提供具体规格来说明商品的基本品质状况，并在合同中订明。凭规格买卖时，说明商品品质的指标因商品而异，即使是同一商品，也会因用途不同，而对其规格的要求所有差异。这种表示品质的方法，明确、具体、简单、易行，在国际贸易中被广泛、运用。如长城葡萄酒，糖分含量10%，酒精含量11%。

(2) 凭等级买卖(Sale by Grade)。商品的等级(Grade Goods)是指同一类商品，按规格上的差异，分为品质优劣各不相同的若干等级。在凭等级买卖时，由于不同等级的商品具有不同的规格，为了便于履行合同和避免争议，在品质条款列明等级的同时，也要规定每一等级的具体规格。

(3) 凭标准买卖(Sale by Standard)。商品的标准是指将商品的规格和等级予以标准化。商品的标准，有的由国家或有关政府主管部门规定，也有由行业公会、交易所或国际性的工商组织规定。有些商品习惯于标准买卖，人们往往采用某种标准作为说明和评定商品品质的依据。

国际贸易采用的各种标准，有些具有法律上的约束力，凡品质不合标准要求的商品，不许进口或出口。但也有些标准不具有法律上的约束力，仅供交易双方参考使用，买卖双方洽商交易时，可另行商定对品质的具体要求。

特别提示

在国际贸易中，对于某些品质变化较大而难以规定统一标准的农副产品，往往采用"良好平均品质"（Fair Average Quality，FAQ）这一术语来表示其品质。"良好平均品质"是指一定时期内某地出口货物的平均品质水平，一般对于中等货而言。在我国实际业务中，一般对于大路货而言，用FAQ来说明品质，在标明大路货的同时，通常还约定具体规格作为品质依据。

(4) 凭说明书和图样买卖(Sale by Descriptions)。在国际贸易中,有些机器、电器和仪表等技术密集型产品因结构复杂,对材料和设计的要求严格,用以说明性能的数据较多,很难用几个简单的指标来说明品质的全貌。且有些产品,即使其名称相同,但由于所使用的材料、设计和制造技术的某些差别,也可能导致功能上的差异。对这类商品的品质,通常以说明书并附以图样、照片、设计图纸、分析表及各种数据来说明具体性能和结构特点。按此方式进行交易,称为凭说明书和图样买卖。

特别提示

按这种表示品质的方法成交,卖方所交货物必须符合说明书和图样的要求,但由于这类产品的技术要求较高,有时同说明书和图样相符的产品,在使用时不一定能发挥出设计所要求的性能。买方为了维护自身的利益,往往要求在买卖合同中加订卖方品质保证条款和技术服务条款。

(5) 凭商标或品牌买卖。商标(Trade Mark)是指生产者或商号用来识别所生产或出售的商品的标志,它可由一个或几个具有特色的单词、字母、数字、图形或图片等组成。品牌(Brand Name)是指工商企业给制造或销售的商品所冠的名称,以便与其他企业的同类产品区别开来,一个品牌可用于一种产品,也可用于一个企业的所有产品。

当前,国际市场上行销的许许多多商品,尤其是日用消费品、加工食品、耐用消费品等都标有一定的商标或品牌。各种不同商标的商品都具有不同的特色。一些在国际上久负盛名的名牌产品,如宝洁、雀巢、阿迪达斯等,都因其品质优良稳定,具有一定的特色并能显示消费者的社会地位,故售价远远高出其他同类产品。

名牌产品的制造者为了维护商标的声誉,对产品的品质都进行了严格控制,以保证其产品品质达到一定的标准,因此,商标或品牌自身实际上是一种品质象征。人们在交易中就可以只凭商标或品牌进行买卖,无需对品质提出详细要求。但如果一种品牌的商品同时有许多种不同型号或规格,为了明确起见,就必须在规定品牌的同时,明确规定型号或规格。

(6) 凭产地名称买卖。在国际货物买卖中,有些产品,因产区的自然条件、传统加工工艺等因素的不同,其品质具有其他产区的产品所不具有的独特风格和特色,对于这类产品,一般也可用产地名称来表示品质。如孝感麻糖、四川榨菜、清远麻鸡等。

上述各种表示品质的方法,一般是单独使用,但有时也可酌情将其混合使用。

2. 品质条款的主要内容

1) 订立品质条款的要点

(1) 要从产、销实际出发,防止品质条件规定偏高或偏低。

(2) 要合理规定影响品质的各项重要指标,对于一些与品质无关紧要的条件,不宜订入。

(3) 品质条件应明确具体。不宜采用诸如"大约"、"左右"、"合理误差"之类的笼统含糊字眼,以避免在交货的品质上引起争议。

2) 品质机动幅度的约定

在国际贸易中,为了避免因交货品质与买卖合同稍有不符而造成违约,以保证合同的顺利履行,可以在合同品质条款中作出某些变通规定。

常见的有下列一些规定办法:交货品质与样品大体相等或其他类似条款;品质公差(Quality Tolerance),是指国际上公认的产品品质的误差,为了明确起见,应在合同品质条款中订明一定幅度的公差和品质机动幅度。

3) 品质机动幅度的两种订法

（1）规定一定的范围：即对品质指标的规定允许有一定的差异范围。卖方交货，只要在此范围内都算合格。

（2）规定一定的极限：指对所交货物的品质规格，规定上下限，即最大、最高、最多为多少，最小、最低、最少为多少，卖方交货只要没有超过规定的极限，买方就无权拒收。例如大豆的水分含量最高8%，杂质含量最多2%等。

（3）规定上下差异，如黄豆的含油量85%、水分6%、杂质2%均可以增减1%。

> **特别提示**
>
> 为了体现按质论价，在使用品质机动幅度时，有些货物，可根据交货情况调整价格，即所谓品质增减价款，即对约定的机动幅度内的品质差异，可按照实际交货品质规定予以增价减价。如大豆的水分含量超过6%，每多1%价格下调0.5%。

3. 正确运用各种表示品质的方法

品质条款的内容，必须涉及表示品质的方法，采用何种方法表示品质，应视商品特性而定。一般地讲，凡能用科学的指标说明品质的商品，则适于规格、等级或标准买卖；有些难以规格化和标准化的商品，如工艺品、家具等则适于凭样品买卖；某些性能复杂的机器设备、电器等，则适于凭说明书和图样买卖，凡具有地方味和特色的产品，则可凭产地名称买卖，如武汉热干面、广东凉茶等。上述这些表示品质的方法，不能随意滥用，而应当合理选择。

【例3-1】 我国某出口公司向英国出口一批大豆，合同规定："水分最高为14%，杂质不超过2.5%。"在成交前，该出口公司曾向买方寄过样品，订约后该出口公司又电告买方成交货物与样品相似，当货物运至英国后买方提出货物与样品不符，并出示了当地检验机构的检验证书，证明货物的品质比样品低7%，但未提出品质不符合合同的品质规定。买方以此要求该出口公司赔偿其15 000英镑的损失。

分析：本案例是既凭标准又凭样品买卖，因此所交货物既要符合标准的规定又要跟样品一致，买方要求赔偿是合理的。

> **特别提示**
>
> 在国际贸易中，一定要结合商品的特性选用品质的表示方法，谨慎使用凭样品买卖，一旦凭样品买卖，所交货物必须与样品完全一致。

3.2 商品的数量与包装条款

3.2.1 商品数量计量单位

1. 常用的计量单位

由于各国度量衡制度不同，所使用的计量单位也各异。因此，了解和熟悉相互之间的折算方法是很重要的。目前国际贸易中通常使用的计量单位有米制（Metric System）、英制（British System）和美制（U.S. System）3种。此外，还有在米制基础上发展起来的国际单位制（International System of Units，SI）。

特别提示

根据《中华人民共和国计量法》第三条规定："国家采用国际单位制。国际单位制计量单位和国家选定的其他计量单位，为国家法定计量单位。"

在对外贸易中，出口货物除合同规定需采用米制、英制或美制计量单位者外，也应使用法定计量单位。

一般不进口非法定计量单位的仪器设备，如有特殊需要，须经有关省、市、自治区以上的计量管理机构批准。

主要计量单位见表3-1。

表3-1 计量单位表

分类	单位	适用范围
重量（Weight）单位	公吨（metric ton） 长吨（long ton） 短吨（short ton） 公斤（kilogram） 克（gram） 盎司（ounce）	农副产品、矿产品和工业制成品等按重量计算
数量（quantity）单位	件（piece） 双（pair） 套（set） 打（dozen） 卷（roll） 令（ream） 罗（gross） 袋（bag） 包（bale）	大多数工业制成品，尤其是日用消费品、工业品、机械产品以及一部分土特产品，均习惯于按数量进行买卖。例如，1罗=12打，1打=12件，1令=480张
长度（length）单位	米（meter） 英尺（foot） 码（yard）	在金属绳索、丝绸、布匹等类商品的交易中，通常采用。1米=3.280 839 895 013 1英尺，1米=1.093 613 298 337 7码
面积（area）单位	平方米（square meter） 平方英尺（square foot） 平方码（square yard）	玻璃板、地毯、皮革等商品的交易中，通常采用
体积（volume）单位	立方米（cubic meter） 立方尺（cubic foot） 立方码（cubic yard）	仅用于木材、天然气和化学气体等
容积（capacity）单位	蒲式耳（bushel） 加仑（gallon） 公升（litre）	谷物和流体货物的交易中，通常采用

2. 各国度量衡制度

公制、英制、美制和国际标准计量组织是在公制基础上颁布的国际单位制。根据《中华人民共和国计量法》规定:"国家采取国际单位制。国际单位制计量单位和国家选定的其他计量单位,为国家法定计量单位。"常见的国际单位制见表3-2。

表3-2 常见的国际单位制

量的名称	度量衡
长度	1毫米 millimeter(mm)=0.001米
	1厘米 centimeter(cm)=0.01米=0.393 7英寸
	1公里 kilometer(km)=1 000米=0.621 4英里
	1米 meter(m)=3.280 8英尺=1.093 6码
面积	1公亩 are(a)=100平方米=0.024 7英亩
	1公顷 hectare(ha)=100公亩=2.471 1英亩
容积	1毫升 milliliter(ml)=0.001升
	1升 liter(l)=0.260 0加仑(美)=0.260 0加仑(英)
重量	1毫克 milligram(mg)=0.001克
	1克 gram(g)千克(公斤)kilogram(kg)=1 000克
	1吨 ton(t)=1 000千克
	1克=0.035 2盎司(常衡)
	1千克=2.204 6磅(常衡)
	1吨=0.984 2长吨(英吨)=1.102 3短吨(美吨)

常见的英美制计量单位见表3-3。

表3-3 常见的英美制计量单位

单位名称	度量衡
英寸 inch(pl. inches)	=2.540 0厘米
英尺 foot(pl. feet)	=12英寸=0.304 8米
码 yard	=3英尺=0.914 4米
英里 mile	=1 760码=1.609 3千米
链 cable length,cable's length	=185.2米
海里 sea mile	=10链=1.852千米
英亩 acre	=40.468 6公亩
盎司 ounce	=28.349 6克
磅 pound	=16盎司=0.453 6千克
长吨(英吨)long ton	=2 240磅=1 016.047 0千克
短吨(美吨)short ton	=2 000磅=907.184 9千克
加仑 gallon	=4.546升(英)=3.785升(美)

3. 重量的计算方法

（1）按毛重（Gross Weight）计算：毛重是指货物本身的重量加上皮重，即加上包装物的重量。有些单位价值不高的货物，可采用按毛重计量的方法，也就是按毛重作为计算价格的基础。这种计量和计价的方法，在国际贸易中称作"以毛作净"（Gross for Net）或"以毛作净价"。公式如下

$$毛重＝净重＋皮重（包装的重量）$$

（2）按净重（Net Weight）计算：净重是指货物的本身重量，即不包括皮重的货物的实际重量。如在合同中未明确规定用毛重还是净和重计量、计价的，按惯例应以净重计。公式如下

$$净重＝毛重－皮重$$

> **特别提示**
>
> 在国际贸易中去除皮重的方法：按实际皮重，按平均皮重，按习惯皮重，按约定皮重。

4. 其他计算重量的方法

（1）按公量计重（Conditioned Weight）：公量，是指用科学方法抽出商品所含水分，再另加标准水分求得的重量。适用商品：羊毛、生丝等货物。公式如下

公量＝干净重＋标准水分＝干净重＋干净重×标准回潮率＝实际重量×（1＋标准回潮率）/（1＋实际回潮率）

式中：干净重即不含水分的重量，回潮率是水分与干量之比，标准回潮率是交易双方约定的货物中的水分和干量之比，实际回潮率是实际货物中的水分和干量之比。

> **特别提示**
>
> 公量多用于易吸水、受潮的货物，如棉花、羊毛、蚕丝等。

（2）按理论重量计重（Theoretical Weight）：理论重量是指从商品的规格中推算出的重量。单件重量乘以件数得出总重量，适用于有固定或统一规格的货物。其形状规则，密度均匀，每一件的重量大致相同，如钢板、马口铁等。

（3）法定重量（Legal Weight）和净净重（Net Net Weight）：它们的计算公式如下

$$法定重量＝纯商品的重量＋内包装的重量$$
$$净净重＝纯商品的重量－包含杂物的重量$$

> **特别提示**
>
> 在国际贸易实务中，如果买卖双方没有明确采用何种方法计算重量时，应按净重计量和计价。

3.2.2 买卖合同中的数量条款

英国法律规定：卖方交付货物的数量如果少于约定数量，买方可以拒收货物。卖方实际

交货数量多于约定数量，买方可以只接受约定数量而拒收超过部分，也可以全部拒收。

公约规定：如果卖方交货数量多于约定数量，买方可以收取，也可以拒绝收取多交部分货物的全部或一部分；如果卖方实际交货数量少于约定数量，卖方应该在规定的交货期届满前补交，但不得使买方遭受不合理的不便或承担不合理的开支，然而，买方保留要求损害赔偿的任何权利。

数量的机动幅度条款分为溢短装条款和约数条款。

1. 溢短装条款

溢短装条款(More or Less Clause)：规定数量条款时，如同时规定溢短装条款，则在交货时可溢装或短装(即多交或少交)合同数量的百分率。

溢短装条款的适用范围：大宗散装商品，如农副产品和工矿产品；因商品特点和运输装载的缘故，难以严格控制装船数量的商品。此外，某些商品由于货源变化、加工条件限制等，往往在最后出货时，实际数量与合同规定数量有所上下。对于这类交易，通常可在合同中规定溢短装条款。

例如，大豆，5 000公吨，5%上下，由卖方决定。

布匹，2 000码，8%上下，由卖方决定。

溢短装下的货款总额＝合同单价×实际交货数量(在数量机动范围内)

溢短装条款的决定。

(1) 由卖方决定(At Seller's Option)：大多数情况下。

(2) 由买方决定(At Buyer's Option)：买方派船装运时。

(3) 由承运人决定(At Ship's Option)：租船运输时。

特别提示

不是所有的货物都适合溢短装条款，溢短装条款一般只适用于大宗散装货物。

2. 约数条款

约数(About)条款：《跟单信用证统一惯例600》规定：About用于涉及信用证金额、货物数量或单价时，可解释为允许有10%增减。

【例3-2】 某厂外销布匹4万米，合同上订明：红、白、黄、绿四种颜色各1万米，并附有允许卖方溢短装10%的条件。该厂实际交货数量为红色10 400米，白色8 000米，黄色9 100米，绿色9 000米，共计36 500米。白布虽超过10%的溢短装限度，但就4种颜色布的总量来说，仍未超过条件。在此情况下，是否只有白布部分违约还是全部违约？

分析：全部违约。合同上订明的是红白黄绿各1万米，允许溢短装10%，是指红白黄绿分别允许允许溢短装10%，而不是指4种颜色的布料的总量允许溢短装10%。

3.2.3 商品包装

在国际贸易运输过程中，路途遥远，商品种类繁多，性质、特点、形状各异，必须根据货物的特性对货物进行合适的包装。按照包装的作用，可以大致分为运输包装和销售包装。包装分类表见3-4。

表 3-4 包装的分类

	按方式	单体和集合包装
运输包装	按造型	箱、捆、袋包装
	按材料	纸、铁、木包装
	按质地	软、半硬、硬包装
	按程度	全部、部分包装
销售包装		挂式包装
		堆叠式包装
		易开式包装
		携带式包装
		透明式包装
		喷雾式包装
		配套式包装
		礼品式包装

1. 运输包装及标志

运输包装（又称为大包装或外包装）是指将货物装入特定容器，或以特定方式成件或成箱的包装。它的作用主要在于保护商品，便于运输，减少运费；便于储存，节省仓租，便于计数等。运输包装的方式主要有箱、包、桶、袋等，此外还有篓、筐、坛、罐和集合运输包装。

运输标志是指为了方便货物运输、装卸及储存保管，便于识别货物和防止货物损坏而在商品外包装上刷写的标志。运输标志有四项基本内容：①收货人的简称；②参考号（一般为合同或发票号）；③目的港和目的地的名称；④件号。

> **特别提示**
>
> 标准运输标志不能使用几何图形或其他图形。

指示性标志是根据商品的特性，对一些容易破碎、残损、变质的商品，在搬运装卸操作和存放保管条件方面所提出的要求和注意事项，用图形或文字表示的标志。

警告性标志是指在装有爆炸品、易燃物品、腐蚀物品、氧化剂和放射物质的运输包装上用图形或文字表示各种危险品的标志。

除了上述 3 种包装标志外，商品的运输包装上一般还刷上包件的毛重、净重、体积尺码和商品的生产国别或地区。

2. 销售包装

销售包装又称为内包装、小包装或直接包装，是指在商品制造出来以后以适当的材料或容器所进行的初次包装。销售包装可以保护商品的品质，方便消费者识别、选购、携带和使用，还具有美化商品、宣传推广、促进销售、提高商品价值等作用。由于国际市场上竞争激烈，出口货物的销售包装显得日益重要，销售包装的好坏直接关系到售价和销路。此外，衬垫物也是包装的重要组成部分，不容忽视，它的作用是防震、防碎、防潮、防锈等。衬垫物一般用纸屑、纸条、防潮纸和各种塑料。应该注意的是，我国禁止用报纸作为衬垫物。

关于销售包装的装潢和文字说明，有些国家明文规定所有进口商品的文字说明必须使用本国文字。

总之，由于出口货物的包装装潢关系到商品的售价和销路，并在一定程度上反映了我国工业生产和艺术水平，因此必须加强研究，力求做到科学、经济、牢固、美观、适销的要求。运输包装要牢固，能适应长途运输的需要，体积和重量要便于搬运、装卸、仓储，以节省运输和储存费用。销售包装要考虑适合对外销售的需要，做到便于陈列、展销、携带和使用。销售包装上除商标、牌号、品名、数量、产地外，一般还应根据不同商品，印有规格、成分、用途、使用方法等中外文说明。

3. 物品条形码标志

随着国际上电子扫描自动化售货设备的使用日益广泛，"条形码"将成为销售包装上不可或缺的标记。条形码是由一组规则排列的条、空及其相应字符组成的标记，它表示特定信息，是专供机器识读的一种特殊符号。条形码是商品能够流通于国际市场的一种通用的国际语言，是商品身份证的国际统一编号，是商品进入商店的先决条件。随着国际物品编码（EAN）和美国统一编码委员会（UPC）会员在全世界范围的迅速发展和商店的迅猛增加，许多生产经营出口商品的企业如不采用条形码，将面临无法外销的危险。而且随着国内商业自动化的发展，也将失去在国内市场上的竞争力。

国家技术监督局（原）于1988年成立了中国物品编码中心（以下简称"中心"）。1991年4月18日，"中心"代表我国正式加入国际物品编码协会（EAN），并自同年7月1日起正式履行该会员的权利和义务。该"中心"目前在各省、市、自治区设立了40多个分支机构，在未设分支机构地区，"中心"指定和委托省级和计划单列市的标准化机构，负责本地区的条形码工作。生产和经营出口商品的企业需要使用条形码，可向上述物品编码机构提出申请，由"中心"统一向国际条形码组织申请办理注册手续。条形码字符的头3位数字代表生产国别（地区）。目前，国际物品编码协会分给我国的国别号为"690"、"691"、"692"，凡标"690"、"691"、"692"为首的条形码的商品，即表示是中国生产的商品。

4. 定牌、无牌和中性包装

定牌和中性包装，是国际贸易中的通常做法。我国在出口业务中，有时也可应客户的要求采用这些做法。

1）定牌

定牌是指买方要求在我出口商品或包装上使用买方指定的商标或牌名的做法。我们同意采用定牌，是为了利用买主（包括生产厂家、大百货公司、超级市场和专业商店）的经营能力和他们的企业商誉或名牌商誉，以提高商品售价和扩大销售数量。但是应特别注意，有的外商利用向我订购定牌商品来排挤使用我方商标货物，从而影响我国产品在国际市场树立名牌。采用定牌时，一般应标明"中国制造"字样。

2）无牌

无牌是指买方要求在出口商品或包装上免除任何商标或牌名的做法，该方法多用于尚待进一步加工的半制成品，以避免浪费，降低费用成本。除非另有约定，采用无牌时，在我出口商品或包装上须标明"中国制造"字样。

3）中性包装

中性包装是指在商品上和内外包装上均不注明生产国别的包装，中性包装有定牌中性和无牌中性之分。定牌中性是指在商品或包装上使用买方指定的商标、牌名,但不注明生产国别。无牌中性是指在商品和包装上均不使用任何商标和牌名,也不注明生产国别。所以,"中性"是指不注明生产国别与有无商标牌号无直接关系。采用中性包装,是为了适应国外市场的特殊需要,如转口销售等,有利于扩大贸易。但需注意,近年来中性包装的做法受到种种限制,因此,在采用时必须谨慎从事。

3.2.4 买卖合同中的包装条款

包装条款是国际货物买卖合同中的重要内容,买卖双方必须详细洽商,达成一致意见,并在合同中作出明确具体的规定。

订立包装条款时应注意如下问题。

(1) 合同中包装条款的内容一般包括包装材料、包装方式和每件包装中所含物品的数量或者重量。

(2) 除非买卖双方对包装方式的具体内容经事先充分交换意见或由于长时间的业务交往已取得一致认识,在合同中不宜采用笼统的规定方法,如按习惯包装、按常规包装等。

(3) 按国际贸易习惯,唛头一般由卖方决定。如买方要求,可在合同中具体规定。如买方要求在合同订立后由其指定,则应具体规定指定的最后时限,并订明若到时限尚未收到有关唛头通知,卖方可自行决定。

(4) 在出口实践中,包装费用一般包括在货价以内。如买方要求特殊包装,除非事先明确包装费用包括在货价以内,否则其超出的包装费用原则上应由买方负担。

(5) 在进口实践中,对包装技术性较强的商品,通常要在单价条款后注明包装费用,以免事后发生纠纷。

小 结

(1) 商品的品质表示方法有凭样品和凭文字说明两种,在实际应用中应根据货物本身的特点选择合适的品质表示方法。

(2) 对等样品在实际业务中,如卖方认为按买方来样供货没有切实把握,卖方可以根据买方来样仿制或从现有货物中选择品质相近的样品提供给买方。这种样品称为对等样品。对等样品一定是经过买方确认的样品。

(3) 商品的数量条款中溢短装条款的适用范围是大宗散装货物,对于以货物本身的数量(台、个、件等)计算的不能适用于溢短装条款。

(4) 运输标志即唛头是国际贸易包装中的一个重要内容,标准唛头由4个部分组成:收货人的简称、参考号(一般为合同或发票号)、目的港和目的地的名称、件号。

思考与练习题

一、单项选择题

1. 一种样品若没有标明是参考样品还是标准样品,应看作是(   )。
    A. 参考样品   B. 标准样品   C. 双方协商   D. 参照国际标准

2. 我国出口一批农产品，如合同中以 FAQ 来说明品质，则在交货时，检验货物的品质依据应为（   ）。
   A. 本年该产品的中等货
   B. 装船时在发运地发运的同一种产品的平均品质
   C. 双方再协商
   D. 合同规定的具体标准
3. 如我方欲进口一套机电设备，一般应选用的表示品质的依据为（   ）。
   A. 凭卖方样品买卖   B. 凭买方样品买卖
   C. 凭说明书买卖   D. 凭商标和牌名买卖
4. 在以规格与样品同时使用的出口贸易中，国外买方验货的质量依据一般为（   ）。
   A. 规格   B. 样品   C. 规格和样品   D. 规格或样品
5. 如果合同中未明确规定以何种方法计量的话，其计量方法应为（   ）。
   A. 毛重   B. 净重   C. 以毛做净   D. 公量
6. 如果出口日用消费品、轻工业品及机械产品，常用的计量单位应为（   ）。
   A. 重量单位   B. 数量单位   C. 长度单位   D. 面积单位
7. 如进口羊毛、生丝、原棉等纺织原料，应使用的计量方法为（   ）。
   A. 毛重   B. 净重   C. 公量   D. 理论重量
8. 定牌中性包装是指（   ）。
   A. 有商标、牌名无产地、厂名   B. 无商标、牌名无产地、厂名
   C. 有商标、牌名有产地、厂名   D. 无商标、牌名有产地、厂名

二、案例分析题

1. 国内某公司向国外出口一批灯具。合同上规定为每筐 30 只，共有 100 筐。我方工作人员为方便起见，改为每筐 50 只，共装 60 筐，总只数不变。请问：这种处理方式是否会构成违约？

2. 某公司订购钢板 400M/T，计 6 英尺、8 英尺、10 英尺、12 英尺 4 种规格各 100M/T，并附每种数量可有 5％的溢短装条款，由卖方决定。今卖方交货为：6 英尺，70M/T，8 英尺，80M/T；10 英尺，60M/T；12 英尺，210M/T，总量未超过 420M/T 的溢短装上限的规定。对于出口商按实际装运数量出具的跟单汇票，进口商是否有权拒收拒付？

三、技能实训题

假定你是深圳某外贸公司的一名业务员，请起草一批出口到新加坡的沙发床的包装的条款。

项目 4 商品的价格核算

学习目标

知识目标：掌握出口货物价格构成、作价原则与方法、计价货币的选用；掌握出口效益核算、各种价格之间的换算以及价格条款等内容。

能力目标：能够进行出口报价和还价核算；能够订立价格条款。

章节导读

在国际货物交易中，如何确定成交价格是买卖双方极为关心的一个重要问题。这是因为，成交价格的高低和计价办法的差异直接关系到买卖双方的经济利益。而且价格还与合同中的其他交易条件密切相关，在约定合同其他交易条件时，也往往会涉及与价格有关的问题。由此可见，正确掌握成交价格，有着十分重要的意义。

导入案例

假设你是某出口公司的一名业务员，向法国某进口公司就某类出口商品询盘，法商报价为每公吨 400 欧元 CIF 巴黎，而公司对该商品内部掌握价为 FOB 大连每公吨人民币 2 978 元。当时中国银行外汇牌价为每 1 欧元的买入价人民币 9.381 2 元，卖出价人民币为 9.423 5 元。公司备有现货，只要不低于公司内部掌握价即可出售。现该商品自我国某口岸至法国汉堡港的运费为每公吨人民币 598 元，保险费为每公吨人民币 102 元。

请问你能否接受此报价？在确定价格的时候应该注意什么问题？

4.1 商品的价格概述

4.1.1 进出口商品作价原则

我国进出口商品的作价原则是：在平等互利的原则下，按照国际市场价格水平，结合国别、地区政策，考虑购销意图来进行作价，如图 4.1 所示。

1. 按照国际市场价格水平作价

国际市场价格是以商品的国际价值为基础，在国际市场竞争中形成的。它是交易双方都能接受的价格，是确定进出口商品价格的客观依据。国际市场价格没有一个固定的价格，通常是按照主要出口国或进口国当地市场的进出口价格。

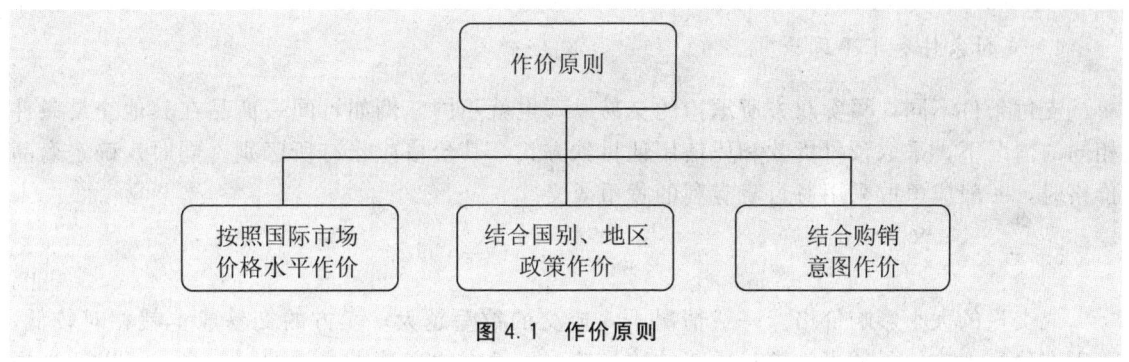

图 4.1 作价原则

2. 结合国别、地区政策作价

为了使外贸配合外交，在参照国际市场价格水平的同时，也可适当考虑国别、地区政策。

3. 结合购销意图作价

进出口商品价格在国际市场价格水平的基础上，可根据购销意图来确定，即可略高或略低于国际市场价格。例如，某出口企业意在发展、开拓市场或意欲与信誉较好的老客户建立长期的贸易合作关系，或者市场需求萎缩、货源充足的情况下，价格就可定得低一点；如果商品技术含量高且有一定的垄断性或者货源比较紧、市场需求，价格就可以定得高一些。

4.1.2 影响价格的主要因素

确定进出口商品的价格是一项复杂的工作，除了应遵循上述作价原则之外，还要考虑影响价格的各种因素。影响国际市场上商品价格的因素有很多，有周期性因素、偶然性因素、政治形势、自然形势等。影响进出口商品价格的因素主要有以下几个。

1. 商品的质量和档次

在国际市场上，一般都贯彻按质论价的原则。通常情况下，商品质量好、档次高，价格就会定得高；反之，质量差、档次低，价格就只能定得低。

2. 运输距离

国际货物买卖，一般都要经过长途运输。运输距离的远近，影响运费和保险费的开支，从而影响商品的价格。因此，确定商品价格时，必须认真核算运输成本。一般货物运输距离短，运费就相对低廉；而运输距离遥远，运费就会相对高。另外，航线的"冷热"也是影响运费高低的一个重要因素。所谓"热线"，主要是指通往经济发达、贸易频繁地区的航线，那里过往的船只繁多，交通运输条件便利，运费也比较低廉。而"冷线"是指地方偏僻、经济不够发达、过往船只稀少、运费比较昂贵的航线。

3. 交货地点和交货条件

在国际贸易中，由于交货地点和交货条件不同，买卖双方承担的责任、费用和风险就有别，在确定进出口商品价格时，必须考虑所使用的贸易术语。

4. 支付条件和汇率风险

支付条件不同,买卖双方所承担的交易风险也就不同。例如,同一商品在其他交易条件相同的情况下,采取预付货款和凭信用证付款方式,其价格应当有所区别。同时,确定商品价格时,一般应争取采用对自身有利的货币成交。

5. 成交数量

成交量的大小影响价格。一般情况下,成交的数量越大,卖方的交易成本就相对较低,可以在价格上应给予适当优惠;成交的数量越小,卖方的交易成本就相对较高,可以适当提高售价。

6. 季节性需求的变化

一些时令商品,销售季节性很强。当市场需要时,价格就看涨;当季节一过,价格就会下跌。因此,应充分利用季节性需求的变化,掌握好季节性差价,争取有利的价格成交。

7. 其他因素

除此之外,国际市场价格波动、进出口商的特点、信誉等因素对价格都有一定程度的影响,必须综合考虑。

4.1.3 作价方法

在国际货物买卖中,定价方法多种多样,由交易双方当事人磋商确定,通常采用的定价方法有以下几种。

1. 固定价格

按照《联合国国际货物销售合同公约》的有关规定,合同中的价格可以由当事人用明示的方法规定,也可用默示的方法规定。只要当事人根据合同或事先约定,可以将价格明确、具体地确定下来,即称为固定价格。

> **特别提示**
>
> 按各国法律规定,合同价格一经确定,就必须严格执行,即使约定价格与履行交货付款时的市场价格相差很大,任何一方也不得擅自更改。

采用固定价格,是国际市场习惯的做法。这种规定价格的办法,既明确、具体,也便于核算和执行。但是,由于国际商品市场价格受各种因素的影响,商品市场行情瞬息万变,因此,在国际货物买卖合同中规定固定价格,就意味着买卖双方要承担从订约到交货付款以至转售时价格变动的风险。因此为了减少风险,在采用固定价格时,要对客户的资信进行了解,选择资信好的客户。

2. 暂定价格

买卖双方在签订合同时,先规定一个初步价格,作为开立信用证和预付货款的依据,待日后确定正式价格。

例如，"单价暂定 CIF 伦敦，每公吨 500 美元，按装船月份平均价加 2 美元计算。卖方按本合同的暂定价开立信用证。"

> **特别提示**
>
> 这种方法的优点是既有利于促成交易，又不承担风险，但是双方可能在最后定价时产生分歧而导致不良后果，一般情况下不宜采用。

3. 待定价格

待定价格指只规定作价方式而具体价格留待以后确定。某些货物因其国际市场价格变动频繁、幅度较大，或交货期较远，买卖双方对市场趋势难以预测，为了减少价格风险，双方可就其他要件（品质、数量、包装、交货、支付）先达成一致意见，而价格则待定。

一般在合同价格条款中明确规定定价时间和定价方法。例如，"在装船月份前 50 天，参照当地及国际市场价格水平，协商确定正式价格。"

> **特别提示**
>
> 这种方法的优点是双方都不承担价格变动的风险；缺点是容易给合同造成不稳定性，只适用于双方长期交往信誉较好的客户。

4. 部分固定价格，部分暂不定价

在大宗交易商品和分批交货的情况下，买卖双方为了避免承担远期交货部分的具体价格，交货期近的价格在订约时先固定下来，交货期远的在交货前一定期限内作价。

> **特别提示**
>
> 这样的好处是：既可保持合同的稳定，又可避免价格波动的风险。

4.1.4 计价货币选择

计价货币是指合同中规定用来计算价格的货币。通常情况下，计价货币与支付货币为同一种货币，但有时也有不一致的。货币可以使用出口国的货币，也可以使用进口国的货币，也可以使用第三国的货币，由双方协商决定。在通常情况下，合同中的计价货币就是支付货币。

作为交易的双方，在决定采用计价货币时，除必须结合经营意图、国际市场的供求情况、国际市场的价格水平外，还必须考虑货币可否自由兑换、货币汇率升降的风险。使用可自由兑换货币，有助于转移货币汇率风险。在出口业务中，一般尽可能多使用在成交期内汇率比较稳定且有上升趋势的货币，即"硬币"或称为"强币"。而在进口业务中，则应争取多使用在成交期内汇率比较疲软且有下降趋势的货币，即"软币"或称为"弱币"。

> **特别提示**
>
> 所谓的"硬币"或"软币",都只是一种相对的概念。
> (1) 在同一时段,一种货币相对于 A 货币,它是硬货币;但相对于 B 货币而言可能就是软货币。
> (2) 在一定时期内,某种货币可能是硬货币,但到了另一时期,可能又变成了软货币。

在实际业务中,为了规避汇率的风险,还可以争取订立保值条款。即在订立合同时,明确订明计价货币与另一种货币的汇率,付款时,如汇率发生变动,则按比例调整合同价格。合同中规定汇率保值条款的方法可以软硬币结合使用,主要有以下几种。

(1) 计价货币用硬币,支付用软币。在签订合同时规定:按付款时汇率换算软币的数额,则卖方可完全收回货款。

(2) 计价货币为软币,支付用硬币,订立合同应规定"锁定汇率",也就是支付时按合同规定的汇率换算,卖方的货款不会少收。

例如,合同中规定:"本合同项下的人民币币值,要按 2010 年 10 月 5 日国际外汇市场的汇率 USDl=6.5CNY 确定。"

(3) 计价、支付均用软币种。签合同时应规定和某一硬币锁定汇率,换算为若干硬币的数量,付款时按当时的汇率,应付等同于若干硬币价值的软币数量。

例如,在日元为软币的条件下,在合同中规定:"本合同项下的日元货款金额按合同签订时纽约外汇市场日元和美元(假设美元为硬币)的汇率 USDl=120 日元",合同项下的货款相当于 10 万美元,在付款当日要按当时的汇率支付相当于 10 万美元的日元货款。

4.2 价格换算

4.2.1 常用贸易术语的价格构成

在海洋运输中,最常用的贸易术语是 FOB、CFR 和 CIF。在价格构成中,通常包括 3 个方面的内容:进货成本、费用和净利润。费用的核算最为复杂,包括国内费用和国外费用。

1. 国内费用说明

国内费用包括以下几项。
(1) 加工整理费用
(2) 包装费用
(3) 保管费用(包括仓储费)
(4) 国内运费(仓库至码头)
(5) 证件费用(商检费、报关费等)
(6) 装船费(装船、起吊费和驳船费)
(7) 银行费用(贴现利息、手续费)
(8) 预计损耗(损耗、短损)
(9) 邮电费(电话、电传、邮件费)
(10) 业务费(差旅费等)

2. 国外费用

国外费用包括以下几项。

（1）国外运费（自装运港至目的港的海上运输费用）

（2）国外保险费（海上货物保险费）

（3）佣金

3. 价格构成

$$FOB 价 = 进货成本价 + 国内费用 + 净利润$$
$$CFR 价 = 进货成本价 + 国内费用 + 国外运费 + 净利润$$
$$CIF 价 = 进货成本价 + 国内费用 + 国外运费 + 国外保险费 + 净利润$$

4.2.2 主要贸易术语的价格换算

在进出口业务中，由于不同贸易术语的价格构成内容不同，同一种商品表现为不同的价格水平，因此必须掌握贸易术语价格的换算。

1. FOB 价换算为其他价

$$CFR = FOB + 运费$$
$$CIF = FOB + 运费 + 保费 = FOB + 运费 + CIF \times 投保加成 \times 保险费率$$

（注意：保险费是以 CIF 价格为基础计算的）

$$CIF = (FOB + 运费)/(1 - 保险费率 \times 投保加成)$$

投保加成 = 1 + 保险加成率

2. CFR 价换算为其他价

$$FOB = CFR - 运费$$
$$CIF = CFR/(1 - 投保加成 \times 保险费率)$$

3. CIF 价换算为其他价

$$FOB = CIF \times (1 - 投保加成 \times 保险费率) - 运费$$
$$CFR = CIF \times (1 - 投保加成 \times 保险费率)$$

【例 4-1】 某出口公司对外报价牛肉罐头 2.20 美元/听 CIF 神户，按发票金额加成 10% 投保一切险，保险费率 0.3%，客户要求改报 CFR 价格，请问该报多少？

解：CFR = CIF × (1 - 投保加成 × 保险费率)

    = 2.2 × [1 - (1 + 10%) × 0.3%]

    = 2.193

4.3 出口效益核算

出口效益核算实际上是核算商品出口业务是盈利还是亏损。出口效益核算的原则是出口销售收入和出口成本进行比较。如果出口销售收入大于出口成本,就意味着出口业务有赢利;反之,则意味着出口业务亏损。因此,掌握出口总成本、出口销售外汇净收入和人民币净收入的数据,并计算和比较各种商品出口的盈亏情况,更有现实意义。

1. 出口盈亏率

出口商品盈亏率是指出口商品盈亏额与出口总成本的比率。出口盈亏额是指出口销售人民币净收入与出口总成本的差额。前者大于后者为盈利;反之为亏损。其计算公式为

$$出口盈亏率 = \frac{出口销售人民币净收入 - 出口总成本}{出口总成本} \times 100\%$$

式中:出口销售人民币净收入——出口商品的 FOB 价按当时的外汇牌价折成人民币的数额;出口总成本——外贸企业为出口商品支付的国内总成本,其中包括进货成本和国内费用。需缴纳出口税的商品,其出口总成本中还包括出口税。

【例 4-2】 某公司以每公吨 1 000 美元 CIF 价格出口商品,已知该笔业务每公吨需要支付国际运输费用 100 美元,保险费率为 0.1%,国内商品采购价格为 5 000 元人民币,其他商品管理费为 500 元,试计算该笔业务的出口盈亏率(汇率为 1:8.25)。

解:出口成本 = 5 000 + 500 = 5 500

出口净收入(FOB) = CIF - F - I
  = CIF - F - 110%CIF × I%
  = 1 000 - 100 - 1.1 × 1 000 × 0.001
  = 898.9

出口人民币净收入 = 898.9 × 8.25 = 7 415.9

出口盈亏率 = (7 415.9 - 5 500)/5 500 = 34.8%

2. 出口换汇成本

它是以某种商品的出口总成本与出口所得的外汇净收入之比,得出用多少人民币换回一美元。出口商品换汇成本如高于银行的外汇牌价,则出口为亏损;反之,则说明出口盈利。对于我国出口公司来讲,出口换汇成本越低越好。

$$出口换汇成本 = \frac{出口总成本(人民币)}{出口外汇净收入外汇}$$

式中:出口销售外汇净收入——出口外汇总收入中扣除劳务费用等非贸易外汇后的外汇收入。如以 FOB 价格成交,成交价格即外汇净收入;如以 CIF 价格成交,则扣除国外运费和保险费等劳务费用支出后,即为外汇净收入。

【例 4-3】 某公司以每公吨 1 000 美元 CIF 价格出口商品,已知该笔业务每公吨需要支付国际运输费用 100 美元,保险费率为 0.1%,国内商品采购价格为 5 000 元人民币,其他商品管理费为 500 元,试计算该笔业务的出口换汇率。

解:出口成本 = 5 000 + 500 = 5 500

出口净收入(FOB) = CIF - F - I
  = CIF - F - 110%CIF × I%
  = 1 000 - 100 - 1.1 × 1 000 × 0.001
  = 898.9

换汇成本＝5 500/898.9＝6.12（人民币元/美元）

3. 出口创汇率

出口创汇率是指加工后成品出口的外汇净收入与原料外汇成本的比率。如原料为国产品，其外汇成本可按原料的FOB出口价计算。如原料是进口的，则按该原料的CIF价计算。此指标主要考察出口成品的盈利性，在进料加工的情况下显得尤为重要。出口创汇率一般在加工贸易出口时才用到。

$$出口创汇率 = \frac{成本出口外汇净收入 - 原料外汇成本}{原料外汇成本} \times 100\%$$

【例4-4】 某公司进口原材料FOB1 000元，经过加工后出口CIF1 700元。假设进口和出口的运费均为50元，进口和出口的保险费率均为0.1%，试求出口创汇率

解：原料外汇成本(CIF)＝FOB＋F＋I
　　　　　　　　　　　＝FOB＋F＋110%CIF×I%
　　　　　　　　　　　＝1 000＋50＋110%×1 700×0.001
　　　　　　　CIF＝1 051
原料外汇净收入(FOB)＝CIF－F－I
　　　　　　　　　　　＝CIF－F－110%CIF×I%
　　　　　　　　　　　＝1 700－50－1.1×1 700×0.001
　　　　　　　　　　　＝1 648.1
出口创汇率＝(1 648.1－1 051)/1 051＝56.8%

4.4 佣金和折扣

在价格条款中，有时会涉及佣金和折扣。价格条款中所规定的价格，可分为包含有佣金或折扣的价格和不包含这类因素的净价。包含有佣金的价格，在业务中通常称为"含佣价"。

4.4.1 佣金

1. 含义

指代理人或经纪人为委托人服务而收取的报酬。在货物买卖中，佣金(Commission)常常表现为交易一方支付给中间商的报酬。例如，出口商支付佣金给销售代理人，或进口商支付佣金给采购代理人。因此，它适用于进出口商与代理人或佣金商签订的合同。佣金直接关系到商品的价格，货价中是否包括佣金和佣金比例的大小，都影响着商品的价格。显然，含佣价比净价要高。

2. 种类

1) 明佣

指在合同中明确注明价格条件中规定的佣金。采取明佣时，外贸企业根据扣除佣金后的销货净额收取货款，不再另付佣金。

2) 暗佣

即交易双方对佣金虽然已经达成协议，但却约定不在合同中表示出来，约定的佣金由一方当事人按约定另行支付。国外中间商为了赚取双头佣，或为了逃汇或避税，往往要求采取暗佣的做法。

3. 规定方法

在价格条款中，对于佣金的规定，有下列几种方法。

(1) 文字说明。如每公吨 250 美元 CIF 伦敦包括佣金 2%（USD200 per M/T CIF London including 2% commission）。

(2) 贸易术语表示。如每公吨 300 美元 CIF 巴黎包括佣金 3%（"USD300 per M/T CIFC3 Paris）。

(3) 绝对数表示。如每公吨支付佣金 30 美元（USD30 commission per M/T）。

4. 计算方法

计算佣金有不同的方法，最常见的是以买卖双方的成交额或发票金额为基础计算佣金。佣金的计算公式为

$$单位货物佣金额 = 含佣价 \times 佣金率$$

$$净价 = 含佣价 - 单位货物佣金额 = 含佣价 \times (1 - 佣金率)$$

$$含佣价 = \frac{净价}{1 - 佣金率}$$

【例 4-5】 如果报含佣价 CFRC3% 每公吨 100 美元，那么每公吨付佣金多少？每公吨 CFR 净价是多少？如果对方要求该报 CFRC5%，应如何报价？

解：佣金 = 100 × 3% = 3（美元），净价 = 100 - 3 = 97（美元）

$$CFRC5\% = \frac{净价}{1 - 佣金率} = \frac{97}{1 - 5\%} = 102.1（美元）$$

4.4.2 折扣

1. 含义

折扣（Discount）是指卖方按原价给予买方一定百分比例的价格减让，即在价格中给予适当的优惠。佣金与折扣的区别在于：佣金为卖方给第三者的手续费，折扣为卖方直接给予买方的减让。

2. 种类

(1) 数量折扣：买方购买达到一定的数量给予折扣。

(2) 特别折扣：对于长年购买的老顾客给予价格优惠。

(3) 年终回扣。年末根据一年内购买的总数量，给顾客一定的资金或实物返还，如积分卡兑换礼品等。

(4) 明扣：在合同中明确规定折扣率。

(5) 暗扣：合同中不标示出来，另有协议。

3. 折扣的规定方法

1) 文字说明

在价格条款中,一般用文字明确表示给予折扣的比例。例如,CIF 伦敦每公吨 1 000 美元,折扣 2%(USD 1 000 per metric ton CIF London including 2% discount)。

2) 术语表示

例如,每公吨 200 美元,CIF 伦敦包含 3%的折扣(USD200 per M/T CIFD3(CIFR3) London)。

3) 用绝对数表示

例如,每公吨 1 000 美元,折扣 5 美元(USD100 per M/T including USD5 discount)。

4. 计算方法

折扣通常是以成交额或发票金额为基础计算出来的。

单位货物折扣额=原价(或含折扣价)×折扣率

卖方实际收入=原价(或含折扣价)×(1-折扣率)

例如,CIF 伦敦每公吨 2 000 美元,折扣 2%。卖方的实际收入为每公吨 1 960 美元。

4.5　合同中的价格条款概述

1. 价格条款的内容

合同中的价格条款,一般包括商品的单价和总值两项基本内容。至于确定单价的作价办法和与单价有关的佣金与折扣的运用,也属价格条款的内容。商品的单价通常由 4 个部分组成,即计量单位、单位价格金额、计价货币、贸易术语。在价格条款中可规定"每公吨 200 美元,CIF 伦敦"。总值是指单价同成交商品数量的乘积,即一笔交易的货款总金额。

【例 4-6】　下列出口单价的写法是否正确?

(1) USD3.68CIFCHONGKONG。

(2) 300 英镑每箱 CFR USA。

(3) USD Per Ton FOB London。

(4) Fr98.50 Per Doz FOBD2%。

(5) DM28.85 CIFC2% Shanghai。

2. 规定价格条款的注意事项

为了约定好合同中的价格条款,外贸从业人员对外洽商价格和约定价格条款等必须注意下列事项。

(1) 根据经济意图和实际情况,在权衡利弊的基础上选用适当的贸易术语。鉴于贸易术语是商品单价中的组成部分,且与交易双方有直接利害关系,因此,应根据运输条件、运价水平,并结合自身条件和经营意图,酌情选择有利于己的贸易术语。在进出口业务中,最常用的是 FOB、CFR、CIF 3 种贸易术语。但随着集装箱运输的发展,出现了一些新的贸易术语,故在选用贸易术语时,也应随机应变采取较为灵活的方式。

（2）合理确定商品的单价，防止作价偏高或偏低。应在充分调查研究的基础上，根据国际市场供求状况和价格定势，并遵循我国进出口商品作价原则和每笔交易的经营意图，合理约定适当的成交价格，防止盲目定价而导致成交价格偏高或偏低。

　　（3）争取选择有利的计价货币，以免遭受币值变动带来的风险。如采用不利的计价货币时，应当加订保值条款。

　　（4）根据成交商品的品种、数量、交货期限和市场行情变化等因素灵活运用各种不同的作价办法，以避免价格变动风险。

　　（5）参照国际贸易的习惯做法，注意佣金和折扣的合理运用。

　　（6）如交货品质和数量约定有一定的机动幅度，则对机动部分的作价也应一并规定。

　　（7）如包装材料和包装费另行计价，对其计价办法也应一并规定。

　　（8）单价中涉及的计量单位、计价货币、装卸地名称，必须书写正确、清楚，以利合同的履行。

小　　结

　　（1）价格条款是涉及买卖双方利害关系较大的一项核心条款，它与合同的其他相关条款有着密切的联系，其涵盖的内容很广泛，它包括作价原则的贯彻、成交价格与作价办法的确定、贸易术语的使用、计价货的选择，以及佣金与折扣的合理运用等多方面内容。

　　（2）我国进出口商品的作价原则是：在平等互利的原则下，按照国际市场价格水平，结合国别（地区）政策，考虑购销意图来进行作价。

　　（3）在国际货物买卖中，定价方法多种多样，由交易双方当事人磋商确定，通常采用的定价方法有固定价格、暂定价格、待定价格、部分固定价格、部分暂不定价。

　　（4）出口效益核算是核算商品出口业务是盈利还是亏损，核算的原则是出口销售收入和出口成本进行比较。如果出口销售收入大于出口成本，就意味着出口业务有盈利；反之，则意味着出口业务亏损。

　　（5）在价格条款中，有时会涉及佣金和折扣。价格条款中所规定的价格，可分为包含有佣金或折扣的价格和不包含这类因素的净价。

思考与练习题

一、单项选择题

1. 一笔业务中，若出口销售人民币净收入与出口总成本的差额为正数，说明该笔业务为（　　）。
   A. 盈　　　　　　B. 亏　　　　　　C. 平　　　　　　D. 可能盈，可能亏

2. 在我国进出口业务中，计价货币选择应（　　）。
   A. 力争采用硬币收付　　　　　　B. 力争采用软币收付
   C. 进口时采用软币计价付款，出口采用硬币计价付款
   D. 进口时采用硬币计价付款，出口采用软币计价付款

3. 出口总成本是指（　　）。
   A. 进货成本　　　　　　　　　　B. 进货成本＋出口前一切费用

C. 进货成本＋出口前的一切费用＋出口前的一切税金

D. 对外销售价

4. 以下我出口商品的单价，只有（   ）的表达是正确的。

A. 250 美元/桶
B. 250 美元/桶 CIF 伦敦
C. 250 美元/桶 CIF 广州
D. 250 美元

5. 支付给中间商的酬金称为（   ）。

A. 预付款
B. 折扣
C. 佣金
D. 订金

6. 已知 CIF 价格为 100 美元，运费为 10 美元，保险费为 10 美元，佣金率为 2%，则按 CIF 计算的佣金是（   ）美元。

A. 1.60
B. 1.63
C. 2.00
D. 2.04

7. 商品的出口总成本与出口所得的外汇净收入之比，是（   ）。

A. 出口商品盈亏率
B. 出口商品盈亏额
C. 出口商品换汇成本
D. 出口创汇率

8. 某合同条款规定为"每公吨 CIF 伦敦 100 美元"，这种价格是（   ）。

A. 净价
B. 含佣价
C. 离岸价
D. 成本价

二、案例分析题

1. 我国某外贸企业向欧洲销售一批货物，出口总价为 10 万美元，装于一个 40 英尺的集装箱内，贸易术语采用 CIF Rotterdam，已知从青岛至鹿特丹的海洋运输费用是每个 40 英尺的集装箱 3 000 美元，海洋运输投保一切险（费率为 1%）和海洋运输战争险（费率为 0.5%），投保加成率为 10%，另知该批货物的国内购入价为人民币 702 000 元（含增值税 17%），该外贸企业的定额费用率为 5%，退税率为 9%，结汇时银行的外汇买入价为 1 美元折合人民币 8.30 元。试计算这笔出口交易的盈亏率和换汇成本。

2. 某公司向香港客户出口水果罐头 200 箱，每箱 132.6 港币 CIF 香港，客户要求改报 CFR 香港 5% 佣金价，设保险费为 CIF 价的 2%，在保持原报价格不变的情况下，试求：

（1）CFRC5% 香港价应报多少？

（2）出口 200 箱应付给客户多少佣金？

3. 我国某公司出口某种商品，对外报价为 FOB 青岛每公吨 500 美元，现外商要求改为 CIF 旧金山，已知运费为 FOB 青岛价格的 3%，保险费费率为 1%，投保加成率为 10%，请问该如何报价？

三、技能实训题

学生分组扮演进出口方，对于货物进行报价及还价。出口公司报价每公吨 3 000 美元 CIF 新加坡，而外商的还价为每公吨 2 880 美元 FOB 我国口岸。经查该种商品由我国口岸运至新加坡按体积 10 级货物每运费吨运费为 89 美元，保险费率合计 0.95%。单纯从价格考虑，进出口公司是否可以接受对方报价。

四、学习网址

1. 登录中国进出口商品网。网址：http://china.cantonfairtrading.com/zh-CN/。

2. 期货日报网，了解大宗商品现货及期货价格走势。网址 http://www.qhdb.com.cn/。

3. 中国银行网，目前的查询汇率。网址：http://www.boc.cn/sourcedb/whpj/。

项目 5　选择合适的国际货物运输方式

 学习目标

知识目标：了解国际货物运输的各种运输方式；掌握各种运输方式的优缺点；掌握分批装运与转运；了解国际多式联运。

能力目标：能够结合货物的特点及运输条件等选择合适的运输方式；能够计算班轮运费；能够根据情况选择合适的装运港与目的港。

 章节导读

在国际贸易中，可供选择的运输方式较多，加上买卖双方路途遥远，运输的费用及运输过程中的风险相对较大，选择合适的运输方式不仅能尽可能节省运输费用，还能将风险控制在最小范围内。因此，要能够根据货物本身的特点、货运量的大小、距离的远近、运费高低、风险、交通条件等选择合适的运输方式。

 导入案例

深圳某公司对日本出口一批化工产品 2 000 公吨，采用信用证支付方式。国外来证规定："禁止分批装运，允许转运"，并注明按《UCP600》办理。现已知：装期临近，已订好一艘驶往日本的"黄石"号货轮，该船先停靠新港，后停靠青岛港。但此时，该批化工产在新港和青岛各有 1 000 公吨尚未集中在一起。如果你是这笔业务的经办人，最好选择哪种处理方法？

5.1　运输方式的分类

根据使用的运输工具的不同，国际货物运输主要可分为 6 种方式，见表 5-1。

表 5-1　国际货物运输方式

名称	运输方式及适用范围	特点
国际海上货物运输	指使用船舶通过海上航道在不同国家和地区的港口之间运送货物的一种方式。目前，国际贸易总运量中的 2/3 以上，我国进出口货运总量的 90% 都是利用海上运输	具有通过能力大，运输量大，运费低廉，对货物的适应性强，速度较低，风险较大等特点

(续)

名称	运输方式及适用范围	特点
国际铁路货物运输	两人或两个以上国家铁路运送	具有运输的准确性和连续性强，运输速度快，运输量较大，安全可靠，运输成本较低，初期投资大等特点
国际公路货物运输	是陆上运输的两种基本方式之一，也是现代运输的主要方式之一。在国际货物运输中，它是不可缺少的一个重要组成部分	具有机动灵活，简捷方便，应急性强，投资少，收效快，适应集装箱货运方式发展，但载量小，运行中震动大易造成货损事故，费用成本高等特点
国际航空货物运输	通过国际航线运送	具有速度快，安全准确，手续简便，节省包装保险利息储存费用，但运量小，运价高等特点
国际集装箱运输	集装箱是一种有一定强度和刚度能长期反复使用外形像箱子，可以集装成组货物而专供周转使用并便于机械操作和运输的大型货物容器。集装箱运输就是以集装箱作为运输单位进行货物运输的一种现代化先进的运输方式	(1) 便于转运，在全程运输中，可以将集装箱从一种运输工具直接换装到另一种运输工具，而无须接触或移动箱内所装货物。 (2) 货物从发货人的工厂或仓库装箱后，可经由海陆空不同运输方式一直运至收货人的工厂或仓库，实现"门到门"运输而中途无须开箱倒载和检验。 (3) 集装箱由专门设备的运输工具装运，装卸快，效率高，质量有保证。 (4) 一般由一个承运人负责全程运输。
国际多式联合运输	在集装箱运输基础上产生并发展起来的，一般以集装箱为媒介，把海上运输，铁路运输，公路运输，航空运输和内河运输等传统的单一运输方式有机地结合起来	具有连续性等特点

5.2 各种运输方式的优缺点比较

1. 海运

(1) 优点：运费相对便宜。
(2) 缺点：运输时间长，受天气的影响大，无法承运到内陆国家和地区。

2. 铁路运输

(1) 优点：运行速度快、载运量较大、受气候影响小、准确性和连续性强、运输时间短，铁路网四通八达，运输灵活。如果出口大宗货物到俄罗斯、乌克兰、蒙古、哈萨克斯坦、乌兹别克斯坦、土库曼斯坦、朝鲜等国家的货物，铁路运输是最好的选择。
(2) 缺点：由于物流成本高，所以与海运相比，铁路运输的费用比较高。

3. 公路运输

(1) 优点：机动灵活、简捷方便、应急性强、投资少、收效快。
(2) 缺点：载重量小，车辆运行时震动较大，易造成货损，费用成本较水运和铁路运输为高。

4. 空运

(1) 优点：运输时间短，适合货量较少、紧急的货物。

(2) 缺点：价格太过昂贵，大大增加了成本。

5. 集装箱运输的优越性

(1) 提高装卸效率，加速车、船周转。

(2) 提高运输质量，减少货损货差。

(3) 便于货物运输，简化货运手续，加快货运速度，缩短货运时间。

(4) 节省包装用料，减少运杂费，节省装卸费用，减少营运费用，降低运输成本。

(5) 节约劳动力，改善劳动条件。

(6) 节约仓容，压缩库存量，加速资金周转。

6. 多式联运

1) 责任统一，手续简便

在多式联运方式下，无论全程运输距离多么遥远，也无论需要用多少种不同运输方式，无论途中要经过多少次转换，一切运输事宜统一由多式联运经营人负责办理，而货主只要办理一次托运、签订一个合同，支付一笔全程单一运费，取得一份联运单据，就履行全部责任。由于责任统一，一旦发生问题，也只要找多式联运经营人便可解决问题。与单一运输方式的分段托运、多头负责相比，手续简便，责任明确。

2) 减少中间环节，缩短货运时间，降低货损货差，提高货运质量

多式联运通常是以集装箱为媒介的直达连贯运输，货物从发货人仓库装箱验关铅封后直接运至收货人仓库交货，中途无需拆箱掏载，减少了中间环节，即使经多次换装，也都是使用机械装卸，不触及箱内货物，货损货差和偷窃丢失事故大大减少，从而能较好地保证货物安全和货运质量。此外，由于是连贯运输，各个运输环节和各种运输工具之间，配合密切，衔接紧凑，货物所到之处，中转迅速及时，减少在途停留时间，故能较好地保证货物安全、迅速、准确、及时地运抵目的地。

3) 降低运输成本，节省运杂费用，有利于贸易开展

多式联运综合了各种运输方式，扬长避短，组成直达连贯运输，不仅缩短运输里程，降低运输成本，而且加速货运周转，提高货运质量，是组织合理运输、取得最佳经济效果的有效途径。多式联运是实现"门到门"运输的有效方法，可以把货物从发货人内地仓库直运至收货人内地仓库。对于货方来说，货物装箱或装上第一程运输工具后就可取得联运单据进行结汇，可以提前结汇，有利于加速货物资金周转，减少利息支出。采用集装箱运输，还可以节省货物包装费用和保险费用。

5.3 选择运输方式应考虑的因素

1. 经济

主要表现为费用（运输费、装卸费、包装费、管理费等）的节省。在运输过程中，总费用支出越少，则经济性越好。

2. 迅速

指货物从发货地到收货地所需要的时间,即货物在途时间越少,迅速性越好。

3. 安全

要根据货物本身的特点,选择最有利保护货物的运输方式。安全程度通常指货物的完好程度,以货物的破损率表示。破损率越小,安全性越好。

4. 便利

各种运输方式便利性的定量计算比较困难。在一般情况下,可以近似地利用发货人所在地至装车(船、飞机)地之间的距离来表示,距离越近,便利性越好。

5.4 班轮运输与租船运输

国际海运按照船舶营运方式划分为两种:班轮运输与租船运输。

5.4.1 班轮运输

班轮运输(Liner Service)是海洋运输的一种方式,是指在固定的航线上,以既定的港口顺序,按照事先公布的船期表航行的水上运输方式。班轮运输适合于货源稳定、货种多、批量小的杂货运输。旅客运输一般采用班轮运输。"四定一负责"——航线、停靠港口、船期、运费率固定,班轮运输承运人负责装和卸。

1. 班轮运输的特点

(1) 四固定,即是固定航线、固定港口、固定船期和相对固定的费率。四固定是班轮运输的最基本特征。

(2) 班轮运价内包括装卸费用,即货物由承运人负责配载装卸,承托双方不计滞期费和速遣费。

(3) 承运人对货物负责的时段是从货物装上船起,到货物卸下船为止,即"船舷至船舷"(Rail to Rail)或"钩至钩"(Tackle to Tackle)。

(4) 承运双方的权利义务和责任豁免以签发的提单为依据,并受统一的国际公约的制约。

知识链接

提单的国际惯例

关于提单的国际惯例:海牙规则(Hague Rules),全称为《统一提单的若干法律规定的国际公约》,是关于提单法律规定的第一部国际公约。1924年为统一世界各国关于提单的不同法律规定,并确定承运人与托运人在海上货物运输中的权利和义务而制定的国际协议。

海牙-威斯比规则,随着国际经贸的发展,海牙规则的部分内容已落后,于1968年2月通过了《关于修订统一提单若干法律规定的国际公约的协定书》,简称《海牙-维斯比规则》,并于1977年6月生效。

汉堡规则，1978年3月6日至31日在德国汉堡举行由联合国主持的由78国代表参加的海上货物运输大会通过了《汉堡规则》，即联合国海上货物运输公约，于1992年11月1日生效，进一步完善了海上货物运输规则。

鹿特丹规则，2008年7月3日，联合国国际贸易法委员会（UNCITRAL）在维也纳第41届大会上制订了《联合国全程或者部分国际海上货物运输合同公约》草案，并经2008年12月11日联合国大会第63届大会第67次全体会议审议通过，即《鹿特丹规则》，它创新了承运人责任制度，使海运的责任阶段延伸至国际多式联运的适用范围。

2. 班轮运输的作用

（1）有利于一般杂货和不足整船的小额贸易货物的运输。

（2）由于"四固定"的特点，时间有保证，运价固定，为贸易双方洽谈价格和装运条件提供了方便，有利于开展国际贸易。

（3）班轮运输长期在固定航线上航行，有固定设备和人员，能够提供专门的、优质的服务。

（4）由于事先公布船期和运价费率，有利于贸易双方达成交易，减少磋商内容。

（5）手续简单，货主方便。由于承运人负责装卸和理舱，托运人只要把货物交给承运人即可，省心省力。

3. 班轮运输的流程

1）揽货

揽货是指从事班轮运输经营的船公司为使自己所经营的班轮运输船舶能在载重量和舱容上得到充分利用，力争做到"满舱满载"，以期获得最好的经营效益而从货主那里争取货源的行为。揽货的实际成绩如何，直接影响到班轮船公司的经营效益并关系着班轮经营的成败。

2）订舱

订舱是指托运人或其代理人向承运人，即班轮公司或它的营业所或代理机构等申请货物运输，承运人对这种申请给予承诺的行为。承运人与托运人之间不需要签订运输合同，而是以口头或订舱函电进行预约。只要船公司对这种预约给予承诺，并在舱位登记簿上登记，即表明承托双方已建立有关货物运输的关系。

3）装船

装船是指托运人应将其托运的货物送至码头承运船舶的船边并进行交接，然后将货物装到船上。如果船舶是在锚地或浮筒作业，托运人还应负责使用自己的或租用的驳船将货物装到船上，也称直接装船。对一些特殊的货物，如危险品、冷冻品、鲜活货、贵重货多采用船舶直接装船。而在班轮运输中，为了提高装船效率，减少船舶在港停泊时间，不致延误船期，通常都采用集中装船的方式。集中装船是指由船公司在各装货港指定装船代理人，在各装货港的指定地点（通常为码头仓库）接受托运人送来的货物，办理交接手续后，将货物集中并按货物的卸货次序进行适当的分类后再进行装船。

知识链接

班轮运输轶事

班轮运输最早出现于19世纪初，美国首先采用。1818年美国黑球轮船公司开辟了纽约—利物浦的定期航线，用帆船进行运输，用以运送海外移民、邮件和货物。1824年，英国跟随美国之后，开辟了伦敦、汉堡、鹿特丹之间以蒸汽机船经营的班轮航线。19世纪40年代又扩展到中东、远东和澳大利亚。此后，日本、德国、法国等轮船公司均经营班轮运输，设有横渡大西洋、太平洋的环球运输航线。我国于19世纪70年代开始沿海和长江的班轮运输，20世纪初，在长江和其他内河开展班轮运输。中华人民共和国成立后，开辟了大连—上海定期定港班轮货运航线。1961年中国远洋运输总公司成立，开始建立中国远洋运输船队和国际班轮航线。

4. 班轮运费的计算

1) 班轮运费的构成是班轮承运班轮运费人为承运货物而向托运人收取的费用，一般由基本运费和附加运费构成

(1) 基本运费：指从装运港到目的港的基本费用。基本运费形式多样，如普通货物运价、个别货物运价、等级运价、协议运价、集装箱运价等。

(2) 附加运费：由于有些货物需要特殊处理，或者由于突发事件的发生或客观情况变化等，船方根据不同情况为了弥补在运输中额外开支或费用而加收的费用。

班轮运输中的附加费用有：燃油附加费、港口附加费、港口拥挤附加费、绕航附加费、货币贬值附加费、转船附加费、直航附加费、选港附加费、变更卸货港附加费、超长附加费、洗舱费等。

2) 班轮运费的特点

(1) 班轮运费中包含了装卸费用。

(2) 班轮运输下不存在滞期费和速遣费问题。

(3) 班轮运价一般是以运价表的形式公布，相对固定。

(4) 班轮运价是垄断性的价格。

(5) 班轮运费包括基本运费和附加费两种。

3) 班轮运费的计算标准

(1) 重量法，以 W 表示，即按货物的毛重计算，计算单位为重量吨。1 公吨（1 000 千克）、1 长吨（1 016 千克）或 1 短吨（907.2 千克）。我国远洋运输运价表中将每公吨的体积小于 $1m^3$ 的货物定为计重货物。

(2) 体积法，以 M 表示，即按货物的体积计算，它的计量单位为容积或称为尺码吨。我国的远洋运输运价表中则将每公吨的体积大于 $1m^3$ 的货物定为容积货物。

(3) 从价法，以 Ad. Val 表示，即按货物的价值计算运费。

(4) 选择法，以 W/M、W/Ad. Val、M/Ad. Val、W/M/Ad. Val 表示，班轮公司从中选择最高价。

(5) 按件法，即按每件货物作为一个计费单位收取运费。汽车、活牲畜等按件计算运费。

(6) 议定法，由船、货双方协商议定。大宗低值散装货物一般采用议定法。

> **特别提示**
>
> 当不同类型的货物混装时，采用就高不就低的原则计算班轮运费。因此，在实际装运中应将不同的货物分类装运，分别计算班轮运费。

4) 班轮运费的计算过程

(1) 根据货物名称从运价表中查出该货物的计费标准及货物等级。

(2) 查出航线的费率表(货物等级不同,相应的基本费率也不同)。
(3) 查附加费率(额)表。
5) 班轮运费的计算
(1) 基本运费(F_b)=基本运价×计费吨。
(2) 附加运费的计算(ΣS):基本运费基础上加收一定的百分比,按每运费吨加收一个绝对数计算。

特别提示

附加运费是基本运费的10%,每运费吨收取5美元的附加费用。

【例5-1】 广州运往伦敦港"闹钟"一批计100箱,每箱体积为20cm×30cm×40cm,毛重为25千克。广州到伦敦的航线费率为50.5美元每吨。该货物的计费标准为W/M。假设当时燃油附加费率为30%,伦敦港口拥挤附加费率为10%。请计算应付运费多少?

解:W=0.025(公吨),M=20cm×30cm×40cm=0.2m×0.3m×0.4m=0.024m^3
因为W>M,所以按W计算
F_b=100×50.50×0.025=126.25(美元)
ΣS=126.25×(10%+30%)=50.5(美元)
F=F_b+ΣS=126.25+50.5=176.75(美元)

5.4.2 租船运输

租船运输(Shipping by Chartering),指根据协议租船人向租船所有人租赁船舶用于货物运输,并按商定运价,向船舶所有人支付运费或租金的运输方式。

1. 租船运输的特点

(1) 以运输大宗低值货物为主。
(2) 无固定航线,固定的装卸港口和固定的船期。
(3) 无固定运价,租金率或运费率是根据租船市场行情来决定。
(4) 不定航线,不定船期。船东对于船舶的航线、航行时间和货载种类等按照租船人的要求来确定。
(5) 不包括装卸费,船舶营运中有关费用的支出,取决于不同的租船方式由船东和租方分担,并在合同条款中订明。

常用的术语有船方管装不管卸(Free Out,F.O.),船方管卸不管装(Free In,F.I.),船方装和卸均不管(FIO)。
例如,装卸费用条款FIO表示租船人负责装卸费,若写明Liner Term,则表示船东负责装卸费。

2. 租船运输的分类

1) 定程租船

定程租船(Voyage Charter)简称程租,它是船舶所有人按双方事先议定的运价与条件向租船人提供船舶全部或部分仓位,在指定的港口之间进行一个或多个航次运输指定货物的租船业务,又可分为4种,见表5-2。

表 5-2 定程租船分类

序号	名称	特点	表现形式
1	单航次程租（Single Voyage Charter）	只租一个航次的租船	船舶所有人负责将指定货物由一港口运往另一港口，货物运到目的港卸货完毕后，合同即告终止
2	来回航次租船（Round Voyage Charter）	洽租往返航次的租船	一艘船在完成一个单航次后，紧接着在上一航次的卸货港（或其附近港口）装货，驶返原装货港（或其附近港口）卸货，货物卸毕合同即告终止
3	连续航次租船（Consecutive Voyage Charter）	即洽租连续完成几个单航次或几个往返航次的租船	在这种方式下，同一艘船舶，在同方向，同航线上，连续完成规定的两个或两个以上的单航次，合同才告结束
4	包运合同（Contract of Affreightment，COA）	又称大合同	不规定载运船只名，也不计使用船舶的数量，一次签约分期运输。包运合同适用于货运量大而又可分批运输的货物

2）定期租船

定期租船（Time Charter/Period Charter）简称期租，它是船舶所有人把船舶出租给承租人使用一定时期的租船方式。在这期限内，承运人可以利用船舶的运载能力来安排货运。

3）光船租船

光船租船（Bare-Boat Charter）是一种比较特殊的租船方式，也是按一定的期限租船，但与期租不同的是船东不提供船员，光一条船交租给租船人使用，由租船人自行配备船员，负责船舶的经营管理和航行各项事宜。在租赁其间，租船人实际上对船舶有着支配权和占有权。

5.5 海运装运条款概述

海运装运条款（Terms of Shipment）又称为"海洋运输条款"，是贸易合同的一个重要组成部分，主要指装运条件和相互责任。在洽商交易时，买卖双方必须就交货时间、装运地和目的地、能否分批装运和转船、转运等问题商妥，并在合同中具体订明。合同的装运条款应包括装运时间、装运港、目的港、是否允许转船与分批装运、装运通知，以及滞期、速遣条款等内容。对外磋商交易和签订合同时，要争取把合同中的装运条款订得合理、明确，以利于进出口业务的顺利开展。

装运时间又称装运期，通常用以下几种方法表示装运期。

(1) 具体规定装运期限。如 Shipment during August 2011。

(2) 规定在收到信用证、票汇或电汇后若干天装运。如 Delivery time：15 days after receipt of L/C。

5.5.1 装卸时间

1. 装卸时间

装卸时间是指对大宗交易的货物在使用定程租船运输时，对完成装货和卸货任务所需要的时间和定额的规定。

在使用租船运输货物时,负责租船的买方或卖方,为了按时完成装卸作业,必须在买卖合同中对装卸时间、装卸率、滞期和速遣等条款有明确规定。装卸时间的计算,通常有以下几种方法。

(1) 按连续日(或时)(Running consecutive days/hours)。
(2) 按工作日(Working days)。
(3) 按好天气工作日(Weather working days)。
(4) 按连续24小时好天气工作日(Weather working days of 24 consecutive hours)。

特别提示

在现实中一般采用第4种,24小时好天气工作日,因为这样可以避免天气原因导致的装运期的延误,只有好天气才算装运时间,若遇到下雨等天气则不算做装运时间。

2. 装卸率和滞期费

一般在买卖合同中还同时规定有每天装卸货物的重量,称为装卸率。如果租船方在租船合同所规定的时间未完成装卸货物的任务,延误了船期,应向船方支付一定的罚款,称为滞期费。如果租船方用于装卸货物的时间少于租船合同中所规定的时间而使船方可以加速船只的周转,租方可以向船方领取一种奖金,称为速遣费。

特别提示

关于装卸起始时间的计算,各国规定不一。有的从船抵港就开始起算,有的是从船到港码头后开始起算,有的规定正式作业起算。在贸易合同中有关装卸时间、装卸率、滞期和速遣条款的规定,应当与租船合同有关规定相符合,否则租船方就会陷于被动。

5.5.2 装卸港

1. 规定国外装运港和目的港应注意的问题

(1) 必须是政府许可往来的港口。
(2) 必须明确规定装卸港口。一般情况下,出口不能笼统地订为"欧洲主要港口"、"非洲主要港口"等。采用选择港时,备选港口不宜超过3个,而且必须在同一航区、同一航线比较靠近的港口。

【例5-2】 我国某出口公司按CFR条件向日本出口红豆250吨,合同规定卸货港为日本口岸,发货物时,正好有一船驶往大阪,我公司打算租用该船,但在装运前,我方主动去电询问哪个口岸卸货,时值货价下跌,日方故意让我方在日本东北部的一个小港卸货,我方坚持要在神户、大阪港口卸货。双方争执不下,日方就此撤销合同。试问我方做法是否合适?日本商人是否违约?

分析:我方做法不合适。合同中规定的卸货港为日本口岸,按照惯例,进口商在装运前应通知出口商,否则出口商可自行决定,可在日本的任何一个港口卸货。我方去电询问实属多此一举,这种做法不妥当。日方撤销合同没有正常理由,违约的原因是价格下跌,属正常商业风险,不能作为撤销合同的理由。

> **特别提示**
>
> 在选择港口的情况下，合同中应明确规定：①如所选目的港需要增加运费、附加费应由买方负担；②买方应在开信用证的同时宣布最后目的港，否则出口商可自行决定买方所在国的任何一个港口。

（3）选择安全港（即非疫港、非战争港）。

（4）考虑港口的具体运输和装卸条件，有无直达班轮航线、港口装卸设备、码头泊位的深度、冰冻期、港口的拥挤程度和对船舶国籍有无限制与港口的规章制度以及运费、附加费的水平等。

（5）有无重名，国际上港口众多，很多港口名字相同。例如，世界上维多利亚（Victoria）港就达12个之多，波特兰（Portland）港、波士顿（Boston）港、的黎波里港等有数个。因此对于重名的港口必须标明国家、地区名称。

（6）不能接受内陆城市为装运港或目的港的条件。

2．规定国内装运港和目的港应注意的问题

（1）在出口业务中，对装运港的规定主要应考虑货源比较接近的港口，同时也应考虑港口和国内运输的条件和费用。对成交时还不能最后确定装运港，也可规定为"中国口岸"，或两个以上具体港口为装运港。

（2）在进口业务中，对国内卸货港的规定，一般要选择接近用户或用货单位的港口。但是为了避免港口拥挤产生堵塞现象，卸货港也可规定为"中国口岸"。

5.6 分批装运与转运

5.6.1 分批装运

分批装运是指一笔交易的货物分若干批装运。实际贸易中由于交易数量较大，或是受备货、运输、市场和资金等条件的限制，常需采用分批、分期的方式交货。《跟单信用证统一惯例》（国际商会第600号出版物，也即UCP600）规定，运输单据表面上注明同一运输工具、同一航次、同一目的地的多次装运，即使其表面上注明不同的装运日期或不同的装货港、接受监管地或发运地，将不视作分批装运。因此，如果信用证禁止分批装运，只要信用证没有限制多个装运港、多套正本提单，那么只要是同一次提交、同一运输工具、同一航程、同一目的地（即"四相同"），即使发运日期不同，装卸港、接管地或发送地点不同，也不是分批装运。

> **特别提示**
>
> 如果4个条件都满足，但货物装运于不同的船，即不同的运输工具，就算分批装运。

例如，某出口公司出口2 000吨大豆，国外开来信用证规定：不允许分批装运。结果该出口公司在规定的期限内分别在广州、深圳各装1 000吨于同一航次的同一船只上，提单上也注明了不同的装货港和不同的装船日期，这种情况就不属于分批装运，没有违约。

5.6.2 转运

转运是指货物在规定的发运、接受监管或由装载地点到最终目的地的运输过程中,从一个运输工具上卸下重新装载到另一个运输工具上的运输。在国际贸易中,如成交的货物没有直达船或暂时无合适的船舶运输,则需要中途转船运输。买卖双方对转运的态度是完全不一样的。买方一般不愿转运,在商订合同时买方会提出"限制转运"条款。因为货物中途转运,不仅会延误时间和增加费用开支,还可能出现货损货差。然而,零星件、杂货的运往若没有直达船舶的港口,或虽有直达船而船期不定或船期间隔时间太长的港口,卖方为了便利装运,则要求在合同中订立"允许转运"的条款。因此买卖双方必须事先协商一致,在合同中订明是否允许转运。

> **特别提示**
>
> 负责安排运输的承运人可以根据具体情况确定中转港口,以及后程运输,不必事先征得货主的同意。若信用证未规定可否转船,按《跟单信用证统一惯例》规定,则为允许转船。

5.6.3 相关装运通知

1. 备派通知

在 FOB 合同下,卖方应在约定的装运期开始前 30 天,向买方发出货物备妥待运的通知,以便买方派船接货。

2. 装船通知

装船通知也叫作装运通知,主要指的是出口商在货物装船后发给进口方的包括货物详细装运情况的通知。其目的在于让进口商做好筹措资金、付款和接货的准备买方在安排好船只后,以电报方式将装货船名、船籍、吨位、预计到港日期告诉卖方,以便及时安排货物装运事项。在装运货物后,按照国际贸易的习惯做法,发货人应立即(一般在装船后 3 天内)发送装运通知给买方或其指定的人,从而方便买方办理保险和安排接货等事宜。

> **特别提示**
>
> 发出装运通知是卖方的义务,如卖方未及时发出装运通知给买方而导致买方不能及时办理保险或接货,卖方应负责赔偿买方由此而引起的一切损失。

5.7 运输单据

运输单据(Shipping Documents)是由承运人签发的,证明已经接管货物或货物已装船发运的书面凭证,是明确承运人、托运人、收货人等责任、义务、权利的依据,也是交接货物、结汇、索赔、理赔的凭证。根据运输方式的不同,运输单据分为:提单、多式联运单据、海运单、航空运输单据、陆路运输单、邮政运输路单据等。

5.7.1 提单

海运提单简称提单(Bill of Lading，简称 B/L)，是船方或代理人在收到其承运的货物时签发给托运人的货物收据，它是承运人与托运人之间的运输契约证明。

1. 提单的作用

(1) 提单是承运人或其代理人签发的货物收据(Receipt for the Goods)，证明已按提单所列内容收到货物。

(2) 提单是一种货物所有权的凭证(Documents of Title)。提单的合法持有人凭提单可在目的港向轮船公司提取货物，也可以在载货船舶到达目的港之前，通过转让提单而转移货物所有权，或凭以向银行办理押汇贷款。

【例5-3】 深圳某公司与日本某公司商议一批沙发床的买卖合同，采用 CIF 贸易术语，合同中要求卖方装货完毕后邮寄一份提单给买方，以便买方了解货物装运情况，及时接货。作为出口方的业务员能不能答应这一要求？

分析：不能答应买方的要求。因为提单是物权凭证，直接将提单邮寄给买方，就等于将货物所有权转移给了买方，买方就能提货，这样很可能导致收不到货款的风险。

(3) 提单是托运人与承运人之间所订立的运输契约的证明(Evidence of Contract of Carrier)。在班轮运输的条件下，它是处理承运人与托运人在运输中产生争议的依据；在包租船运输的条件下，承运人或其代理人签发的提单也是运输契约的证明。这种运输的契约是租船合同(Charter Party)，是处理承运人(船东)与租船人在运输中权利和义务的依据。

2. 提单的种类

提单可以从不同角度加以分类，主要有以下几种。
(1) 根据货物是否装船可分为已装船提单和备运提单。
已装船提单(On Board B/L or Shipped B/L)，是指承运人将货物装上指定的船只后签发的提单。这种提单的特点是提单上面有载货船舶名称和装货日期。
备运提单(Received for Shipment B/L)，是指承运人收到托运货物后的待装船期间内，签发给托运人的提单。提单上面没有装船日期，也没有具体的船名。

> **特别提示**
>
> 在国际贸易中，一般都必须是已装船提单。《跟单信用证统一惯例》规定，在信用证无特殊规定的情况下，要求卖方必须提供已装船提单。银行一般不接受备运提单。

(2) 根据货物表面状况，有无不良批注分为清洁提单和不清洁提单。
清洁提单(Clean B/L)，是指货物装船时，表面状况良好，承运人在签发提单时未加任何货损、包装不良或其他有碍结汇批注的提单。
不清洁提单(Unclean B/L or Foul B/L)，是指承运人收到货物之后，在提单上加注了货物外表状况不良，货物存在缺陷和包装破损的提单。
例如，在提单上批注"铁条松失"(Iron stri ploose of missing)、"包装不固"(Insufficiently Packed)、"X件损坏"(X Package in damage condition)等。

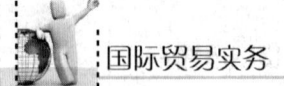

> **特别提示**
>
> 　　并非提单有批注即为不清洁提单。国际航运公会(International Chamber of Shipping)于1951年规定下列3种内容的批注不能视为不清洁：第一，不明白地表示货物或包装不能令人满意，如只批注"旧包装"、"旧箱"、"旧桶"等等；第二，强调承运人对于货物或包装性质所引起的风险不负责任；第三，否认承运人知悉货物内容、重量、容积、质量或技术规格。

　　(3) 根据收货人抬头分为记名提单、不记名提单和指示提单。

　　记名提单(Straight B/L)又称为收货人抬头提单，它是指在提单的收货人栏内，具体写明了收货人的名称。由于这种提单只能由提单内指定的收货人提货，所以提单不能转让。

　　不记名提单(Open B/L)又称为空白提单，是指在提单收货人栏内不填明具体的收货人或指示人的名称而留空的提单。不记名提单的转让不需背书就能转让。

　　指示提单(Order B/L)，是指收货人栏内，只填写"凭指示"(To order)或"凭某人指示"(To order of...)字样的一种提单，这种提单需背书才能转让。

　　(4) 根据运输方式分为直达提单、转船提单和联运提单。

　　直达提单(Direct B/L)，是指轮船装货后，中途不经过转船而直接驶往指定目的港，由承运人签发的提单。

　　转船提单(Transshipment B/L)，是指货物经由两程以上船舶运输至指定目的港，而由承运人在装运港签发的提单。转船提单内一般注明"在某港转船"的字样。

　　联运提单(Through B/L)，是指海陆、海空、海河、海海等多式联运货物，由第一承运人收取全程运费后并负责代办下程运输手续的在装运港签发的全程提单。

　　(5) 根据提单内容的繁简分为全式提单和略式提单。

　　全式提单(Long Form B/L)，是既有正面内容又有背面条款的提单。背面提单条款详细规定了承运人与托运人的权利与义务。

　　略式提单(Short Form B/L)，是指只有正面内容没有背面条款的提单。随着单据的规范化，目前一般使用全式提单。

　　(6) 根据其他情况分为舱面提单、过期提单、倒签提单和预借提单。

　　舱面提单(On Deck B/L)又称为甲板货提单，是指对装在甲板上的货物所签发的提单。在这种提单上一般都有"装舱面"(On Deck)字样。

> **特别提示**
>
> 　　买方和银行一般都不愿意接受舱面提单，因为舱面货(Deck Cargo)风险较大，根据《海牙规则》规定，承运人对舱面货的损坏或灭失不负责任。但有些特殊的货物，如易燃、易爆、剧毒、体积大的货物和活牲畜等必须装在甲板上。在这种情况下，合同和信用证中就应列明"允许货物装在甲板上"的条款，这样，舱面提单才可结汇。

　　过期提单(Stale B/L)一般有两种：①提单晚于货物到达目的港，这种情况一般发生在近洋运输中。在这种情况下应在合同和信用证中写明接受过期提单。②《UCP600》规定提单签发日期后21天才向银行提交的提单也属过期提单，银行一般不接受这种提单。

> **小思考**
>
> 　　某出口公司按照信用证的方式签订了一笔合同，信用证规定最迟交单日为9月20日，提单的签发日为8月20日。问作为业务员，你能不能9月20日去交单？为什么？

项目5 选择合适的国际货物运输方式

倒签提单(Anti-dated B/L),是指承运人应托运人的要求,提单的签发日期早于实际装船日期的提单,其应符合信用证对装船日期的规定,便于在该信用证下结汇。

特别提示

装船日期的确定,主要是通过提单的签发日期确定的。提单日期不仅对买卖双方有着重要作用,而且也关系到银行向收货人提供垫款和向发货人转账,海关办理延长进口许可证,海上货物保险契约的生效等。因此,提单的签发日期必须依据接受货物记录和已装船的大副收据业签发。签发倒签提单属于违法的,一旦被发现要承担法律责任。

预借提单(Advanced B/L)又称为无货提单,是指货物还未装船,船公司先签发提单给托运人。一般是因信用证规定装运日期和议付日期已到,而货物未能及时装船,但已被承运人接管,或已经开装而未装完,托运人出具保函,要求承运人签发已装船提单。预借提单一定是倒签提单,船公司承担的风险更大。

(7) 电子提单(Electronic Bill of Lading),是通过 EDI 技术将纸面提单的全部内容与条款以电子数据交换系统进行传送的有关海上货物运输合同证明的电子数据。电子提单不是书面单证,而是显示在计算机屏幕上的一系列结构化的电子数据。有关各方,包括卖方、发货人或托运人、银行、商品检验检疫机构、保险公司、港口、买方和收货人,都以承运人为中心,通过专用计算机密码完成在货物运输过程中的货物交付和所有权的转让。采用取电子收货人提货,不需要出示任何书面文件,只要出示身份证明,由船舶代理验明即可。

电子提单的使用加速了单据的流转,防止了提单在流转过程中欺诈行为的发生。

 知识链接

提单样本

国际海事委员会于1990年6月24日至29日在巴黎召开了国际海事委员会第34届大会会议,通过了《国际海事委员会电子提单规则》(CMI Rules for Electronic Bill Lading),该规则是当前指导电子提单使用的法律依据。提单样本如表5-3所示。

表5-3 提单样本示例

	B/L NO.
Shipper	**PIL** PACIFIC INTERNATION LINES(PTE)LTD (Incorporated in Singapore) COMBINED TRANSPORT BILL OF LADING
Consignee	Received in apparent good order and condition except as otherwise noted the total number of container or other packages or units enumerated below for transportation from the place of receipt to the place of delivery subject to the terms hereof. One of the signed Bills of Lading must be surrendered duly endorsed in exchange for the Goods or delivery order. On presentation of this document (duly) Endorsed to the Carrier by or on behalf of the Holder, the rights and liabilities arising in accordance with the terms hereof shall (without prejudice to any rule of common law or statute rendering them binding on the Merchant) become binding in all respects between the Carrier and the Holder as though the contract evidenced hereby had been made between them.
Notify Party	
	SEE TERMS ON ORIGINAL B/L

(续)

Vessel and Voyage Number	Port of Loading	Port of Discharge
Place of Receipt	Place of Delivery	Number of Original Bs/L

PARTICULARS AS DECLARED BY SHIPPER-CARRIER NOT RESPONSIBLE			
Container Nos. /Seal Nos. Marks and/Numbers	No. of Container/Packages/Description of Goods	Gross Weight (Kilos)	Measurement (cu-metres)
FREIGHT & CHARGES	Number of Containers/Packages(in words)		
^	Shipped on Board Date:		
^	Place and Date of Issue:		
^	In Witness Whereof this number of Original Bills of Lading stated Above all of the tenor and date one of which being accomplished the others to stand void.		
^	For PACIFIC INTERNATIONAL LINES(PTE)LTD as Carrier		

> **特别提示**
>
> 各个船公司都有自己的提单格式，但提单的基本内容大致相同。

5.7.2 海运单

海运单，是证明海上货物运输的合同和承运人接收货物或者已将货物装船的不可转让的单证。海运单的正面内容与提单的基本一致，但是印有"不可转让"的字样。

1. 海运单与提单的区别

（1）提单是货物收据、运输合同的证明，也是物权凭证，海运单不是物权凭证，只具有货物收据和运输合同这两种性质。

（2）提单可以是指示抬头形式，也可以背书流通转让，海运单是一种非流动性单据，海运单上标明了确定的收货人，不能转让流通。

（3）海运单和提单都可以作成"已装船（Shipped on Board）"形式，也可以是"收妥备运"（Received for Shipment）形式。海运单的正面内容与海运提单基本相同，只是海运单收货人栏不能做成指示性抬头，应写明具体收货人的名称。

（4）提单的合法持有人和承运人必须凭提单提货和交货，海运单上的收货人并不出示海运单，仅凭提货通知或其身份证明提货，承运人凭收货人出示的适当身份证明交付货物。

（5）提单有全式和简式提单之分，而海运单是简式单据，背面不列详细货运条款但载有可援用海运提单背面内容的条款。

2. 海运单的优点

（1）海运单仅涉及托运人、承运人、收货人三方，程序简单，操作方便，便于货物的转移。

（2）海运单不是物权凭证，不具有转让流通性，可避免单据遗失和伪造提单所造成的后果。

3. 海运单的使用

（1）跨国公司的总分公司或相关的子公司间的业务往来。

（2）在赊销或双方买方付款作为转移货物所有权的前提条件，提单已失去其使用意义。

（3）往来已久，充分信任，关系密切的贸易伙伴间的业务。

（4）无资金风险的家用私人物品、商业价值的样品。

（5）在近距离海运的情况下，往往是货物先到而提单未到，宜采用海运单。

5.7.3 其他运输单据

1. 多式联运单据

联合运输单据是指必须至少使用两种不同的运输方式，将货物从一国境内接管货物的地点运至另一国指定交付的地点。主要包括：多式联运单据（Multimode Transport Documents，MTD）、多式联运提单（Combined Transport B/L，CTBL）。多式联运可以由陆海、陆空、海空组成，其单据可以分为可流通形式和不可流通两种形式，可流通形式的第一程必须是海运，此时多式联运单据具有物权凭证的作用，可以作为提货依据。而不可流通形式的第一程一般是陆/空运输，此时单据既不能背书转让，也不能作为提货依据。

2. 航空运输单据

航空运输单据是货物通过航空方式运输时，由航空公司或其代理人在接管货物后签发的一种货运单据。主要包括航空主运单（Master Air Waybill）、航空分运单（House Air Waybill）。航空运输单据不是货权凭证，不能凭以提货，不能背书转让。

3. 陆路运输单据

陆路运输单据是当采用公路、铁路或内陆水运开展进出口业务时，由承运人或它们的代理人签发的单据。主要包括公路联运单（Through Road Waybill）、铁路联运运单（Through Rail Waybill）和承运货物收据（Cargo Receipt）。这些单据都不是物权凭证，也不能转让。

4. 邮政运输单据

邮政运输单据是由快递机构签发给托运人的运输单据。邮政收据是盖有邮戳的，由邮局签发的运输单据。主要包括邮包收据（Post Receipt）、邮寄证明（Certificate of Posting）和快递收据（Courier Receipt）。

小 结

(1) 各种运输方式均有利弊，在实际操作中应结合货物本身的特点及装运期、交货期来选择运输方式。

(2) 班轮运输是海洋运输中的一种重要运输方式，班轮运费主要由基本运费和附加运费两部分组成。

(3) 即使装运的地点不相同，同一次提交单据、同一运输工具、同一航程、同一目的地的运输出不是分批。

(4) 海运提单是一个重要的运输单据，也是结算时需要提供的单据，海运提具有物权凭证的性质，单据的转让表示货物所有权的转让。

(5) 海运提单的签发日期非常重要，往往是确定交货期的重要日期，在整个单证的日期中位于核心地位。

(6) 慎用倒签提单和预借提单，因为两种提单都是违法的，一旦查出，卖方和船方都要承担责任。若装运期临近，来不及装运，可以与买方协商修改信用证。

思考与练习题

一、单项选择题

1. 班轮运输的运费应该（　　）。
   A. 包括装卸费，但不包括滞期费、速遣费
   B. 包括装卸费，但应计滞期费、速遣费
   C. 包括卸货费和应计滞期费，但不计速遣费
   D. 包括装卸费、滞期费、速遣费

2. 过期提单指向银行交单时间超过提单签发日期（　　）天。
   A. 15　　　　　B. 21　　　　　C. 24　　　　　D. 30

3. 对大宗低值货物，班轮运费一般采用（　　）的办法。
   A. 按货物的件数　　　　　　　　B. 船、货双方临时议定价格
   C. 按货物的毛重　　　　　　　　D. 按商品价格

4. 小件急需品和贵重货物，一般采用（　　）。
   A. 邮包运输　　B. 航空运输　　C. 国际多式联运　　D. 管道运输

5. 构成不清洁提单的批注为（　　）。
   A. 旧桶装　　　　　　　　　　　B. 发货人装箱、点数并铅封
   C. 铁条松散　　　　　　　　　　D. 集装箱运输

6. 装卸时间最普遍的是按（　　）规定计算。
   A. 连续24小时好天气工作日　　　B. 港口习惯速度装卸
   C. 连续8小时好天气工作日　　　 D. 国外习惯速度装卸

7. 承运人收到托运货物，但尚未装船时向托运人签发的提单是（　　）。
   A. 已装船提单　　B. 指示提单　　C. 备运提单　　D. 舱面提单

8. 下列装运港和目的港的规定方法中，叙述不正确的是（　　）。
   A. 一般只规定一个装运港和目的港

B. 无需列明港口的名称

C. 可规定选择港

D. 可酌情规定两个或两个以上的装运港和目的港

二、案例分析题

1. 一批货物共 100 箱，自广州运至纽约，船公司已签发"装船清洁提单"，等货到目的港，收货人发现下列情况：①5 箱欠交；②10 箱包装严重破损，内部货物已散失 50%；③10 箱包装外表完好，箱内货物有短少。试问上述 3 种情况是否应属于船方或托运人的责任？为什么？

2. 信用证规定：从中国港口运至神户 100 公吨红小豆，不许分批装运。受益人交来单据中包含两套提单：

第一套提单表明载货船名为"Zhuang He"，航程为"018"，装运港为"Tianjin"，卸货港为"Kobe"，净重为"51.48"，装运日期为"7 月 11 日"。

第二套提单表明载货船名为"Zhuang He"，航程为"018"，装运港为"Qingdao"，卸货港为"Kobe"，净重为"51.05"，装运日期为"7 月 17 日"。

银行接受单据付款。

问：(1) 银行付款的依据是什么？(2) 此批货物的装运日期应为哪天？

三、技能实训题

假定你是深圳某出口公司的外贸业务员，现业务经理要求你去跟客户洽谈关于运输方面的事宜，你该从哪些方面进行谈判？并写出装运条款的详细内容。

四、计算题

1. 出口斧头一批，共 19.6 公吨，14.892 立方米，由上海装船经香港转运至温哥华港。经查，上海至香港，该货运费计算标准为 W/M，8 级，基本费率为每吨运费 20.50 美元；香港至温哥华，计算标准为 W/M，8 级，基本费率为每运费吨 60 美元，另收香港中转费，每运费吨 13.00 美元。试计算该批货的总运费是多少？

2. 出口某商品 100 公吨，报价每公吨 1 950 美元 FOB 上海，客户要求改报 CFR 伦敦价，已知该货物为 5 级货，计费标准为 W，每吨运费 70 美元。若要保持外汇净收入不变，应如何报价？若还需征收燃油附加费 10%、港口附加费 10%，又如何计算？

项目 6　国际货物运输保险

**学习目标**

知识目标：了解国际货物运输保险的有关知识；掌握我国海运保险的条款及英国伦敦保险协会货物保险险别。

能力目标：深刻领会海洋运输货物保险承保的范围；能够根据不同的货物及不同的运输条件，选择恰当的险别。

章节导读

国际货物在运输途中可能会遇到自然灾害、意外事故等风险，从而造成损失并产生费用。为转嫁这些损失及费用，货主可以向保险公司投保。但是选择什么样的保险险别，才能获得保险公司的相应赔偿，减少货主自己承担损失的风险呢？本项目将重点介绍中国人民保险公司的各种险别及英国伦敦保险协会货物保险险别。

导入案例

一艘货轮在航行中由于偏航而触礁，船身前部一侧被撞坏漏水，个别舱中部分货主的货物遭水浸而受损，为排除危难，需使船体上浮而得以修理，船长下令排水，抛弃部分重货并发出呼救。

试分析，由此引起的各项损失和费用开支各属于什么性质？

6.1　什么是保险

保险是一种经济补偿制度，从法律角度来看，它是一种补偿性契约行为，即被保险人向保险人提供一定的对价（保险费），保险人则对被保险人将来可能遭受的承保范围内的损失负赔偿责任。

保险种类很多，其中包括财产保险、责任保险、保证保险和人身保险，国际货物运输保险属于财产保险的范畴。由于国际货物一般都需要通过长途运输，货物在整个运输过程中，可能遇到自然灾害或意外事故而使货物遭受损失，货主为了转嫁货物在运输过程中的风险损失，就需要办理货物运输保险。可见，办理国际货物运输保险，是人们同自然灾害和意外事故作斗争的一种经济措施。国际货物通过投保运输险，将可能发生的损失变为固定的费用，在货物遭到承保范围内的损失时，可以从相关保险公司及时得到经济上的补偿。这不仅有利于进出口企业加强经济核算，而且也有利于进出口企业保持正常营业，从而有效地促进国际贸易的发展。

由于国际货物采取的运输方式很多,其中包括海洋运输、陆上运输、航空运输和邮包运输等,因此,国际货物运输保险也相应地分为海运货物保险、陆运货物保险、航空货运保险和邮包运输保险。

在国际贸易中,海洋运输占了80%以上的比重,因此本章将重点介绍海运货物运输保险。

6.2 海上风险、损失与费用

海运货物保险承保的范围,包括海上风险、海上损失与费用以及外来原因所引起的风险损失。国际保险市场对上述各种风险与损失都有特定的解释,正确理解海运货物承保的范围和各种风险与损失的含义,对合理选择投保险别和正确处理保险索赔,具有十分重要的现实意义。

海运保险是各类保险中发展最早的一种保险,这是由于商船在海洋航行中承受的风险大、海运事故频繁所致。在国际海运保险业务中,各国保险界对海上风险与海上损失,都有其特定的解释。因此,首先应对各种海上风险和损失的确切含义有所了解。

6.2.1 海上风险

海上风险(Perils of Sea)也称海难,这是保险业的专门术语,有其特定的含义和范围。它包括海上风险和外来风险两种。

1. 海上风险

海上风险一般包括自然灾害和意外事故两种。按照国际保险市场的一般解释,这些风险所指的内容大致如下。

1) 自然灾害

自然灾害(Natural Calamities)是指不以人们的意志为转移的自然力量引起的灾害,但在海上保险业务中它并不是泛指一切由自然力量所造成的灾害,按照我国现行《海洋运输货物保险条款》(Ocean Marine Clauses)的规定,自然灾害仅指恶劣气候、雷电、洪水、流冰、地震、海啸以及其他人力不可抗拒的灾害,而非指一般自然力所造成的灾害。

2) 意外事故

意外事故(Fortuitous Accidents)是指偶然的、非意料中的事故。按照我国现行《海洋运输货物保险条款》(Ocean Marine Clauses)的规定,意外事故,仅指船舶搁浅、触礁、碰撞、爆炸、火灾、沉没或其他类似事故。具体内容如下。

(1) 搁浅(Grounded)是指船舶在航行中,由于意外或异常的原因,船底与水下障碍物紧密接触而牢牢地搁住,并且持续一定时间失去进退自由的状态。

(2) 触礁(Stranding)指船舶在航行中,触及岩礁或其他障碍物如渔栅、木桩等造成的一种意外事故。

(3) 碰撞(Collision)是指载货船舶与水以外的外界物体。如灯塔、流冰、其他船舶、码头等发生猛烈接触,由此造成船上货物损失。若发生碰撞的是两艘船舶,则碰撞不仅会带来船体及船上货物的损失,还会产生碰撞责任损失。碰撞是船舶在海上航行中的一项主要风险。

(4) 爆炸(Explosion)是指物体内部发生急剧的分解或燃烧，迸发出大量的气体和热力，致使物体本身及其周围的其他物体遭受猛烈破坏的现象。

(5) 火灾(Fire)是指由于意外、偶然发生的燃烧失去控制，蔓延扩大而造成的船舶和货物的损失。无论是直接被火烧毁、烧焦、烧裂或间接被火熏黑、烧热或为救火而导致损失，均属火灾风险。

(6) 沉没(Sunk)指船舶因海水侵入失去浮力，船体全部沉入水中，无法继续航行的状态，或虽未构成全部沉没，但是大大超过了船舶规定的吃水标准，使应浮在水面的部分浸入水中无法继续航行，由此造成的保险货物损失属沉没责任。如果船体只有部分侵入水中而仍然航行，则不能视为船舶沉没。

2. 外来风险

外来风险是指海上风险以外的其他外来原因引起的风险。保险业所说的外来原因，是指事先难以预料的、致使货物受损的某些外部因素。外来风险可分为一般外来风险和特殊外来风险。

1) 一般外来风险

指外来原因所造成的风险和损失。这类风险损失，通常是指由偷窃、短量、破碎、雨淋、受潮、受热、发霉、串味、沾污、渗漏、钩损和锈损等造成的风险遗失。

2) 特殊外来风险

指特殊的外来原因造成的风险和损失。这类风险损失，主要是指由于军事、政治、国家政策法令和行政措施等原因所致的风险损失，如战争和罢工等。

> **特别提示**
>
> 货物由于自身内部缺陷或自然属性而引起的自然损耗或变质等，属于必然损失，这种损失被称为非事故性损耗，不属于外来风险范围。

6.2.2 海上损失

海上损失(简称海损)是指被保险货物在海运过程中，由于海上风险所造成的损坏或灭失。就货物损失的程度而言，海损可分为全部损失和部分损失。

> **特别提示**
>
> 根据国际保险市场的一般解释，凡与海陆连接的陆运过程中所发生的损坏或灭失，也属海损范围。

1. 全部损失

全部损失简称全损，是指运输中的整批货物或不可分割的一批货物的全部损失。全损又可分为实际全损(Actual Total Loss)和推定全损(Constructive Total Loss)两种。

1) 实际全损

实际全损是被保险货物全部灭失或全部变质，或者货物全部不能归原货主所有等情况。构成货物实际全损的情况主要有以下几种。

(1) 保险标的物完全灭失。例如，船只遭遇海难后沉没，货物与之同时沉入海底。

(2) 保险标的丧失。例如，船舶被海盗劫走，货物被全部掠去或全部被地方扣押。货物遭受损失，使被保险人完全丧失了这些财产，无法复得。

(3) 保险标的发生质变，失去原有的使用价值。例如，茶叶遭水泡后，虽没有灭失，但已不能使用，失去其使用价值。

(4) 船舶失踪达到一定时期。例如，船舶失踪半年后仍无消息，按照有关规定，则视为该船舶及其所载货物全部灭失。

2) 推定全损

推定全损一般是指保险标的物受损后并未全部灭失，但进行施救、整理、修复所需的费用，或者这些费用再加上续运至目的地的费用的总和，预计会超过货物到达目的地的价值。构成推定全损的具体情况，主要有以下几种。

(1) 保险标的实际全损已经无法避免，或者是为了避免实际全损，需要花费的施救等费用，将超过获救后标的价值。

(2) 保险标的发生保险事故后，使被保险人失去标的所有权，而收回这一所有权所需花费的费用，将超过收回后的标的价值。

例如，海运途中，一台甲板上的机器设备被台风刮入海中沉没，海底打捞的成本相当高，远远超过了货物的价值，这时我们会推定该台机器设备为全损。

(3) 保险标的受损后，整理和续运到目的地的费用超过货物到达目的地的价值。

(4) 保险标的受损后，修理费用超过货物修复后的价值。

特别提示

在发生推定全损时，被保险人可以选择恢复和修理保险标的，要求保险公司按部分损失赔偿，也可以要求按推定全损赔付。但只有在被保险人提出委付并经保险人同意的情况下，才能按推定全损赔付。所谓委付（Abandonment），是指在推定全损的情况下，被保险人将保险标的一切权利包括所有权转让给保险人，而要求保险人按照实际全损的赔偿给予补偿。

2. 部分损失

部分损失是指保险标的物的损失未达到上述情况之一者，都属于部分海损，即未达到全损的程度。部分损失可分为共同海损与单独海损两种。

1) 共同海损

在海洋运输途中，船舶、货物或其他财产遭遇共同危险，为了解除共同危险，有意采取合理的救难措施，由此直接造成的特殊牺牲和支付的特殊费用，称为共同海损（General Average，GA）。在船舶发生共同海损后，凡属共同海损范围内的牺牲和费用，由有关获救的受益方（即船方、货方和运费收入方）根据获救价值按比例分摊，这种分摊，称为共同海损分摊（General Average Contribution）。

常见的共同海损牺牲项目如下。

(1) 抛弃：指抛弃船上载运的货物或船舶物料。

(2) 救火：为扑救船上的火灾，向货舱内灌浇海水、淡水、化学灭火剂造成舱内货物或船舶的损失。

(3) 自动搁浅：为了共同安全，采取紧急认为的搁浅措施造成舱内货物或船舶的损失。

(4) 船舶在避难港卸货、重装或倒移货物、燃料或物料，由这些操作造成货物或船舶的损失。

(5) 将船上货物或船舶物料当做燃料以保证船舶继续航行。

(6) 隔断锚链：为避免发生碰撞等紧急事故，停泊的船舶来不及进行正常起锚，有意识地砍断锚链、丢弃锚具，以便船舶启动，由此造成的断链、弃锚损失。

以上表明，共同海损一定会涉及船货各方的利益关系。因此，构成共同海损是有条件的。共同海损必须具有下列条件。

(1) 共同海损的危险必须是真实存在的而不是臆测的，是不可避免地发生的，不是主观臆测的。

(2) 为了消除船、货共同危险而采取的措施，必须是人为有意的、合理的措施。

例如，船舶遇到大风浪，有沉没的危险。此时，船长为了船货的共同安全，下令将甲板上的铁块扔进大海，这种情况下铁块的损失将被认为是共同海损。

(3) 必须是属于非正常性质的损失。例如，载货船舶发生搁浅后，船体个别部分的船板发生裂缝，急需补漏为了修船，又须将部分货物卸到岸上并存仓，卸货过程中部分货物受损。这一过程所产生的卸货费、存仓费以及货物损失均属于非正常性质的损失。

(4) 费用支出是额外的。例如，为使搁浅或触礁的船舶脱离险境，而求救于第三者，由此而支付的费用属于额外费用。

2) 单独海损

单独海损(Particular Average)是指除共同海损以外的全部损失，该种损失仅涉及特定方的特定利益(船方或者货方)，并不涉及其他，该损失仅由各受损方单独负担的一种损失。

例如，某外贸公司出口茶叶50公吨，在航运途中遭受暴风雨，海水涌入舱内，茶叶受水泡发霉变质。这种损失只是使该公司一家的利益受损，与同船所装其他货物的货主和船方的利益无关，因而属于单独海损。

3) 共同海损与单独海损的区别

共同海损和单独海损都属于部分损失，但两者却有区别，主要表现在如下方面。

(1) 造成海损的原因不同。单独海损是承保风险所直接导致的船、货损失；共同海损，则不是承保风险所直接导致的损失，而是为了解除或减轻共同危险人为地造成的一种损失。

(2) 承担损失的责任不同。单独海损的损失一般由受损方自行承担；而共同海损的损失，则应由受益的各方按照受益大小的比例共同分摊。

6.2.3 海上费用

海上风险在给货物造成损失的同时，还会导致一系列的为营救被保险货物而支付的费用，这些费用称为海上费用。这些费用也属于保险公司承保的范围。海上费用主要有施救费用和求助费用两种。

施救费用，是指被保险的货物在遭受承保责任范围内的灾害事故时，被保险人或其代理人与受让人，为了避免或减少损失，采取的各种抢救或防护措施而所支付的合理费用。

救助费用则有所不同，它是指被保险货物在遭受了承保责任范围内的灾害事故时，由保险人和被保险人以外的第三者采取的有效救助措施，在救助成功后，由被救方付给救助人的一种报酬。

施救费用与救助费用的不同，见表 6-1。

表 6-1 施救费用与救助费用的不同

类别 项目	施救费用	救助费用
采取行为的主体不同	施救主体是被保险人及其代理人等	救助的主体是保险人和被保险人以外的第三方
给付报酬的原则不同	施救不论有无效果，都予以赔偿	"无效果，无报酬"
保险人的赔偿责任不同	可在保险货物本身的投保额之外，再赔一个保额	保险人对救助费用的赔偿责任以不超过获救财产的价值为限，即救助费用与保险货物本身损失的赔偿金额两者相加，不得超过货物的保额，而且是按保险金额与获救的保险标的价值比例承担责任
与共同海损的关系	施救行为不与共同海损联系在一起	救助行为一般总是与共同海损联系在一起

6.3 我国海运货物保险概述

保险险别是指保险人对风险和损失的承保责任范围。在保险业务中，各种险别的承保责任是通过各种不同的保险条款规定的。

为了适应国际货物海运保险的需要，中国人民保险公司根据我国保险实际情况并参照国际保险市场的习惯做法，分别制定了各种条款，总称为"中国保险条款"（China Insurance Clauses，CIC），其中包括"海洋运输货物保险条款"、"海洋运输货物战争险条款"以及其他专门条款。投保人可根据货物特点和航线与港口实际情况自行选择投保适当的险别。我国现行的《海洋运输货物保险条款》是由中国人民保险公司于 1981 年 1 月 1 日修订实施的，可以分为基本险、附加险和专门险三大类。

 知识链接

关于"中国保险条款"

"中国保险条款"按照运输方式分为海洋、陆上、航空和邮包运输等保险条款，对某些特殊商品还制定有海运冷藏货物、陆运冷藏货物、海运散装桐油以及活牲畜、家禽和海陆空运输保险，以及上述各种运输方式下货物保险的附加险条款。按照"中国保险条款"的规定，投保人可根据货物特点、航线及港口实际情况自行选择适当的险别。

6.3.1 基本险别

中国人民保险公司所规定的基本险别包括平安险（Free from Particular Average，FPA）、水渍险（With Average or With Particular Average，WA or WPA）和一切险（All Risks）。

1. 平安险

平安险（Free from Particular Average，FPA）的责任范围如下。

（1）被保险的货物在运输途中由于恶劣气候、雷电、海啸、地震、洪水等自然灾害造成整批货物的全部损失或推定全损。若被保险的货物用驳船运往或运离海轮时，则每一驳船所装的货物可视作一个整批。

（2）由于运输工具遭到搁浅、触礁、沉没、互撞，与流冰或其他物体碰撞以及失火、爆炸等意外事故所造成的货物全部或部分损失。

（3）在运输工具已经发生搁浅、触礁、沉没、焚毁等意外事故的情况下，货物在此前后又在海上遭受恶劣气候、雷电、海啸等自然灾害所造成的部分损失。

（4）在装卸或转船时由于一件或数件甚至整批货物落海所造成的部分或全部损失。

（5）被保险人对遭受承保责任内的危险货物采取抢救、防止或减少货损的措施所支付的合理费用，但以不超过该批被毁货物的保险金额为限。

（6）运输工具遭遇海难后，在避难港由于卸货而引起的损失，以及在中途港或避难港由于卸货、存仓和运送货物所产生的特殊费用。

（7）共同海损的牺牲、分摊和救助费用。

（8）运输契约中如订有"船舶互撞责任"条款，则根据该条款规定应由货方偿还船方的损失。

上述责任范围表明，在投保平安险的情况下，保险公司对由于自然灾害所造成的单独海损不负赔偿责任，而对于因意外事故所造成的单独海损则要负赔偿责任。此外，如在运输过程中运输工具发生搁浅、触礁、沉没、焚毁等意外事故，则无论在事故发生之前或之后是否由于自然灾害造成单独海损，保险公司都要负赔偿责任。

2．水渍险

投保水渍险（With Particular Average，WA or WPA）后，保险公司除担负上述平安险的各项责任外，还对被保险货物由于恶劣气候、雷电、海啸、地震、洪水等自然灾害所造成的部分损失负赔偿责任。

3．一切险

投保一切险（All Risks，AR）后，保险公司除担负平安险和水渍险的各项责任外，还对被保险货物在运输途中由于外来原因而遭受的全部或部分损失，负赔偿责任。

从上述三种基本险别的责任范围来看，平安险的责任范围最小，它对自然灾害造成的全部损失和意外事故造成的全部和部分损失负赔偿责任，而对自然灾害造成的部分损失，一般不负赔偿责任。水渍险的责任范围比平安险的责任范围大，凡因自然灾害和意外事故所造成的全部和部分损失，保险公司均负责赔偿。

一切险的责任范围是3种基本险别中最大的一种，它除了包括平安险、水渍险的责任范围外，还包括被保险货物在运输过程中，由于一般外来原因所造成的全部或部分损失，如货物被盗窃、钩损、碰损、受潮、发热、淡水雨淋、短量、包装破裂和提货不着等。由此可见，一切险是平安险、水渍险加一般附加险的总和。在这里还需特别指出的是，一切险并非保险公司对一切风险损失均负赔偿责任，它只对水渍险和一般外来原因引起的可能发生的风险损失负责，而对货物的内在缺陷、自然损耗以及由于特殊外来原因（如战争、罢工等）所引起的风险损失，概不负赔偿责任。

6.3.2 附加险别

在海运保险业务中,进出口商除了为投保货物选择上述基本险别外,还可根据货物的特点和实际需要,酌情再选择若干适当的附加险别。附加险别包括一般附加险和特殊附加险。

1. 一般附加险

一般附加险(General Additional Risk)不能作为一个单独的项目投保,而只能在投保平安险或水渍险的基础上,根据货物的特性和需要加保一种或若干种一般附加险。如加保所有的一般附加险,这就叫作投保一切险。可见,一般附加险被包括在一切险的承保范围内,故在投保一切险时,不存在再加保一般附加险的问题。

由于被保险货物的品种繁多,货物的性能和特点各异,而一般外来的风险又多种多样,所以一般附加险的种类也很多,其中主要包括:偷窃提货不着险、淡水雨淋险、渗漏险、短量险、钩损险、污染险、碰损破碎险、生锈险、串味险和受潮受热险等。具体内容如下。

(1) 偷窃、提货不着险(Theft, Pilferage and Non-delivery, T. P. N. D.)。在保险有效期内,保险货物被偷窃走,以及货物运抵目的地以后,货物的全部或整件未交的损失,由保险公司负责价值赔偿。

(2) 淡水雨淋险(Fresh Water and /or Rain Damage, F. W. R. D.)。指货物在运输过程中,由于淡水、雨水以及冰雪融化所造成的损失,保险公司都应负责赔偿。淡水是与海水相对而言的,包括船上淡水关漏水、舱汗等。

(3) 短量险(Risk of Shortage)。指保险公司承担承保货物数量和重量发生短缺的损失。通常对于包装货物的短少,保险公司必须要查清外包装是否发生异常现象,如破口、破袋、扯缝等,如属于散装货物,往往以装船重量和卸船重量之间的差额作为计算短量的依据,但不包括正常运输途中的自然损耗。

(4) 混杂、玷污险(Risk of Intermixture & Contamination)。指承保货物在运输过程中混进杂质或被玷污所造成的损失。

(5) 渗漏险(Risk of Leakage)。指流质、半流质的液体物质和油类物质,在运输过程中因为容器损坏而引起的渗漏损失。如以流体装存的湿肠衣,因为流体渗漏而使其发生腐烂变质等损失,均由保险公司负责赔偿。

(6) 碰损、破碎险(Risk of Clash & Breakage)。指保险人承保货物碰损和破损的损失。碰损主要是针对金属、木质等货物来说的,破碎则主要是针对易碎性物质来说的。前者是指在运输途中,因为受到震动、颠簸、挤压而造成货物本身的损失;后者是在运输途中由于装卸野蛮、粗鲁,运输工具的颠震造成货物本身的破裂、断碎的损失。

(7) 串味险(Risk of Odour)。指承保货物在运输途中因受其他带异味货物的影响而造成串味的损失。例如,茶叶、香料、药材等在运输中受一起堆放的异味货物影响使其品质受到破坏所造成的损失。

(8) 受热、受潮险(Damage Caused by Heating & Sweating)。指承保货物在运输途中因受气温变化或水蒸气的影响而使货物发生变质的损失。例如,船舶在航行途中,由于气温骤变,或者因为船上通风设备失灵等原因使船舱内水汽凝结、发潮、发热引起货物变质的损失。

(9) 钩损险(Hook Damage)。指保险货物在装卸过程中因为使用手钩、吊钩等工具所造成的损失。例如,粮食包装袋因被吊钩损坏而造成粮食外漏所造成的损失,保险公司在承保该险别的情况下,应予以赔偿。

(10) 包装破裂险(Loss or Damage Caused by Breakage of Packing)。指保险人承保货物因包装破裂造成物资短少、玷污等损失。此外,为保证保险货物在运输过程中续运的安全需要而产生的补修包装、调换包装所支付的费用,保险公司也应负责。

(11) 锈损险(Risk of Rust)。指保险公司承保货物在运输过程中因为生锈而造成的损失。不过这种生锈必须在保险期内发生,若原装时就生锈,保险公司不负责任。

2. 特殊附加险

特殊附加险(Special Additional Risk)是指承保由于军事、政治、国家政策、法令以及行政措施等特殊外来原因所引起的风险与损失的险别。

1) 战争险和罢工险

凡加保战争险时,保险公司则按加保战争险条款的责任范围,对由于战争和其他各种敌对行为所造成的损失负赔偿责任,按中国人民保险公司的保险条款规定,战争险不能作为一个单独的项目投保,而只能在投保上述3种基本险别之一的基础上加保。战争险的保险责任起讫和货物运输险不同,它不采取"仓至仓"条款,而是从货物装上海轮开始至货物运抵目的港卸离海轮为止,即只负责水面风险。

根据国际保险市场的习惯做法,一般将罢工险与战争险同时承保。如投保了战争险又需加保罢工险时,仅需在保单中附上罢工险条款即可,保险公司不再另行收费。

2) 其他特殊附加险

为了适应对外贸易货运保险的需要,中国人民保险公司除承保上述各种附加险外,还承保交货不到险、进口关税险、舱面险、拒收险、黄曲霉素险,以及我国某些出口货物运至港澳存仓期间的火险等特殊附加险。

6.3.3 其他专门保险

1. 海洋运输冷藏货物保险条款

海洋运输冷藏货物保险条款(Ocean Marine Insurance Clause(Frozen Products))分为冷藏险和冷藏一切险两个险种,可单独投保。冷藏险对被保险的冷藏货物在运输途中由于自然灾害或意外事故造成的腐败和损失予以赔偿。冷藏一切险的责任范围更广,在冷藏险的责任基础上还负责被保险货物在运输中由于外来原因所致的腐烂和损失。

2. 海运散装桐油保险条款

海运散装桐油保险条款(Ocean Marine Insurance Clause(Wood Oil Bulk))是根据散装桐油的特点而专门设立的,可单独投保。海运散装桐油保险只有一个险别,负责任何原因导致的桐油超过保单所规定的免赔率的短少、渗漏损失和污染或变质损失。

6.3.4 海运货物保险责任起讫

由于海运货物保险是对特定航程中货物的保险,因而海运货物的保险期限一般没有固定、具体的起讫日期,具体险别具体对待。

项目6 国际货物运输保险

1. 基本险保险责任的起讫

根据中国人民保险公司《海洋运输货物保险条款》规定，我国3种基本险的保险责任起讫期限采取国际保险业惯用的"仓至仓"（Warehouse to Warehouse）条款。

"仓至仓"条款是指保险责任自被保险货物离开保险单所载明的起讫地发货人仓库或储存处所开始生效，包括正常运输过程中的海上、陆上、内河和驳船运输在内，直至该货物到达保险单所载明的目的地即收货人的最后仓库或储存处所。但需要注意的是"仓至仓"责任不是绝对的，有些情况例外。

（1）由于被保险人无法控制的运输延迟、绕道、被迫卸货、重新装载、转载或承运人运用运输契约的权限所作的任何航海上的变更或终止运输契约，致使被保险货物运到非保险单所载明的目的地时，在被保险人及时通知保险人的情况下，可按扩展条款办理。

（2）如未抵达上述收货人仓库或储存处所，则以被保险货物在最后卸货港口全部卸离海轮后满60天为限。

（3）如在上述60天内被保险货物需转运至非保险单所载明的目的地，则"仓至仓"责任在该项货物开始转运时终止。

（4）如果货物在运至保险单上载明的目的港之前，被保险人用做分配、分派，则自该时起保险责任终止。

（5）如对某些内陆国家的出口货物，由于内陆运输距离长、时间长，在港口卸货后无法在保险条款规定的期限（60天）内运至目的地，可以向保险公司申请扩展期限，经保险公司同意后予以延长，但需加收一定的保险费。

【例6-1】 以FOB、CFR、CIF条件成交，投海运险"仓至仓"条款，如果货物在从起运地仓库运往装运港途中遭受承保范围内的损失，是否只要仓库在"仓至仓"的运输过程中，发生承保责任范围内的损失，都会得到保险公司的赔偿呢？

特别提示

> 保险责任的起讫也要看投保的时间和保险费的提交与否，FOB、CFR是买方买保险，而买方是从货物装上船开始买保险的，因此在此之前保险并没有开始，实际上是"船至仓"。而CIF是卖方买保险，卖方会从货物离开仓库开始买保险，保险责任也由此开始。

2. 战争险保险责任的起讫

海运战争险保险责任起讫采取只负责水面危险的原则，即自货物在起运港装上船舶或驳船时开始，到目的港卸离船舶或驳船时为止。如不卸离船舶或者驳船，则从船舶到达目的港的当日午夜起满15天保险责任自行终止。如在中途港转船，无论货物在当地卸货与否，保险责任以船舶到达该港口或卸货地点的当日午夜起满15天为止，在此期限内只要货物再装上续运船舶，保险责任继续有效。

3. 其他专门险保险责任的起讫

海洋运输冷藏货物保险期限与海运货物的保险期间大致相同，区别仅在于冷藏险关于责任终止期限的规定根据冷藏货物的特点和储藏条件的特定要求而有所差异。海运散装桐油保险的保险期限和海运基本险的保险期限基本一致。

6.4 伦敦保险协会海运货物保险条款

在国际保险市场上,英国伦敦保险协会所制定的"协会货物保险条款"(Institute Cargo Clauses,ICC)对世界各国有着广泛的影响。目前,世界上许多国家在海运保险业务中直接采用该条款,还有许多国家在制定本国保险条款时参考或采用该条款的内容。在我国,按 CIF 条件出口,虽然一般以中国人民保险公司所制定的保险条款为依据,但如果国外客户要求按英国伦敦保险协会所制定的货物保险条款为准,也可酌情接受。因此,对英国伦敦保险协会海运货物保险条款,也必须有所了解,以便于订好保险条款和正确处理有关货运保险事宜。

6.4.1 协会货物保险条款的种类

协会货物保险条款主要有以下 6 种。
(1) 协会货物条款(A)(Institute Cargo Clauses(A),ICC(A))。
(2) 协会货物条款(B)(Institute Cargo Clauses B),ICC(B))。
(3) 协会货物条款(C)(Institute Cargo Clauses(C),ICC(C))。
(4) 协会战争险条款(货物)(Institute War Clauses Cargo)。
(5) 协会罢工险条款(货物)(Institute Strikes Clauses Cargo)。
(6) 恶意损害险条款(Malicious Damage Clauses)。

上述 ICC(A)、ICC(B)、ICC(C)3 种险别都有独立完整的结构,对承保风险及除外责任均有明确规定,因而都可以单独投保。

上述战争险和罢工险,也具有独立完整的结构,如征得保险公司同意,必要时也可作为独立的险别投保。唯独恶意损害险,属于附加险别,不可单独投保。

6.4.2 协会货物保险主要险别的承保风险与除外责任

1. ICC(A)险的承保风险与除外责任

ICC(A)险大体相当于中国人民保险公司所规定的一切险,其责任范围最广,故协会货物条款采用承保"除外责任"之外的一切风险的概括式规定办法,即做了"除外责任"项下所列风险,保险人不予负责外,其他风险均予负责。

ICC(A)险的除外责任包括下列几个方面。

1) 一般除外责任
(1) 归因于被保险人故意的不法行为造成的损失或费用。
(2) 自然渗漏、重量或容量的自然损耗或自然磨损造成的损失或费用。
(3) 包装或准备不足或不当所造成的损失或费用。
(4) 保险标的的内在缺陷或特性所造成的损失或费用。
(5) 直接由于迟延所引起的损失或费用。
(6) 由于船舶所有人、经理人、租船人或经营破产或不履行债务造成的损失或费用。

(7) 由于使用任何原子或热核武器所造成的损失或费用。

2) 不适航和不适货除外责任

不适航和不适货是指在装船时,如被保险人或其受雇人已经知道船舶不适航,以及船舶、装运工具、集装箱等不适货。如违反适航、适货的默示保证为被保险人或其受雇人所知道。

3) 战争除外责任

战争除外责任是指由于战争、内战、敌对行为等造成的损失或费用;由于捕获、拘留、扣留等(海盗除外)所造成的损失或费用;由于漂流水雷、鱼雷等造成的损失或费用。

4) 罢工除外责任

罢工除外责任指由于罢工者、被迫停工等造成的损失或费用,任何恐怖主义者或出于政治动机而行动的人所造成的损失或费用。

2. ICC(B)险的承保风险与除外责任

ICC(B)险大体相当于中国人民保险公司所规定的水渍险,它比ICC(A)险的责任范围小,故采用列明风险的办法,即将其承保的风险一一列举出来。这种规定办法,既便于投保人选择投保适当的险别,又便于保险人处理损害赔偿。

1) ICC(B)险具体承保的风险

(1) 灭失或损害合理归因于下列原因者:火灾、爆炸,船舶或驳船触礁、搁浅、沉没或倾覆,陆上运输工具倾覆或出轨,船舶、驳船或运输工具同水以外的外界物体碰撞,在避难港卸货,地震、火山爆发、雷电。

(2) 灭失或损害由于下列原因造成者:共同海损牺牲,抛货,浪击落海,海水、湖水或河水进入船舶、驳船、运输工具、集装箱、大型海运箱或储存处所,货物在装卸时落海或摔落造成整件的全损。

2) ICC(B)险的除外责任与ICC(A)险的不同

(1) 在ICC(A)险中,仅规定保险人对归因于被保险人故意的不法行为所致的损失或费用,不负赔偿责任;而在ICC(B)险中,则规定保险人对被保险人以外的其他人的故意非法行为所致的风险不负责任。可见,在ICC(A)险中,恶意损害的风险被列为承保风险;而在ICC(B)险中,保险人对此项风险却不负赔偿责任。被保险人如想获得此种风险的保险保障,就需加保"恶意损害险"。

(2) 在ICC(A)险中,标明"海盗行为"不属于除外责任;而在ICC(B)险中,保险人对此项风险不负保险责任。

3. ICC(C)险的承保风险与除外责任

ICC(C)险的承保风险较ICC(A)和ICC(B)都小得多,它仅承保"重大意外事故"的风险,而不承保自然灾害及非重大意外事故的风险。ICC(C)险具体承保风险如下。

(1) 灭失或损害合理归因于下列原因者:火灾、爆炸,船舶或驳船触礁、搁浅、沉没或倾覆,陆上运输工具倾覆或出轨,在避难港卸货。

(2) 灭失或损害由于下列原因所造成者:共同海损牺牲,抛货。

ICC(C)险的除外责任与ICC(B)险完全相同。

为了便于比较和查阅,使人一目了然,现将ICC(A)、ICC(B)和ICC(C)三种险别条款中保险人承保的风险列表说明见表6-2。

表6-2 伦敦保险协会货物条款 A、B、C(ICC A、B、C)

责 任 范 围	A	B	C
1. 火灾、爆炸	√	√	√
2. 船舶、驳船的触礁、搁浅、沉没、倾覆	√	√	√
3. 陆上运输工具的倾覆或出轨	√	√	√
4. 船舶、驳船或运输工具同除水以外的任何外界物体碰撞	√	√	√
5. 在避难港卸货	√	√	√
6. 地震、火山爆发或雷电	√	√	×
7. 共同海损牺牲	√	√	√
8. 抛货	√	√	√
9. 浪击落海	√	√	×
10. 海水、湖水、或河水进入船舶、驳船、运输工具、集装箱、大型海运箱、或储存处所	√	√	×
11. 货物在船舶或驳船装卸时落海或跌落,造成任何整件的全损	√	√	×
12. 由于被保险人以外的其他人(如船长、船员等)的故意违法行为所造成的损失费用	√	×	×
13. 海盗行为	√	×	×
14. 下列"除外责任"范围以外的一切风险	√	×	×
除 外 责 任			
1. 被保险人的故意违法行为所造成的损失和费用	×	×	×
2. 自然渗漏,重量或容器的自然损耗或自然磨损	×	×	×
3. 包装或准备不足或不当造成的损失或费用	×	×	×
4. 保险标的的内在缺陷或特性造成的损失或费用	×	×	×
5. 直接由于延迟引起的损失或费用	×	×	×
6. 由于船舶所有人、经理人、租船人或经营人破产或不履行债务所造成的损失和费用	×	×	×
7. 由于使用任何原子武器或核裂变造成的损失和费用	×	×	×
8. 船舶不适航,船舶、装运工具、集装箱等不适货	×	×	×
9. 战争险	×	×	×
10. 罢工险	×	×	×

说明:"√"代表承保风险。

"×"代表免责风险或不承保风险。

4. 战争险的承保风险与除外责任

战争险主要承保由于下列原因造成标的物的损失。

(1) 战争、内战、革命、叛乱、造反或由此引起的内乱,或交战国或针对交战国的任何敌对行为。

(2) 捕获、拘留、扣留、禁制或扣押,以及这些行动的后果或这方面的企图。

(3) 遗弃的水雷、鱼雷、炸弹或其他遗弃的战争武器。

战争险的除外责任与 ICC(A)险的"一般除外责任"及"不适航、不适货除外责任"大致相同。

5. 罢工险的承保风险与除外责任

罢工险主要承保范围如下。

（1）罢工者、被迫停工工人或参与工潮、暴动或民变人员造成的损失和费用。
（2）罢工、被迫停工、工潮、暴动或民变造成的损失和费用。
（3）任何恐怖主义者或任何人出于政治目的采取的行动所造成的损失和费用。

罢工险除外责任也与ICC(A)险中的"一般除外责任"及"不适航、不适货除外责任"大致相同。

6. 恶意损害险

恶意损害险所承保的是被保险人以外的其他人（如船长、船员等）的故意破坏行动致使被保险货物的灭失或损害。这种风险仅在ICC(A)险中被列为承保风险的范畴，而在ICC(B)险和ICC(C)险中均列为"除外责任"。因此，如被保险人需要对此风险取得保险保障，在其投保ICC(B)险或ICC(C)险时，就需另行加保"恶意损害险"。

6.4.3 协会海运货物保险的保险期限

保险期限是指保险人承担保险责任的起讫期限，也就是保险的有效期。英国伦敦保险协会海运货物保险条款和海运货物战争险条款对保险期限的规定，同上述我国海运货物保险与海运货物战争险条款对保险期限的规定大体相同。

6.5 其他运输方式的货物保险

在国际贸易中，买卖的货物，不仅在海洋运输时需要办理保险，在路上运输、航空运输和邮政运输时也需要办理保险。这些运输方式下的货物保险业务都源于海上运输保险，从保险的基本原则到条款的制定，都与海上运输保险基本相似。

6.5.1 陆运货物保险

1. 陆运风险与损失

货物在陆运过程中，可能遭受各种自然灾害和意外事故。常见的风险有：车辆碰撞、倾覆和出轨，路基坍塌、桥梁折断和道路损坏，以及火灾和爆炸等意外事故；雷电、洪水、地震、火山爆发、暴风雨以及霜雪冰雹等自然灾害；战争、罢工、偷窃、货物残损、短少、渗漏等外来原因所造成的风险。这些风险会使运输途中的货物造成损失。货主为了转嫁风险损失，就需要办理陆运货物保险。

2. 陆运货物保险的险别

根据中国人民保险公司制定的《陆上运输货物保险条款》的规定，陆运货物保险的基本险别有陆运险（Overland Transportation Risks）和陆运一切险（Overland Transportation All

Risks)两种。此外,还有陆上运输冷藏货物险,它也具有基本险的性质。

陆运险的承保责任范围同海运水渍险相似。陆运一切险的承保责任范围同海运一切险相似。上述责任范围均适用于铁路和公路运输,并以此为限。陆运险与陆运一切险的责任起讫,也采用"仓至仓"责任条款。

陆运货物在投保上述基本险之一的基础上可以加保附加险。如投保陆运险,则可酌情加保一般附加险和战争险等特殊附加险。

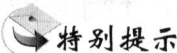

> 陆运货物在加保战争险的前提下,再加保罢工险,不另收保险费。陆运货物战争险的责任起讫,是以货物置于运输工具时为限。

6.5.2 空运货物保险

1. 空运风险与损失

货物在空运过程中,有可能因自然灾害、意外事故和各种外来风险而导致货物全部或部分损失。常见的风险有:雷电、火灾、爆炸、飞机遭受碰撞、倾覆、坠落、失踪、战争破坏以及被保险物由于飞机遇到恶劣气候或其他危难事故而被抛弃等。为了转嫁上述风险,空运货物一般都需要办理保险,以便当货物遭到承保范围内的风险损失时,可以从保险公司获得赔偿。

2. 空运货物保险的险别

空运货物保险的基本险别有航空运输险(Air Transportation Risks)和航空运输一切险(Air Transportation All Risks)。这两种基本险都可单独投保,在投保其中之一的基础上,经投保人与保险公司协商可以加保战争险等附加险,加保时须另付保险费。在加保战争险前提下,再加保罢工险,则不另收保险费。

航空运输险和航空运输一切险的责任起讫也采用"仓至仓"条款。航空运输货物战争险的责任期限,是自货物装上飞机时开始至卸离保险单所载明的目的地的飞机时为止。

6.5.3 邮包运输保险

1. 邮包运输风险与损失

邮包运输通常须经海、陆、空辗转运送,实际上属于"门到门"运输,在长途运送过程中遭受自然灾害、意外事故以及各种外来风险的可能性较大。寄件人为了转嫁邮包在运送当中的风险损失,须办理邮包运输保险,以便在发生损失时能从保险公司得到承保范围内的经济补偿。

2. 邮包运输保险的险别

根据中国人民保险公司制定的《邮政包裹保险条款》的规定,有邮包险(Parcel Post Risks)和邮包一切险(Parcel Post All Risks)两种基本险,其责任起讫是,自被保险邮包离开保险单所载起运地点如寄件人的处所运往邮局时开始生效，直至被保险邮包运达保险单所载明的目的地邮局发出通知书给收件人当日午夜为止，但在此期限内，邮包一经递交至收件人处所，保险责任即告终止。

在投保邮包运输基本险之一的基础上，经投保人与保险公司协商可以加保邮包战争险等附加险。加保时，也须另加保险费。在加保战争险的基础上，如加保罢工险，则不另收费。邮包战争险承保责任的起讫，是自被保险邮包经邮政机构收讫后自储存处所开始运送时生效，直至该项邮包运达保险单所载明的目的地邮政机构送交收件人为止。

6.6 保险金额与保险费的计算

进出口货物自装运至目的地时，卖方或买方以运输途中的货物为标的，向保险公司投保货物运输险。在办理保险时，需选择适当的险别，确定保险金额，缴纳保险费，并办理有关业务手续。

6.6.1 投保险别的选择

保险人承担的保险责任，是以保险险别为依据的。在不同险别情况下，保险人承担的责任范围不同，被保险货物在遭受风险损失时可能获得的补偿不同，保险费率也不同。所以，投保人应选择适当的险别，以保证货物，获得充分的经济保障，并节省保险费用开支。

选择什么险别，应视保险货物在运输途中可能遭遇的风险而定。一般要考虑下列因素。

（1）货物的性质和特点。不同种类的货物在运输途中遭遇意外事故时，所遭受的损坏和灭失的程度是不相同的。需根据货物的不同特点选择合适的险别。

例如，容易吸潮的货物如茶叶、烟草等应注意是否投保受潮受热险，容易生锈的货物金属制品等应注意是否投保锈损险。

（2）货物的包装。货物的运输包装种类不一样，对货物的保护程度也不同。例如，集装箱对保护货物的作用要比其他运输包装好。因此，也应根据不同的运输包装，考虑选择不同的险别。

（3）运输路线及港口情况。海运中载货船只的航线路线和港口情况，对货物损失的影响程度有很大不同。某些航线途经热带气候，如载货船通风不良就会增加货损；某些航线要途经正在发生战争的海域，则货物遭受意外损失的可能性增大。同时，世界各地港口在设备、装卸能力以及安全等方面也有很大的差异，这些因素都要在选择险别时加以考虑。

（4）采用不同贸易术语。采用不同贸易术语成交的方式下，买卖双方投保的权利和义务也不一样，双方有可能会在险别的选择上发生争议。

例如：在采用 CIF 术语成交时，卖方负责办理投保，但不承担货物在运输途中的风险，卖方为了节省保险费的支出，总希望选择保险责任较小的险别；而买方为了获得更大的保险保障，则希望选择保险责任较大的险别。因此，买卖双方在订立贸易合同时，应充分协商投保什么样的险别。

6.6.2 保险金额的确定

1. 保险金额

保险金额是被保险人对保险标的实际投保的金额,是保险人承担保险责任的标准和计收保险费的基础。在保险货物发生保险责任范围内的损失时,保险金额就是保险人赔偿的最高限额。因此,投保人在投保运输货物保险时,一般应向保险人申报保险金额。

国际贸易货物运输保险的保险金额,一般以发票价值为基础确定。在出口贸易中,凡是按 CIF 或 CIP 条件达成的合同一般均规定保险金额为发票金额的 110%,即在发票金额基础上增加 10%(实际业务中称作"加一成")计算,增加的比例(如 10%)称为保险加成率,是用以在出现风险后弥补买方的经营管理费用和预期利润。当然,保险人与被保险人可以根据不同的货物、不同地区进口价格与当地市场之间的不同差价、不同的经营费用和预期利润水平,约定不同的加成率。但是过高的加成率,有时会造成保险人的误解,而拒绝承保或大幅度增加保险费,结果是不利的。

> **特别提示**
>
> 保险加成比例的惯例——根据《跟单信用证统一惯例》和《2010 年国际贸易术语解释通则》的规定:"除非信用证另有规定,保险单据必须表明最低投保金额应为货物的 CIF 或 CIP 价格的总值加成 10%",即投保最低的金额应为发票的 CIF 或 CIP 加成 10%(一成)。

2. 保险金额的计算

1)出口货物保险金额的计算

$$保险金额 = CIF(或 CIP)价 \times (1 + 投保加成率)$$

> **特别提示**
>
> 以 CIF(或 CIP)发票金额为计算保险金额的基础,表明不仅货物本身而且包括运费和保险费都作为保险标的而投保,在发生损失时应该获得补偿。因此,对其他贸易术语合同下的货物进行投保,需先转换成 CIF(或 CIP),再加成计算保险金额。

2)进口货物保险金额计算

我国进口货物的保险金额,原则上虽也按进口货物的 CIF(或 CIP)计算,但在目前,我国进口合同较多采用 FOB(或 FCA)条件,为简化手续,方便计算,一些外贸企业与保险公司签订预约合同保险,共同议定平均运费率和平均保险费率,其计算公式如下

$$保险金额 = [FOB(或 FCA)价 \times (1 + 平均运费率)] / (1 - 平均保险费率)$$

6.6.3 保险费的计算

被保险人投保时须向保险公司交纳一定金额的保险费,双方的契约关系才能成立。被保险人交纳保险费是保险合同生效的重要条件,保险公司只有在收到保险费后才承担相应的保险责任。保险公司收取保险费,无论进口还是出口,都是根据保险费率表按保险金额计算

的，保险费率是保险公司根据一定时期货物的赔付率情况而确定的。因此，不同的货物、不同的险别、不同的目的地，保险费也是不同的。

$$保险费＝保险金额×保险费率$$

如按 CIF 或 CIP 加成投保，保险费的公式计算如下

$$保险费＝CIF(或 CIP)×(1＋投保加成率)×保险费率$$

知识链接

关于保险费率

中国人民保险公司出口货物保险费率分为"一般货物费率表"和"指明货物加费费率表"。前者适用于一般货物投保基本险别；后者是针对某些易损货物加收的一种附加费率，由于这些货物在运输途中极易因为外来风险引起短少、破碎和腐烂等，损失率较高，所以将它们单独列出，并称为"指明货物"。

我国进口货物保险也有两种费率表，即"特约费率表"和"进口货物保险费率表"两种。前者仅适用于与中国人民保险公司签订有预约保险合同的各经营进出口的公司，它不分国别和地区，对某一大类商品只订一个费率，有时也不分货物和险别，实际上是一种优惠的平均费率。后者适应于未与中国人民保险公司签订预约保险合同的其他单位，分一般货物费率和特价费率两项。一般货物费率按不同的运输方式，分地区、分险别制定，但不分商品，除特价费率表中列出的商品外，适用于其他一切货物。而特价费率则是对一些指定的商品投保一切险时采用的。

6.7　保险索赔与理赔

保险索赔是指当被保险人货物遭受承担责任范围内的风险损失时，被保险人向保险人提出的赔偿要求；理赔是指保险人对索赔的处理。保险理赔与索赔，是一个问题的两个方面。因此做好索赔与理赔工作，避免在索赔与理赔中出现失误显得非常重要。

6.7.1　保险索赔

在国际货物买卖业务中，如由卖方办理投保，卖方在交货后便将保险单背书转让给买方或其收货代理人，当货物运抵目的地发现残损时，买方或其代理人作为保险单的合法受让人，应就地向保险人或其代理人要求赔偿。中国人民保险公司为便利我国出口货物运抵国外目的地后及时检验损失，就地给予赔偿，已经在 100 多个国家建立了检验或理赔代理机构。至于我国进口货物的检验索赔，则由相关的进口单位或其委托的收货代理人在港口或其他收货地点，向当地人民保险公司要求赔偿。

被保险人或其代理人向保险人索赔时，应做好以下几项工作。

(1) 损失通知和货损检验。当被保险人获悉或发现货物已经遭受保险责任范围内的损失，应及时通知保险公司，并尽可能保留现场。由保险人会同有关方面进行检验，察看损失程度，调查损失原因，确定损失性质和损失责任，采用必要的施救措施，并签发联合检验报告。

(2) 保留向第三方责任方的索赔权。当被保险货物抵目的地，被保险人或其代理人提货时，如发现货物有明显的受损痕迹、整件短少或散装货物已经残损，应立即向理货部门索取残损或短量证明。如货损涉及第三者(如承运人等)责任，则首先应向有关责任方提出索赔或

声明保留索赔权。在保留向第三方责任方索赔权的条件下,可向保险公司索赔。被保险人在获得保险补偿的同时,须将受损货物的有关权益转让给保险公司,以便保险公司取代被保险人的地位或以被保险人的名义向第三方责任人进行追偿。这就是保险业所谓的权益转让,保险人的这种权利,称为代位追偿权(The Right of Subrogation)。

(3) 采取合理的施救措施。被保险货物受损后,被保险人和保险人都有责任采取可能的、合理的施救措施,以防止损失扩大。因抢救、阻止或减少货物损失而支付法人的合理费用,保险公司负责补偿。按照有关法律和保险条款规定,被保险人有义务对受损货物进行施救。被保险人能够施救而不履行施救义务,保险人对于扩大的损失甚至全部损失有权拒赔。

(4) 备妥索赔证明,在规定时效内提出索赔。保险索赔时,通常应提供下列证据:①保险单或保险凭证正本;②运输单据(即海运提单或铁路运单、航空运单等);③商业发票和重量单、装箱单;④检验报告;⑤残损、短量证明;⑥涉及承运人等第三方责任,需提供向责任方请求赔偿的函电及其他必要的单证或文件;⑦必要时还需提供海事报告;⑧索赔清单,主要列明索赔金额及其计算依据,以及有关费用项目和用途等。

(5) 保险索赔时效。根据国际保险业的惯例,保险索赔的期限为货物在最后卸货地卸离运输工具时起算,最多不超过2年。被保险人应在索赔时效内提出索赔或诉讼。

6.7.2 保险理赔

保险理赔是指保险人受理投保人提出的索赔要求,并对保险索赔进行处理的整个过程。保险人在收到被保险人的提赔通知后,不是立即按被保险人提供的索赔清单给予索赔,而是要对以下几个方面予以审定:①提赔的被保险人是否具有可保利益;②损失是否是由保险人承保责任范围内的风险引起的直接损失;③货损的确定;④赔款的计算;⑤代位追偿。

处理理赔工作是一项政策性、法律性和技术性都很强的功能工作。在实践中,要本着实事求是的精神,尽可能通过友好协商的办法解决。在保险业务中,为了防止被保险人双重获益,保险公司在履行全部损失赔偿或部分损失赔偿后,在其赔付金额内,应要求被保险人转让其对造成损失的第三方责任方要求赔偿的权利,即代位追偿权。其具体做法是,被保险人在获得赔偿的同时签署一份权益转让书,作为保险人取得代位追偿权的证明,保险人可凭此向第三方进行追偿。

小 结

(1) 国际货物运输保险把国际贸易运输过程中的各种货物作为保险标的的财产保险,根据运输方式的不同,国际货物运输保险主要分为4类:海洋运输货物保险、陆上运输货物保险、航空运输货物保险、邮包运输货物保险等。由于海洋运输在国际货物运输方式中的重要地位以及在海洋运输过程中发生风险和损失的可能性较大,因此,海洋运输货物保险是国际货物保险中的重点内容。

(2) 我国进出口商品的货物运输保险一般按"中国保险条款(CIC)"办理,根据需要也可以酌情按照伦敦保险业协会制定的《协会货物条款》办理,国际货物运输保险的承保险别多,选择余地大,不同险别承保的风险责任范围不同,相应的保险费也不同。

(3) 买卖双方应根据货物特性、货物的包装、运输航线情况等综合考虑,合理选择保险险别,做到既使货物得到充分的保障,又节约成本与费用。

(4) 国际货物运输保险金额及保险费的计算,主要取决于所选用的贸易术语。在CIF或CIP贸易条件下,保险条款中包括保险金额、保险险别、保险费的负担等问题的规定。

思考与练习题

一、单项选择题

1. 出口到美国的木材，如在运输中发生风险，下列情况中（　　）会导致实际全损。
   A. 船只失踪 3 个月　　　　　　B. 船只遇难沉没，货物沉入海底
   C. 船只触礁　　　　　　　　　D. 船只在避难港避难
2. 按我国海运货物保险条款的规定，投保一切险后还可以加保（　　）。
   A. 偷窃、提货不着险　　　　　B. 卖方利益险
   C. 战争、罢工险　　　　　　　D. 淡水雨淋险
3. 按照国际保险市场的惯例，投保时的保险加成率一般为（　　）。
   A. 2%　　　　　B. 5%　　　　　C. 10%　　　　　D. 不确定
4. 下列不在一切险承保范围内的险别是（　　）。
   A. 偷窃、提货不着险　　　　　B. 渗漏险
   C. 交货不到险　　　　　　　　D. 碰损险
5. 某货轮在航运途中，A 货舱失火，船长误以为 B 舱也失火，命令对两舱同时施救。A 舱共两批货，甲批货物全部焚毁，乙批货物为棉织被单全部遭水浸；B 舱货物全部也遭水浸泡，则（　　）。
   A. A 舱乙批货物与 B 舱货物都属于单独海损
   B. A 舱乙批货物与 B 舱货物都属于共同海损
   C. A 舱乙批货物属于共同海损，B 舱货物属于单独海损
   D. A 舱乙批货物属于单独海损，B 舱货物属于共同海损
6. 按保险人承保责任范围大小排列，下列三种险别的顺序为（　　）。
   A. 平安险、一切险、水渍险　　B. 一切险、水渍险、平安险
   C. 水渍险、平安险、一切险　　D. 一切险、平安险、水渍险
7. 水泥受海水浸泡后结块，丧失原来的使用价值，属于（　　）。
   A. 实际全损　　B. 推定全损　　C. 共同海损　　D. 单独海损
8. ICC(B)险相当于（　　）。
   A. 平安险　　　B. 一切险　　　C. 水渍险　　　D. 战争险

二、案例分析题

1. 某轮载货后，在航行途中不慎发生搁浅，事后反复开倒车，强行起浮，但船上轮机受损并且船底划破，致使海水渗入货舱，造成货物部分损失。该船行驶至邻近的一个港口船坞修理，暂时卸下大部分货物，前后花费了 10 天时间，增加支出各项费用，包括员工工资。当船修复并装上原货启航后不久，A 舱起火，船长下令对该舱灌水灭火。A 舱原载文具用品、茶叶等，灭火后发现文具用品一部分被焚毁，另一部分文具用品和全部茶叶被水浸湿。
   试分别说明以上各项损失的性质，并指出在投保 CIC(1981.1.1 条款)何种险别的情况下，保险公司才负责赔偿。
2. 某远洋运输公司的"东风"号轮在 4 月 28 日满载货物起航，出公海后由于风浪过大

偏离航线而触礁，船底划破长 2 米的裂缝，海水不断渗入。为了船货的共同安全，船长下令抛掉一部分货物并组织人员抢修裂缝。船只修复以后继续航行。不久，又遇船舱失火，船长下令灌水灭火。在火被扑灭后发现 2 000 箱货物中一部分被火烧毁，一部分被水浸湿。在船抵达目的港后清点，发现共有以下损失：①抛入海中的 200 箱货物；②组织抢修船只而外支付的人员工资；③被火烧毁的 500 箱货物；④船只部分船体被火烧毁；⑤被水浸湿的 100 箱货物。

试问：
(1) 以上的损失各属什么性质的损失？说明原因。
(2) 投保什么险别的情况下，保险公司给予赔偿？为什么？（指 CIC 的最小险别）

3. 我国 G 公司以 CIF 价格条件引进一套英国产检测仪器，因合同金额不大，合同采用简式标准格式，保险条款一项只简单规定"保险由卖方负责"。收到货后，G 公司发现其中一个部件变形影响其正常使用。G 公司向外商反映并要求索赔，外商答复仪器出厂经严格检验，有质量合格证书，非他们责任。后经商检局检验认为是运输途中部件受到振动、挤压造成的。G 公司于是向保险代理人索赔，保险公司认为此情况属"碰损、破碎险"承保范围，但 G 公司提供的保单上只保了"协会货物条款"（C），没保"碰损、破碎险"，所以无法赔付。G 公司无奈只好重新购买此部件，既浪费了金钱，又耽误了时间。

试分析造成 G 公司损失的原因是什么？订立保险条款时应考虑哪些因素？

4. 有一份 CIF 合同，卖方甲投保了一切险，自法国内陆仓库起，直到美国纽约的买方仓库为止。合同中规定，投保金额是"按发票金额点值另加百分之十"。卖方甲在货物装船后，已凭提单、保险单、发票、品质检验证书等单证向买方银行收取了货款。后来，货物在运到纽约港前遇险而全部损失。当买方凭保险单要求保值的百分之十部分，应该属于他，但卖方保险公司的拒绝。

试问：卖方甲有无权利要求保险公发票总值 10％ 的这部分金额？为什么？

5. 我国 A 公司与美国 B 公司签订出口合同一份，贸易术语 CFR NEWYORK，A 公司按合同规定在 2003 年 5 月 20 日将货物运至码头装船，在运输过程中货船遇险翻覆，货物受损，A 公司电告 B 公司事故，由于 CFR 系买方投保，A 提出按保险惯例，承包范围为仓至仓，所以要求 B 公司向保险公司索赔，保险公司是否应做出赔偿？

三、技能实训题

将下面的保险条款翻译成中文。

The amount insured of all transactions on the basis of CIF is 110% of the invoice. The risk is decided by the stipulations in the sales contract. If the buyer, requires adding the amount insured or the covering range, the consent shall be got from the seller before the shipment and the extra premium shall be born by the buyer.

四、计算题

1. 我国出口 CIF 合同规定按发票金额的 110% 投保一切险和战争险，如出口发票金额为 15 000 美元，一切险保险费率为 0.6％，战争险保险费率为 0.03％，试计算保险金额和保险费各是多少？

2. 一批出口货物 CFR 价为 2 680 美元，现客户来电要求按 CIF 价加 20％ 投保一切险，若保险费率为 0.8％，我方应向客户补收多少保险费？

3. 我国某出口公司原来对外报价为 USD 1 890 CFR 鹿特丹,后外商来电要求改报 CIF5%鹿特丹。规定按发票金额的 120%投保一切险和战争险,一切险保险费率为 0.6%,战争险保险费率为 0.03%,试计算 CIFC5%的价格。该公司应付给保险公司多少保险费?应付多少佣金?

项目 7 国际货款的结算

**学习目标**

知识目标：掌握汇票、本票、支票的区别与联系；掌握托收的特点及风险；掌握信用证的定义、特点。

能力目标：能够应用各种支付方式；能够比较各种支付方式的优缺点，选择对自己有利的支付方式；能够灵活地将各种支付方式结合使用。

章节导读

国际贸易的目的跟国内贸易的目的是一致的，都是为了盈利，因此货款的收付问题是每一个外贸公司都关注的问题。到底怎样能够安全收回货款？哪种方式手续简便？哪种方式费用相对较低？什么样的收款方式买方能接受？

导入案例

我国某公司以CIF价格向美国出口一批货物，合同的签订日期为2010年6月2日。到6月28日由日本东京银行开来了不可撤销即期L/C，金额为400万日元，证中规定装船期为7月，偿付行为美国的花旗银行。我方中国银行收证后于7月2日通知出口公司。7月10日我方获悉国外进口商因资金问题濒临破产倒闭。在此情况下，我方应如何处理？

7.1 汇票、本票与支票

7.1.1 汇票

1. 汇票的定义

汇票(Bill of Exchange)是出票人签发的，委托付款人在见票时或者在指定日期无条件支付确定的金额给某人或其指定的人或持票人的票据。

汇票是一种无条件支付的委托，有3个基本当事人：出票人、付款人和受款人。

出票人(Drawer)：是开立票据并将其交付给他人的法人、其它组织或者个人。出票人对收款人及正当持票人承担票据在提示付款或承兑时，必须付款或者承兑的保证责任。

受票人(Drawee/Payer)：就是"付款人"，即接受支付命令的人。在托收支付方式下，付款人一般为买方或债务人；在信用证支付方式下，一般为开证行或其指定的银行。

受款人(Payee)：又叫"汇票的抬头人"，是指受领汇票所规定的金额的人。进出口业务中，一般填写出票人提交单据的银行。

知识链接

有关《中华人民共和国票据法》

我国于 1995 年 5 月 10 日通过了《中华人民共和国票据法》（简称《票据法》），并于 1996 年 1 月 1 日起施行。票据可分为汇票、本票和支票。国际贸易结算中以使用汇票为主。

我国《票据法》规定汇票上未记载付款日期的，为见票即付。见票即付的汇票，自出票日起 1 个月内向付款人提示付款；汇票上未记载付款地的，付款人的营业场所、住所或者经常居住地为付款地。汇票上未记载出票地的，出票人的营业场所、住所或者经常居住地为出票地。

2. 汇票的基本要素

(1) 标明"汇票"的字样。
(2) 无条件支付命令。
(3) 确定的金额。
(4) 付款人名称。
(5) 收款人名称。
(6) 出票日期：见票即付(At Sight)，是指持票人提示汇票的当天即为到期日，就需付款。即期汇票无须承兑。

定期付款汇票是指在汇票的表面上已明确地指明了付款日期的汇票。这种汇票，持票人须向付款人提示承兑以便明确付款责任。

远期付款(Pay...on July 4, 2011)是指在汇票的表面上已明确指明了付款日期的汇票。这种汇票，持票人须向付款人提示承兑以便明确付款责任。

延期付款汇票(Pay...after B/L)是指在提单日、交单日或其他特定日期后若干天付款的汇票。

3. 汇票的分类

汇票的分类见表 7-1。

表 7-1 汇票的分类

标准	类别	特点
按出票人分类	银行汇票(Bank's Draft)	出票人是银行，付款人也是银行
	商业汇票(Commercial Draft)	出票人是企业或个人，付款人可以是企业、个人或银行
按有无包括运输单据	光票(Clean Draft)	指不附带商业单据的汇票，银行汇票多是光票
	跟单汇票(Documentary Draft)	指附有包括运输单据在内的商业单据的汇票，跟单汇票多是商业汇票

(续)

标准	类别	特点
按付款日期分类	见票即付(At Sight 或 On Demand)	汇票上未记载付款日期,则视作见票即付
	远期汇票	包括见票日后定期付款(at a determinable date after sight)、出票日后定期付款(at a determinable date after the date of drawing a draft)、定日付款(at a fixed day)3 种

注:付款日期有 4 种记载方式。

4. 票据行为

票据行为是《票据法》规范的汇票使用过程中的各种行为。主要有出票、提示、承兑和付款。如需转让,通常应经过背书行为。如汇票遭拒付,还需做成拒绝证书以便行使追索权。

(1) 出票(Issue),是指出票人签发汇票并交付给收款人的行为。出票后,出票人即承担保证汇票得到承兑和付款的责任。如汇票遭到拒付,出票人应接受持票人的追索,清偿汇票金额、利息和有关费用。

(2) 提示(Presentation),提示是持票人将汇票提交付款人要求承兑或付款的行为,是持票人要求取得票据权利的必要程序。提示又分为付款提示和承兑提示。

(3) 承兑(Acceptance),承兑是指汇票付款人承诺在汇票到期日支付汇票金额的票据行为。具体做法是付款人在汇票正面写明"承兑(Accepted)"字样,注明承兑日期,于签章后交还持票人。付款人一旦对汇票作承兑,即成为承兑人并以主债务人的地位承担汇票到期时付款的法律责任。

特别提示

付款人对向其提示承兑的汇票,应当自收到提示承兑的汇票之日起 3 日内承兑或者拒绝承兑。付款人承兑汇票不得附有条件,承兑附有条件的视为拒绝承兑。

(4) 付款(Payment),付款人在汇票到期日,向提示汇票的合法持票人足额付款。持票人将汇票注销后交给付款人作为收款证明。汇票所代表的债务债权关系即告终止。

(5) 拒付和追索(Dishonour & Recourse),持票人向付款人提示,付款人拒绝付款或拒绝承兑,均称拒付。另外,付款人逃匿、死亡或宣告破产,以致持票人无法实现提示,也称拒付。出现拒付,持票人有权向其前手(背书人、出票人)行使追索权,即要求偿付汇票金额、利息和其他费用的权利。在追索前必须按规定做成拒绝证书和发出拒付通知。拒绝证书用以证明持票人已进行提示而未获结果,由付款地公证机构出具,也可由付款人自行出具退票理由书或有关的司法文书。拒付通知,用以通知前手关于拒付的事实,使其准备偿付并进行再追索。

(6) 背书(Endorsement),票据包括汇票是可流通转让的证券。我国《票据法》规定,除非出票人在汇票上记载"不得转让",汇票的收款人可以以记名背书的方式转让汇票权利。即在汇票背面签上自己的名字,并记载被背书人的名称,然后把汇票交给被背书人即受让人,受让人成为持票人,是票据的债权人。受让人有权以背书方式再行转让汇票。

特别提示

在汇票经过不止一次转让时,背书必须连续,即被背书人和背书人名字前后一致。对于受让人来说,所有以前的背书人和出票人都是他的前手(Prior Parties),对于背书人来说,所有他转让以后的受让人都是他的"后手",前手对后手承担承兑和付款的责任。

(7) 贴现(Discount),远期汇票经承兑后,尚未到期,持票人背书后,由银行或贴现公司作为受让人,从票面金额中扣减按贴现率结算的贴息后,将余款付给持票人。贴现后余额的计算公式是:贴现后余额=票面金额-(票面金额×贴现率×日数/360)-有关费用。

7.1.2 本票

1. 本票的定义

本票(Promissory Notes)是一个人向另一个人签发的,保证即期、定期或在可以确定的将来的时间,对某人或其指定人或持票人支付一定金额的无条件的书面承诺。

2. 本票的特征

(1) 自付票据,本票是由出票人本人对持票人付款。
(2) 基本当事人少,本票的基本当事人只有出票人和收款人两个。
(3) 无须承兑。由于本票是由出票人本人承担付款责任,无须委托他人付款,所以,本票无须承兑就能保证付款。

3. 本票的基本要素

(1) 表明"本票"的字样。
(2) 无条件支付的承诺。
(3) 确定的金额。
(4) 收款人名称。
(5) 出票日期。
(6) 出票人签章。

特别提示

本票必须记载收款人名称,否则本票无效。我国不存在无记名本票和指示本票,只有记名本票。

4. 本票的分类

1) 一般本票

一般本票(Promissory Note),出票人为企业或个人,票据可以是即期本票,也可是远期本票。

2) 银行本票

银行本票(Cashier's Order),出票人是银行,只能是即期本票。

> **特别提示**
>
> 我国票据法所指的本票是指银行本票，不包括商业本票，更不包括个人本票。

5. 本票的使用流程

(1) 提示付款：本票的出票人在持票人提示本票时，必须承担付款的责任与提示付款相关的权利。第一次向出票人提示本票是行使第一次请求权，它是向本票的其他债务人行使追索的必经程序，没有按期提示的本票，持票人就不能向其前手追索。

(2) 付款期限最长不超过两个月。

> **特别提示**
>
> 本票自出票之日起，付款期限最长不超过两个月。本票的持票人未按照规定期限提示见票的，丧失对出票人以外前手的追索权。因此，我国的本票均为见票即付的本票，不承认远期本票的效力。

7.1.3 支票

1. 支票的定义

支票(Check)由是出票人签发，委托办理支票存款业务的银行或者其他金融机构在见票时无条件支付确定的金额给收款人或持票人的票据。

2. 支票的基本要素

(1) "支票"字样。

(2) 无条件支付命令。

(3) 出票日期及出票地点(未载明出票地点者，出票人名字旁的地点视为出票地)。

(4) 出票人签字。

(5) 付款银行名称及地址(未载明付款地点者，付款银行所在地视为付款地点)。

(6) 付款人。

(7) 确定的付款金额。

3. 支票的分类

(1) 记名支票(Check Payable to Order)是在支票的收款人一栏，写明收款人姓名，如"限付某甲"(Pay to...Only)或"指定人"(Pay to Order of...)，取款时须由收款人签章，方可支取。

(2) 不记名支票(Check Payable to Bearer)又称为空白支票，支票上不记载收款人姓名，只写"付来人"(Pay to Bearer)。取款时持票人无须在支票背面签章，即可支取。此项支票仅凭交付就可转让。

(3) 划线支票(Crossed Check)是在支票正面划两道平行线的支票。又称为转账支票，不能支取现金，银行会将票款打入指定的账户。使用划线支票的目的是为了在支票遗失或被人冒领时，还有可能通过银行代收的线索追回票款。

(4) 保付支票（Certified Check）是指为了避免出票人开出空头支票，保证支票提示时付款，支票的收款人或持票人可要求银行对支票"保付"。保付是由付款银行在支票上加盖"保付"戳记，以表明在支票提示时一定付款。

> **特别提示**
>
> 支票一经保付，付款责任即由银行承担。出票人、背书人都可免于追索。付款银行对支票保付后，即将票款从出票人的账户转入一个专门账户，以备付款，所以保付支票提示时不会被退票。

(5) 银行支票（Banker's Check）是由银行签发，并由银行付款的支票，也是银行即期汇票。银行代顾客办理票汇汇款时，可以开立银行支票。

> **特别提示**
>
> 支票有效期为十天，从签发支票的当日起，到期日遇法定假期顺延。支票签发的日期、大小写金额和收款人名称不得涂改。支票不能折叠。

7.1.4 汇票、本票与支票的区别

汇票、本票、支票是国际结算中使用最多的 3 种基本票据，有必要掌握它们各自的特点，在国际结算业务中选择使用。它们之间的区别往往也是国际商务单证员考试的重要考点，见表 7-2。

表 7-2 3 种基本票据的不同点

票据名称	类别	性质	当事人	付款时间
汇票		无条件的书面支付命令	出票人/付款人/受款人	分远期/即期，远期需承兑
本票		无条件的书面支付承诺	出票人/受款人	分远期/即期，远期不承兑
支票		无条件的书面支付命令	出票人/付款人/受款人	只有即期，没有远期

7.2 汇付与托收

7.2.1 汇付

1. 汇付的定义

汇付，又称为汇款，是付款人通过银行，使用各种结算工具将货款汇交收款人的一种结算方式。汇款属于商业信用，其资金与票据同向流动，故属于顺汇。汇付的优点在于手续简便、费用低廉。

汇付的基本当事人有以下几个。

(1) 汇款人(Remitter)即付款人,在国际贸易结算中通常是进口人、买卖合同的买方或其他经贸往来中的债务人。

(2) 收款人(Payee)通常是出口人、买卖合同中的卖方或其他经贸往来中的债权人。

(3) 汇出行(Remitting Bank)是接受汇款人的委托或申请,汇出款项的银行,通常是进口人所在地的银行。

(4) 汇入行(Receiving Bank)又称为解付行(Paying Bank),是接受汇出行的委托解付款项的银行,汇入行通常是汇出行在收款人所在地的代理行。

2. 汇付的分类

汇付的分类见表7-3。

表7-3 汇付分类表

分类	汇款方式	优点
电汇(Telegraphic Transfer,T/T)	是汇出行应汇款人的申请,拍发加密电报或电传给另一国家的分行或代理行(即汇入行)并解付一定金额给收款人的一种汇款方式	速度快,收款人可以迅速收到货款,但其费用较高。随着现代通信技术的发展,银行与银行之间使用电传直接通信,快速准确
信汇(Mail Transfer,M/T)	是汇出行应汇款人的申请,用航空信函的形式,指示汇入行解付一定金额的款项给收款人的汇款方式	费用较低廉,但速度慢
票汇(Remittance by Banker's Demand Draft,简称D/D)	是汇出行应汇款人的申请,代汇款人开立的以其分行或代理行为解付行的银行即期汇票,支付一定金额给收款人的汇款方式	可以转让收款权等

特别提示

在票汇方式下,通过背书转让汇票可以转让收款权,但电汇、信汇的收款权不能转让。票汇的汇入行无须通知收款人取款,而由收款人持票登门取款。

3. 汇付的流程

汇付的流程如图7.1所示。

你能根据票汇的流程画出电汇、信汇的流程吗?

4. 汇付的注意事项

汇付是商业信用,风险大,资金负担不平衡。汇付一般用于货到付款或者预付货款。如果是货到付款,卖方向买方提供信用并融通资金,存在钱货两空的风险。而预付货款则是买方向卖方提供信用并融通资金。无论哪一种方式,风险和资金负担都集中在一方。

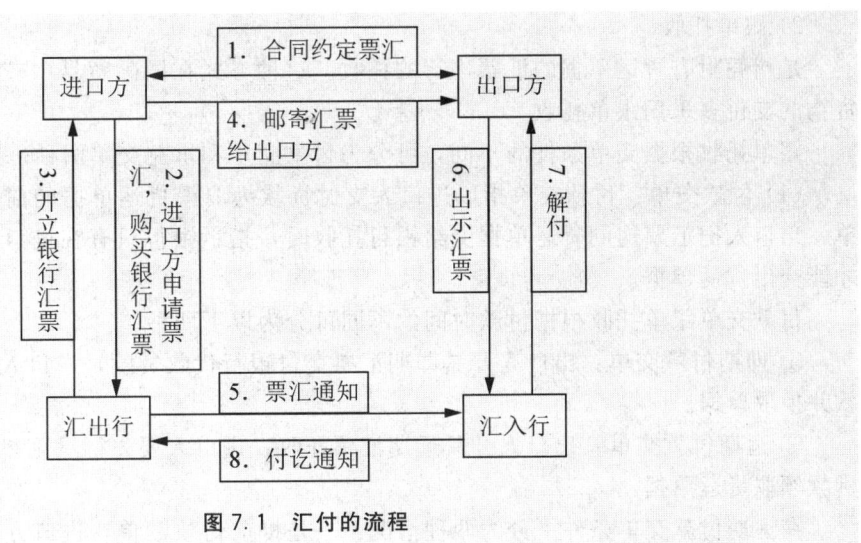

图7.1 汇付的流程

> **特别提示**
>
> 在外贸业务中,汇付一般只用来支付订金、货款尾数,佣金等项费用。

7.2.2 托收

1. 托收的定义

托收(Collecting)是出口人在货物装运后开具的以进口方为付款人的汇票(随附或不随附货运单据),委托出口地银行通过它在进口地的分行或代理行代出口人收取货款的一种结算方式。托收属于商业信用,其资金与单据逆方向流动,故属于逆汇。

托收的基本当事人如下。

(1) 委托人(Principal):开出汇票(或不开汇票)委托银行向国外付款人收款的出票人(Drawer),通常是卖方。

(2) 托收银行(Remitting Bank):是接受委托人的委托转托国外银行向国外付款人代为收款的银行,通常为出口地银行。

(3) 代收银行(Collecting Bank):是托收行的代理人,是接受托收行的委托代向付款人收款的银行,通常为进口地银行。

(4) 提示行(Presenting Bank):指向付款人提示汇票和/或单据并收取款项的银行。在一般情况下,提示行就是与托收行有代理关系的代收行。

(5) 付款人(Drawee):通常就是买卖合同的买方,是汇票的受票人。

2. 托收的分类

根据托收时是否向银行提交货运单据,托收分为光票托收和跟单托收两种。

1) 光票托收

托收时如果汇票不附任何货运单据,而只附有"非货运单据"(发票、垫付清单等),称为光票托收。这种结算方式多用于贸易的从属费用、货款尾数、佣金、样品费的结算和非贸易结算等。

2）跟单托收

是指凭附有货运单据的汇票进行的托收。这种方式在国际贸易中较为普遍，尤其是大宗货物的支付多采用跟单托收。

跟单托收根据交单条件的不同，可分为付款交单和承兑交单两种。

（1）付款交单：付款交单指以进口人支付货款为取得货运单据的前提条件，先付款后交单。出口人把汇票连同货运单据交给银行托收时，指示银行只有在进口人付清货款的条件下才能交出货运单据。

付款交单跟单托收根据付款时间的不同可分为以下两种。

① 即期付款交单：出口人开具即期汇票交付银行代收货款，进口人见票后须立即支付货款并换取单据。

② 远期付款交单：出口人开具远期汇票托收，进口人要先行承兑，汇票到期日才能付清货款领取货运单据。

在远期付款交单条件下分为两种情况：一是提前付款赎单，进口方在汇票到期之前提前付款；二是凭信托收据借单，信托收据（Trust Receipt）就是进口方借单时提供的一种书面信用担保文件，用来表示愿意以代收行的受托人身份代为提货、报关、存仓、保险、出售并承认货物所有权仍属于银行，货物售出后所得的货款，应于汇票到期时交银行。

【例7-1】 出口方委托银行以远期付款交单方式向进口方代收货款。货到目的地后，进口方凭信托收据向代收行借取了全套货运单据先行提货销售，但因经营不善而亏损，无法向银行支付货款。至此，出口方应向何方追偿？

特别提示

凭信托收据借单的，谁答应借单的，谁负担责任。

（2）承兑交单：承兑交单是指进口人以承兑出口人开具的远期汇票为取得货运单据的前提。这种托收方式只适用于远期汇票的托收，与付款交单相比，承兑人交单为进口人提供了资金融通上的方便，出口方的风险很大，可能出现钱货两空。

3. 托收的流程

即期付款交单的流程如图7.2所示。

小思考

你能根据即期付款交单的流程图，画出远期付款交单的流程图吗？

4. 托收的风险及其防范

托收属于商业信用，银行只是充当中介的作用，不承担任何责任，银行不负责单据的审核，也不承担收取货款的责任，进口人不付款与银行无关，也不负责货物的保管。

风险的防范方法如下。

（1）事先详细调查进口方的资信，一般只在进口方资信较好时才使用托收方式结算。出口商应根据对方资信状况确定一个授信额度，将托收金额控制在该额度内。为此，可要求进口买方支付定金，如委托外商资信较好，可要求其出具担保书。

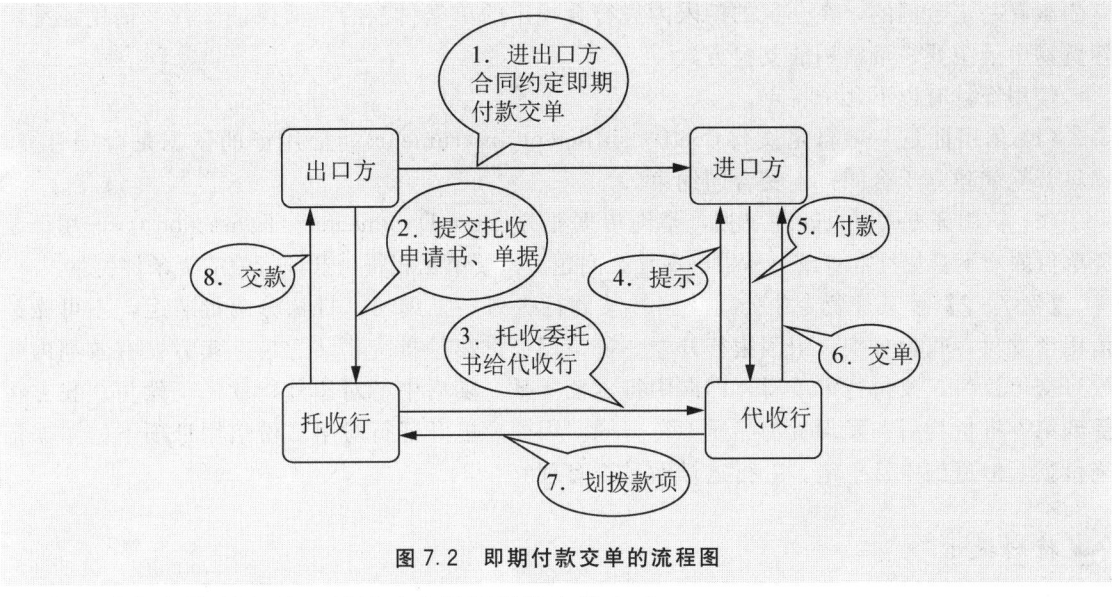

图 7.2 即期付款交单的流程图

（2）掌握好交单条件。尽量采取即期付款交单方式。

（3）选择好价格条款。最适合采取跟单托收的价格术语是 CIF、CFR，以保证掌握安排运输和控制货权单据的主动权。

（4）注意选择代收行。尽量选择托收行的联行，如付款地没有联行，应当委托关系密切、资信较好的银行。

（5）了解进口国的有关贸易法令、外汇管理等规定，是否存在收款法律障碍。

（6）注意办理保险。争取以 CIF 价格条件成交，办理好货物运输保险，万一货物途中出险，可以取得保险赔偿，也可考虑投保出口信用保险。

（7）事先找好收货代理人。在跟单托收中，如发生拒付，出口商可指定目的港的代理人办理存仓、保险、转售或运回等事宜。代理人可以是关系较好的客户，也可以是代收行，代理人名称和权限须在托收委托书中列明。

特别提示

票据如在邮寄过程中丢失，托收银行依据国际惯例不负任何责任。托收过程中所产生的费用，均由委托人承担。

7.3 信用证的概念及使用流程

在国际贸易活动，买卖双方可能互不信任，买方担心预付款后，卖方不发货；卖方也担心发货后买方不付款。因此需要银行作为买卖双方的保证人，代为收款交单，以银行信用代替商业信用，因此产生了信用证。

1. 什么是信用证

信用证（Letter of Credit，L/C），是指开证银行应申请人的要求并按其指示向第三方开立的载有一定金额的,在一定的期限内凭符合规定的单据付款的书面保证文件。信用证是国际贸易中最主要、最常用的支付方式。

信用证具有以下几个特点。

(1) 信用证是一项自足文件(Self-sufficient Instrument)。信用证的依据是合同开立,一旦开立就独立于合同,不受合同约束。

(2) 信用证方式下只处理单据,是纯单据业务(Pure Documentary Transaction)。信用证是凭单付款,不管货物本身或交易中出现什么问题。只要单据相符,开证行就应无条件付款。

【例7-2】 某外贸专业公司从国外某商行进口一批钢材,货物分两批装运,不可撤销信用证支付,每批分别由中国银行开立一份信用证。第一批货物装运后,卖方在有效期内向银行交单议付,议付行审单后,即向中行索偿货款,随后中行对国外货款做了偿付。我方在受到第一批货物后,发现货物品质不符合同,因而要求开证行对第二份信用证项下的单据拒绝付款,但遭到中行拒绝。中行这样做是否有理?

特别提示

信用证只处理单据,只要卖方交来的单证是"单证一致和单单一致",开证行就要付款,不管货物质量问题,也不管是否符合合同的规定。

(3) 开证银行负首要付款责任(Primary Liabilities for Payment)。信用证是一种银行信用,它是银行的一种担保文件。

2. 信用证业务的基本当事人

(1) 开证申请人(Applicant):指向银行申请开立信用证的人,在信用证中又称为开证人(Opener)。

义务:根据合同开证;向银行交付比例押金;及时付款赎单。

权利:验、退、赎单;验、退货(均以信用证为依据)。

特别提示

开证行及其代理行只对单据表面是否合格负责;开证行对单据传递中的差错不负责;对"不可抗力"不负责;开证行有权随时追加押金。

(2) 开证行(Opening/Issuing Bank):指接受开证申请人的委托开立信用证的银行,它承担保证付款的责任。

义务:正确、及时开证;承担第一付款责任。

权利:收取手续费和押金;拒绝受益人或议付行的不符单据;付款后如开证申请人无力付款赎单时可处理单、货;货款不足时可向开证申请人追索余额。

(3) 通知行(Advising/Notifying Bank):指受开证行的委托,将信用证转交出口人的银行,它只证明信用证的真实性,不承担其他义务,一般是出口商所在地银行。

义务:证明信用证的真实性;转递信用证。

(4) 受益人(Beneficiary):指信用证上所指定的有权使用该证的人,即出口商或实际供货方。

义务:审核信用证,提出修改意见;及时提交符合信用证要求的单据。

权利：被拒绝修改或修改后仍不符合合同的，有权单方面撤销合同并拒绝信用证；及时提交符合信用证要求的单据，要求开证行付款。

（5）议付银行（Negotiating Bank）：指根据信用证开证行的付款保证和受益人的请求，按信用证规定对受益人交付的跟单汇票垫款或贴现，并向信用证规定的付款行索偿的银行（又称购票行、押汇行和贴现行，一般就是通知行，有限定议付和自由议付）。

义务：严格审单；垫付或贴现跟单汇票。

权利：可议付也可不议付；议付后可处理（货运）单据；议付后有追索权，即议付后开证行倒闭或拒付的可向受益人追回垫款。

（6）付款银行（Paying/Drawee Bank）：指对符合信用证的单据向受益人付款的银行（可以是开证行也可受其委托的另家银行）。

特别提示

付款行有权付款或不付款；但一经付款无权向受益人或汇票善意持有人行使追索权。

（7）保兑行（Confirming Bank）：指受开证行委托对信用证以自己名义保证的银行。加批"保证兑付"；不可撤销的确定承诺；独立对信用证负责，凭单付款；付款后只能向开证行索偿；若开证行拒付或倒闭，无权向受益人和议付行追索。

【例 7-3】 深圳某外贸公司与日本一外贸公司进行交易，合同规定以远期信用证的方式进行付款，信用证由国外某银行开立，出口方要求中国银行进行保兑，中国银行对该信用证进行了保兑。汇票到期日，出口方收到中国银行通知得知开证行倒闭。问此种情况下，中国银行能不能推脱付款责任，出口方该如何处理？

特别提示

信用证一经保兑，保兑行与开证行一样付第一付款责任。

（8）偿付行（Reimbursement Bank）：指受开证行的委托，代开证行向议付行或付款行清偿垫款的银行（又称为清算行）。

3. 信用证使用流程

信用证使用流程如图 7.3 所示。

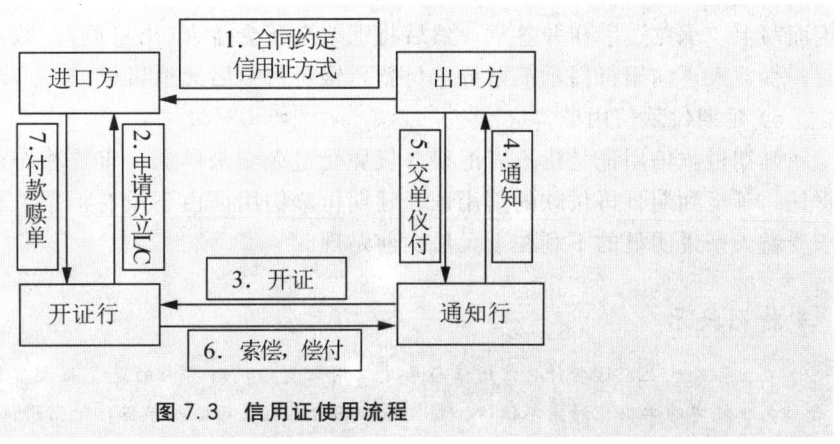

图 7.3　信用证使用流程

4. 信用证的分类

1) 可撤销与不可撤销信用证

根据开证行对所开出的信用证所负的责任来区分，信用证分为可撤销信用证和不可撤销信用证。在《跟单信用证统一惯例》（UCP600）第六条中规定，信用证应都是不可撤销的。可撤销信用证是指在开证之后，开证行无需事先征得受益人同意就有权修改其条款或者撤销的信用证。不可撤销信用证是指未经开证行、保兑行以及受益人同意，既不能修改也不能撤销的信用证。

2) 保兑与不保兑信用证

根据是否有另一家银行对之加以保兑，不可撤销信用证又可分为保兑的和不保兑的信用证两种。

（1）保兑信用证。一份信用证上除了有开证银行确定的付款保证外，还有另一家银行确定的付款保证，这样的信用证就是保兑信用证。

保兑行对信用证所负担的责任与信用证开证行所负担的责任相当。即当信用证规定的单据提交到保兑行或任何一家指定银行时在完全符合信用证规定的情况下，构成保兑行在开证行之外的确定承诺。

保兑的信用证的特点是：有开证行和保兑行双重确定的付款承诺，保兑行的确定的付款承诺。

（2）不保兑信用证。不保兑信用证是未经另一家银行加保的信用证。即便开证行要求另一家银行加保，如果该银行不愿意在信用证上加具保兑，则被通知的信用证仍然只是一份未加保的不可撤销信用证。

不保兑信用证的特点是：只有开证行一重确定的付款责任。

3) 即期付款信用证

即期付款信用证是指信用证规定受益人开立即期汇票，或不需要即期汇票仅凭单据即可向指定银行提示请求付款的信用证。

4) 承兑信用证

承兑信用证是指信用证规定开证行对于受益人开立以开证行自己为付款人或以其他银行为付款人的远期汇票，在审单无误后，应承担承兑汇票并于到期日付款责任的信用证。

具体做法是：受益人开出以开证行或指定银行为受票人的远期汇票，连同商业单据一起交到信用证指定银行。银行收到汇票和单据后，先验单，如单据符合信用证条款，则在汇票正面写上"承兑"字样并签章，然后将汇票交还受益人（出口商），收进单据。等信用证到期时，受益人再向银行提示汇票要求付款，银行付款后无追索权。

5) 延期付款信用证

延期付款信用证是指不需汇票，仅凭受益人交来单据，审核相符确定银行承担延期付款责任，延至到期日再付款的信用证。延期付款信用证由于没有汇票，也就没有银行承兑，对于受益人来说明显的不利在于无法提前贴现。

> **特别提示**
>
> 在业务处理上，延期付款信用证与承兑信用证类似，所不同的是受益人不需要出具汇票，只需将符合信用证规定的单据交到指定银行。指定银行在验单无误后收入单据，待信用证到期再行付款。

6）议付信用证

议付信用证是指议付行议付或购买受益人在信用证项下交来的汇票、单据，只要这些汇票、单据与信用证条款相符，开证行就正当付款。

信用证议付的具体操作方法是：受益人开具汇票，连同单据一起向信用证允许的银行进行议付，议付银行则在审单后扣除垫付资金的利息，将余款付给受益人。然后议付行将汇票与单据按信用证规定的方法交与开证行索偿。

> **特别提示**
>
> 议付行是票据的买入者和后手，如果因单据有问题，遭开证行拒付，其有权向受益人追索票款。这是议付行与付款行的本质区别。

议付信用证下受益人开出的汇票有即期和远期之分。

（1）即期汇票：受益人开立以开证行为付款人、以受益人（背书给议付行）或议付行为收款人的即期汇票，到信用证允许的银行进行交单议付。议付银行审单无误后立即付款，然后将汇票和单据即开证行索偿。

（2）远期汇票：则受益人开立远期汇票，到信用证允许的银行交单议付。议付行审单无误后，将汇票、单据寄交开证行承兑，开证行承兑后，寄出"承兑通知书"给议付行或将汇票退给议付行在进口地的代理行保存，等汇票到期时提示开证行付款，款项收妥后汇交出口商。

7）可转让信用证

可转让信用证是指信用证的受益人（第一受益人）可以要求信用证中特别授权的转让银行，将该信用证全部或部分转让给一个或数个受益人（第二受益人）使用的信用证。可转让信用证适用于中间贸易，可以部分转让也可以全部转让。

> **特别提示**
>
> 可转让信用证必须明确注明"可转让"（Transferable）字样，且只能转让一次，但是第二受益人可以将信用证转回给第一受益人。办理转让的银行是信用证指定的转让行，第一受益人必须通过转让行办理信用证转让业务，不能自行转让信用证给第二受益人。
>
> 根据UCP600规定，即使信用证未表明可转让，并不影响受益人根据现行法律规定，将信用证项下应得的款项让渡给他人的权利。但仅是款项的让渡，而不是信用证项下执行权力的让渡。

8）背对背信用证

背对背信用证是指一个信用证的受益人以这个信用证为保证要求另一家银行开立的以该银行为开证行，以这个受益人为申请人的一份新的信用证，也称为转开信用证。其中的原始信用证又称为主要信用证，而背对背信用证是第二信用证。主要也用于中间商的贸易活动。

背对背信用证的特点如下。

（1）背对信用证的开立并非原始信用证申请人和开证行的意旨。

（2）背对背信用证与原证则是两个独立的信用证，同时并存。

（3）背对背信用证的第二受益人不能获得原证开证行的付款保证，只能得到背对背开证行的付款保证。

（4）开立背对背信用证的银行就是该证的开证行，一经开立，该行就要承担开证行责任。

9) 对开信用证

对开信用证是以交易双方互为开证申请人和受益人、金额大致相等的信用证。对开信用证中，第一份信用证的开证申请人就是第二份信用证的受益人；反之，第二份信用证的开证申请人就是第一份信用证的受益人。第一份信用证的通知行一般就是第二份信用证的开证行。

对开信用证的特点：两份信用证分别生效。对开信用证广泛用于易货贸易、来料加工贸易、补偿贸易等。

10) 预支信用证

信用证中列有特别条款授权保兑行或其他指定银行在交单前预先垫款付给受益人的一种信用证。

预支信用证主要用于出口商资金紧张的情况，所以这种信用证的预支是凭受益人光票和按时发货交单的保证进行的，有些信用证则规定受益人要提交货物仓单作为抵押。

11) 循环信用证

循环信用证是指信用证被全部或部分使用后，其金额又恢复到原金额，可再次使用，直至达到规定的次数或规定的总金额为止。循环信用证一般用于买卖双方订立长期合同，分批交货，并且货物比较大宗单一的情况下，这样进口方可以节省开证手续费和押金。

循环信用证可分为按时间循环信用证和按金额循环两种。

(1) 按时间循环的信用证是指受益人在一定的时间内可多次支取信用证规定的金额。

(2) 按金额循环的信用证是指信用证金额议付后，仍恢复到原金额可再次使用，直至用完规定的总额为止。

在按金额循环的信用证条件下，恢复到原金额的做法不同分为三类：自动式循环，每期用完一定金额，不需等待开证行的通知，即可自动恢复到原金额；非自动循环，每期用完一定金额后，必须等待开证行通知到达，信用证才能恢复到原金额使用；半自动循环，每次用完一定金额后若干天内，开证行未提出停止循环使用的通知，自第几天起即可自动恢复至原金额。

7.4 其他结算方式与各种结算方式的运用

7.4.1 银行保函

1. 银行保函的定义及分类

指银行应经济交易中一方当事人(委托人)的要求，以自身信誉向该经济交易中的另一方担保委托人(被担保方)在交易合同中的一定债务的偿付或责任的履行时，向另一方出具的在一定支付或赔偿责任的书面承诺。

银行保函业务中涉及的主要当事人有3个：委托人(Principal)、受益人(Beneficiary)和担保人(Guarantor)。

(1) 委托人与受益人之间基于彼此签订的合同而产生的债权债务关系或其他权利义务关系。此合同是它们之间权利和义务的依据，相对于保函协议书和保函而言是主合同，他是其他两个合同产生和存在的前提。

(2)委托人与银行之间的法律关系是基于双方签订的《保函委托书》而产生的委托担保关系。《保函委托书》中应对担保债务的内容、数额、担保种类、保证金的缴存、手续费的收取、银行开立保函的条件、时间、担保期间、双方违约责任、合同的变更、解除等内容予以详细约定,以明确委托人与银行的权利义务。《保函委托书》是银行向委托人收取手续费及履行保证责任后向其追偿的凭证。因此,银行在接到委托人的担保申请后,要对委托人的资信、债务及担保的内容和经营风险进行认真的评估审查,以最大限度地降低自身风险。

(3)担保银行和受益人之间的法律关系是基于保函而产生的保证关系。保函是一种单务合同,受益人可以以此享有要求银行偿付债务的权利。在大多数情况下,保函一经开立,银行就要直接承担保证责任。

2. 银行保函的特点

(1)银行保函的保证人一般承担的是第二性的付款责任。
(2)银行保函是保证人提供的信用保证。
(3)银行保函的保证人的偿付责任限于违约情况下。

3. 银行保函的分类

银行保函在实际业务中的使用范围很广,它不仅适用于货物的买卖,而且广泛适用于其他国际经济合作的领域。

1)依保函的性质不同,可分为从属性保函和见索即付保函

(1)从属性保函,保函是基础合同的一个附属性契约,其法律效力随基础合同的存在、变化、灭失。担保人的责任是属于第二性的付款责任,只有当保函的申请人违约,并且不承担违约责任时,保证人才承担违约责任时,保证人才承担保函项下的赔偿责任。申请人是否违约,要依据合同的规定及实际履行情况来判断的。所以当从属性保函项下发生索赔时,担保人要根据基础合同的条款以及实际履行情况来确定是否予以支付。

(2)见索即付保函也称独立性保函是指对由银行出具的,书面形式表示在受益人交来符合保函条款的索赔书或保函中规定的其他条件时,承担无条件的付款责任。

> **特别提示**
>
> 见索即付的保函依据合同开立,但一经开立,便独立于合同,是自足文件,担保人对受益人的索赔要求是否支付,只依据保函本身的条款。目前应用的一般是见索即付的保函。

2)依据保函的用途不同,可分为履约保函和还款保函

(1)履约保函。在一般货物进出口交易中,履约保函又可分为进口履约保函和出口履约保函。进口履约保函,是指担保人应申请人(进口人)的申请开给受益人(出口人)的保证承诺。保函规定,如出口人按期交货后,进口人未按合同规定付款,则由担保人负责偿还。这种履约保函对出口人来说,是一种简便、及时和确定的保障。出口履约保函是指担保人应申请人(出口人)的申请开给受益人(进口人)的保证承诺。保函规定,如出口人未能按合同规定交货,担保人负责赔偿进口人的损失。这种履约保函对进口人有一定的保障。

(2)还款保函。还款保函又称为预付款保函或定金保函。是指担保人应合同一方当事人的申请,向合同另一方当事人开立的保函。保函规定,如申请人不履行其与受益人订立合同

的义务，不将受益人预付或支付的款项退还或还款给受益人时，担保人向受益人退还或支付款项。

除了上述两种保函外，还可根据其他功能和用途的不同，分为其他种类的保函，如投标保函、补偿贸易保函、来料加工保函、技术引进保函、维修保函、融资租赁保函、借款保函等。

7.4.2 备用信用证

1. 备用信用证的定义

备用信用证又称为担保信用证，是指不以清偿商品交易的价款为目的，而以贷款融资，或担保债务偿还为目的所开立的信用证；是开证银行对受益人承担一项义务的凭证。开证行保证在开证申请人未能履行其应履行的义务时，受益人只要凭备用信用证的规定向开证行开具汇票，并随附开证申请人未履行义务的声明或证明文件，即可得到开证行的偿付。

2. 备用信用证的特点

(1) 不可撤销性。除非在备用证中另有规定，或经对方当事人同意，开证人不得修改或撤销其在该备用证下之义务。

(2) 独立性。备用证下开证人义务的履行并不取决于：①开证人从申请人那里获得偿付的权利和能力；②受益人从申请人那里获得付款的权利；③开证人对任何偿付协议或基础交易的履约或违约的了解与否。

(3) 跟单性。开证人的义务要取决于单据的提示，以及对所要求单据的表面审查。

(4) 强制性。备用证在开立后即具有约束力，对开证行有强制性。

3. 备用信用证与跟单信用证的区别

(1) 备用信用证可使用于除货物买卖之外的其他多种交易。

(2) 备用信用证可能备而不用，备用信用证仅用于违约情况下，若合同顺利履行，则不用备用信用证。

(3) 在备用信用证情况下，受益人可凭其出具的汇票或证明开证人违约的证明书，向开证行索偿债款。

7.4.3 保付代理

1. 保付代理的定义

出口商以商业信用的形式出卖商品，在货物装船后立即将发票、汇票、提单等有关单据，卖断给承购应收账款的财务公司或专门组织，收进全部或部分货款，从而取得资金融通的业务。具体而言，保理业务是为以赊销方式进行销售的企业设计的一种综合性金融服务，是一种通过收购企业应收账款为企业融资并提供其他相关服务的金融业务或产品。

知识链接

关于国际保理商联合会

国际保理商联合会(Factors Chain International)简称FCI,成立于1968年,总部在荷兰阿姆斯特丹,由各国保理组织参与的民间组织,目前有59个国家的240多个会员组织,我国有22家银行加入该组织,为了规范保理业务的发展,颁布了《国际保理惯例规则》。

2. 保理业务的内容

(1) 出口(卖方)贸易融资,无追索权地买断出口商票据。

(2) 销售账务处理,收取应收账款。帮助企业进行专业的销售账户管理和应收账款催收,为企业即时提供经营管理所需的有关应收账款信息并对买方付款情况进行分析。

(3) 买方信用担保。如果企业选择了保理服务中的风险保障服务,买家的信用风险将会由银行来承担。在核准的信用额度内,保理可以为企业提供最高达100%的买家信用风险担保,帮助企业拓展国际、国内贸易业务。

3. 保付代理的分类

(1) 按保理商对客户提供的服务分为:全保理和部分保理。如果保理商对客户提供以上全部服务,即为全保理。如仅提供其中某一项或几项服务,即为部分保理。

(2) 按有无融资要求分为:融资保理(Financed Factoring)和到期保理(Maturity Factoring)。融资保理是指当出口商将代表应收账款的票据交给保理商时,保理商立即以预付款方式向出口商提供不超过应收账款80%的融资,剩余20%的应收账款待保理商向债务人(进口商)收取全部货款后,再进行清算。到期保理是指保理商在收到出口商提交的代表应收账款的销售发票等单据时并不向出口商提供融资,而是在单据到期后,向出口商支付货款。无论到时候货款是否能够收到,保理商都必须支付货款。

(3) 按有无追索权分为:有追索权保理(Recourse Factoring)和无追索权保理(None-Recourse Factoring)。有追索权的保理是指卖方将应收账款的债权转让给保理商,卖方在得到款项之后,如果买方拒绝付款或无力付款,保理商有权向卖方进行追索,要求偿还预付的货币资金。无追索权的保理则相反,是由保理商独自承担买方拒绝付款或无力付款的风险,卖方在与保理商开展了保理业务之后就等于将全部的风险转嫁给了保理商。因为风险过大,保理商一般接受无追索权的保理。

(4) 按销货合同的买方在国内或国外分为:国内保理和国际保理。国内保理是指保理商(通常是银行或银行附属机构)为国内贸易中以赊销的信用销售方式,销售货物或提供服务而设计的一项综合性金融服务;国际保理为国际贸易中以赊销的信用销售方式销售货物或提供服务而设计的一项综合性金融服务,是应用于跨国贸易中的一项集现金流管理和信用风险管理为一体的综合性金融工具。

(5) 按卖方是否告知买方保理商的参与分为:公开保理(Disclosed Factoring)和隐蔽型保理(Undisclosed Factoring)。公开保理是指卖方在债权转让的时候应立即将保理情况告知买方,并指示买方将货款直接付给保理商。隐蔽型保理则由银行和卖方单独进行保理业务,在到期后卖方出面进行款项的催讨,收回之后再交给保理商。卖方通过开展暗保理可以隐瞒自己资金状况不佳的状况。

特别提示

《中华人民共和国合同法》规定供应商在对自有应收账款转让时，须在购销合同中约定，且必须通知买方。也就意味着我国只能用公开保理。

(6) 按国际保理的运作方式分为仅涉及一方保理商的单保理方式和涉及双方保理商的双保理方式。

4. 双保付代理的流程

(1) 出口商与出口保理公司签订保理合同。

(2) 出口保理公司通过进口保理公司对进口商的商业资信进行调查和评估，确定信用额度。

(3) 出口商与进口商签订出口合同，要求以承兑交单或赊账方式支付。

(4) 出口商发货并将一式两份单据的一份寄给进口商。

(5) 出口商将另一份单据售予出口保理公司（在单据上注明应收账款转让给出口保理公司）。

(6) 出口保理公司应出口商要求按已核准应收账款金额的50%～90%垫付货款。

(7) 进口保理公司负责定期督收，如进口商无力付款，由其承担付款责任。

(8) 进口商付款。

(9) 进口保理公司把款项交给出口保理公司。

(10) 出口保理公司与出口商结汇。

7.4.4 福费廷

1. 什么是福费廷

福费廷又称为包买票据、无追索权贴现、应收账款买断，是指在大型成套设备的国际贸易中，当出口商以赊销方式卖出商品后，将经过其预先选定的贴现行或大金融公司订可的担保行担保过的本票（或经过进口商承兑、担保行担保过的汇票）卖断给贴现行或大金融公司，以提前取得现款的一种资金融通形式。

2. 福费廷的程序

(1) 签订"福费廷"协议。出口商应提前与银行联系询价，得到银行的正式答复及报价后再核算成本，与进口商谈判并签约；若出口商接受了银行的报价，便与银行正式签订福费廷协议。

(2) 签订贸易合同。合同中言明使用"福费廷"，以取得相应的票据。一种方式是出口商签发远期汇票，由进口商往来银行担保，或由其出具保函；另一种方式是由进口商开具本票，并取得进口商往来银行担保，担保行要经出口商所在地银行同意。

(3) 交单。根据福费廷协议的有关规定，出口商在发货之后应立即将全套装船单据交银行议付，议付行将远期票据寄开证行或担保行承兑后退给出口商。出口商在银行承兑的远期汇票或本票上背书并注明"无追索权"字样后，正式连同其他的单据在承诺期内交贴现行审核。

(4) 审单及付款。贴现行经审核单据无误后向出口商付款。

(5) 到期索偿。贴现银行对出口商付款后，将远期票据妥善保存，在到期日之前，将票据寄付款行索偿。付款银行按照贴现行的指示将款项汇到贴现行指定的账户。

3. 福费廷业务的作用

1) 福费廷业务对出口商的作用

(1) 有利于出口商资产负债表状况的改善。

(2) 能立即获得现金，加速其资金周转。

(3) 能转嫁出口信贷风险和汇率风险。

2) 福费廷业务对进口商的作用

(1) 可获得贸易项下延期付款的便利。

(2) 不占用进口商的融资额度。

(3) 所需文件及担保简便易行。

在福费廷业务情况下，进口货价较高，因为包括了福费廷业务的利息和所有费用。

4. 福费廷业务的特点

(1) 无追索权地买断票据。

(2) 福费廷票据一般为1~5年，属于中期融资业务。

5. 福费廷业务与保理的区别

(1) 金额大小不同。福费廷业务涉及的金额更大。

(2) 是否需担保。福费廷贴现的票据需要提供担保，保理业务的票据不需要提供担保。

(3) 是否需事先协商一致。福费廷业务一定要求买卖双方协商一致。

(4) 内容涵盖范围不同。福费廷一般涉及的是大型成套设备的买卖。

7.4.5 各种结算方式的结合使用

在国际贸易业务中，一笔贸易的货款结算，可以只使用一种结算方式，也可根据需要，例如不同的交易商品、不同的交易对象、不同的交易做法，将两种以上的结算方式结合使用。常见的不同结算使用形式有：信用证与汇付结合、信用证与托收结合、汇付与银行保函或信用证结合。

1. 信用证与汇付结合

指一笔交易的货款，部分用信用证方式支付，余额用汇付方式结算。这种结合形式常用于允许其交货数量有一定机动幅度的初级产品的交易。对此，经双方同意，信用证规定凭装运单据先付发票金额或在货物发运前预付金额若干，余额待货到目的地（港）后再用汇付方式支付。使用这种结合形式，合同中必须订明采用的是何种信用证和何种汇付方式以及按信用证支付金额的比例。

2. 信用证与托收结合

指一笔交易的货款，部分用信用证方式支付，余额用托收方式结算。这种结合形式的具体做法通常是：信用证规定受益人（出口人）开立两张汇票，属于信用证项下的部分货款凭光票支付，而其余额则将货运单据附在托收的汇票项下，按即期或远期付款交单方式托收。这种做法，对出口人收汇较为安全，对进口人可减少垫金，易为双方接受。

> **特别提示**
>
> 该种方式的结合，信用证必须订明信用证的种类和支付金额以及托收方式的种类，也必须订明"在全部付清发票金额后方可交单"的条款，所有的单据必须附在托收项下。

3. 汇付与银行保函或信用证结合

这种结合方式常用于大型机械和大型交通运输工具（飞机、船舶等）等货款的结算。该类产品，交易金额大、生产周期长，往往要求买方以汇付方式预付部分货款或定金，其余大部分货款则由买方按信用证规定或开立保函分期付款或延期付款。

此外，还有汇付与托收结合、托收与备用信用证或银行保函结合等形式。在开展对外经济贸易业务时，究竟选择哪一种结合形式，可酌情而定。

7.4.6 企业国际结算方式选择的因素

通过以上论述，汇付、托收、信用证这3种基本结算方式对出口企业而言各有利弊。在每一笔交易中，出口商必须针对不同的国家、不同的交易对象进行全面衡量，做到既要发展业务、争取市场，又要保证收汇安全。出口企业对结算方式的选择需要考虑以下因素。

1. 进口商的资信

出口商首先应根据交易对手资信状况选择支付方式。在签订合同前，必须做好对国外客户的信用调查，交易对手的资信情况对交易的顺利进行起着关键性的作用，这是选择结算方式成败的关键和基础。如果对进口商信用不了解，出口商尽量选择风险较小的支付方式，如预付货款、信用证结算方式或多种方式并用。当买方信用好，交易风险较小时，可选择对交易双方都有利的，如手续简便、费用少的方式。

2. 合同中的贸易术语

国际商会编写的《2010国际贸易术语解释通则》中，共列举11种贸易术语供交易当事人选择。每个术语风险、费用、责任的划分差别较大。对于实际交货的术语，卖方以直接向买方交付货物的方式来履行其交货义务，买方只有在实际收到货物之后才有义务付款，在这种情况并不适合托收或信用证这种凭单付款的结算方式。若使用象征性交货术语，转移货物所有权以单据为媒介，出口方可以选择信用证。若进口方资信好时，也可考虑托收。

3. 运输单据

运输单据是承运人收到货物后签发给出口商的重要单据。在不同的运输方式下，运输单据的性质不完全相同。如果货物通过海上运输或者多式联运，出口商装运货物后可得到海运提单或可转让的多式联运提单。出口商能通过控制单据来控制货物所有权，在这种情况下可以选择信用证和托收方式结算货款。如货物通过航空、铁路邮包运输时，出口商得到的单据一般为非物权的航空运单、铁路运单、邮包收据，在这种情况下，不适用选择托收结算方式。

此外，在选择结算方式时，还应考虑进口国国家或地区的商业习惯、商品竞争情况、交易数额大小、货币因素等因素，以减少风险。

小　结

(1) 汇票是国际结算中应用最多的票据，它是一种支付命令，有银行汇票和商业汇票。

(2) 汇付一般用于尾款的结算，属于商业信用，银行只是充当中介作用。

(3) 托收属于商业信用，要谨慎使用，尤其是承兑交单，卖方可能面临钱货两空的风险。

(4) 信用证是银行信用，银行承担第一付款责任，对于初次交易或对买方的信用有怀疑的，都可以采用信用证的方式，但是信用证的费用较高，程序较复杂，买方可能不愿意接受。卖方也可以采取托收与备用信用证、托收与银行保函、汇付与银行保函结合等方式来降低收款的风险，同时也促进合同的达成。

(5) 对于保付代理与福费廷等新型的方式，应根据它们各自的特点进行灵活应用。

(6) 注意各种结算方式的结合使用，尽可能选取对买卖双方都有利的结算方式。

思考与练习题

一、单项选择题

1. 汇票有即期和远期之分，在承兑交单业务中（　　）。
   A. 只使用远期汇票，不使用即期汇票　　B. 只使用即期汇票，不使用远期汇票
   C. 既使用远期汇票，又使用即期汇票　　D. 以上答案都不对

2. 在汇付方式下，卖方能否按时收回约定的款项，完全取决于（　　）。
   A. 买方的信誉　　B. 合同的履行　　C. 卖方的能力　　D. 银行的实力

3. 佣金的支付方式多采用（　　）。
   A. 汇付　　B. 托收　　C. 信用证　　D. 银行保函

4. 使用托收方式时，托收行和代收行在货款收进方面（　　）。
   A. 没有责任　　　　　　　　　　B. 承担部分责任
   C. 有责任　　　　　　　　　　　D. 视情况而定

5. 保兑信用证的保兑行，其付款责任是（　　）。
   A. 在进口人不履行付款义务时履行付款义务
   B. 承担第一性的付款义务
   C. 在开证行不履行付款义务时履行付款义务
   D. 只提供担保，不承担付款责任

6. 合同中规定采用 D/P30 天的托收方式付款，托收日为 8 月 1 日，如寄单邮程为 7 天，则此业务的提示日、承兑日、付款日为（　　）。
   A. 8月8日/8月8日/9月7日　　B. 8月1日/9月6日/8月1日
   C. 9月6日/8月1日/8月1日　　D. 8月1日/9月6日/9月6日

7. 在 L/C、D/P 和 D/A 3 种支付方式下，就卖方风险而言，按由大到小顺序排列，正确的是（　　）。

A. L/C＞D/A＞D/P　　　　　　B. L/C＞D/P＞D/A

C. D/A＞D/P＞L/C　　　　　　D. D/P＞D/A＞L/C

8. 如付款方式为 L/C 和 D/P 即期各半，为收汇安全起见，应在合同中规定(　　)。

  A. 开两张汇票，各随付一套等价的货运单据

  B. 开两张汇票，L/C 下为光票，全套货运单据随付在托收汇票下

  C. 开两张汇票，托收项下为光票，全套货运单据随付在 L/C 汇票项下

  D. 均采用光票托收

二、案例分析题

1. 我国的 A 公司出口电器设备给美国的 B 公司，涉及的货款金额较大。B 公司在申请开立信用证时，银行要求支付较高的保证金，B 公司不愿意垫付高的保证金，于是告知 A 公司能否用托收，但 A 公司担心托收货款的收付得不到保障。

在这种情形下，A 公司能将哪几种收汇方式结合使用，减少收款风险，保证安全收汇？

2. 深圳某公司出口纺织类产品到欧洲某国家，客人要求做 D/P 托收，并且由买方指定 A 银行作为代收行。由于买卖双方做业务也不是第一次了，以前也通过 A 银行托收过，所以此次业务还是重复过去的做法。但是这次单据寄到 A 银行之后，却 6 个多月也没有收到货款，而客人其实早就把货物提走卖掉了。原来是 A 银行私自将提货单据给了买方。后来该出口商仔细核对过去的收款记录，发现以前历次托收虽然都收到了货款，但是每次都是银行先将单据发给客人，客人都要滞后至少一个星期才付款。

从此案例中你能得到什么启示？

三、技能实训题

假定你是深圳某外贸公司的业务员，2011 年 5 月参加广交会时认识了一位美国的客户，商定签订一份买卖沙发的合同，但付款条件方面，买方希望采用承兑交单，你该怎样做？又该怎样去说服买方采用你所希望的付款方式？

项目 8　争议的预防与处理

知识目标：熟悉争议的处理方法；掌握检验条款、不可抗力条款、仲裁条款的内容。
能力目标：能够处理国际贸易争议。

国际贸易涉及的范围广，情况复杂多变，在履约过程中，如果一个环节出了问题，就可能影响合同的履行。加之市场情况千变万化，如出现对合同当事人不利的情况，就可能导致一方当事人违约或毁约，从而给另一方造成损害引起争议。那么，如何预防和处理争议呢？买卖双方可以在合同中正确订立索赔条款、不可抗力与免责条款、仲裁条款，来预防和处理国际货物买卖合同中有可能引发的争议。

我国某出口公司 A 向新加坡公司 B 以 CIF 新加坡条件出口一批土特产品，B 公司又将该批货物转卖给马来西亚公司 C。货到新加坡后，B 公司发现货物的质量有问题，但 B 公司仍将原货转销至马来西亚。其后，B 公司在合同规定的索赔期限内凭马来西亚商检机构签发的检验证书，向 A 公司提出退货要求。
请问：A 公司应如何处理？为什么？

8.1　商品检验

8.1.1　商品检验的作用

在国际贸易中，由于货物在长途运输过程中难免会发生残损、短少甚至灭失，尤其是在凭单证交接货物的象征性交货条件下，买卖双方对所交货物的品质、数量等问题更易产生争议。因此，为了确定责任归属，以利货物的交接和交易的顺利进行，就需要一个公证的第三者，即商品检验机构，对货物进行检验。由此可见，商品检验是国际贸易中不可缺少的一个重要环节。

1. 商品检验的含义

商场检验是指在国际贸易中，由具有权威性的专门的进出口商品检验机构，依据法律、法规或合同的规定，对商品的质量、数量、重量和包装等方面进行检验和鉴定，经检验合格后出具检验证书的活动。

2. 商品检验的作用

1）买卖双方顺利履行合同的依据

在国际贸易中，买卖双方交接货物一般要经过交付、察看或检验、接受或拒收 3 个环节。

一般而言，当卖方履行交货义务后，买方有权对货物进行检验。如果发现货物与合同不符，而又确实属于卖方责任时，买方有权向卖方提出索赔。如果未经检验就接受了货物，即使以后发现货物有问题，也不能再行使拒收的权利。因此，商品检验是结算货款、提出索赔、进行理赔的依据，以维护对外贸易关系中有关各方的合法权益。

2）保证进出口商品的品质和数量

对进口商品加强检验，不仅有利于及时发现不符合合同要求的商品，并向国外提出索赔，给国家挽回部分损失，而且可以防止品质次劣商品的进口，维护国家经济利益。更重要的是通过加强对进口商品的检验，了解掌握进口商品品质，防止有害病菌输入，保护环境、保护安全和卫生，消除各种隐患。

对出口商品实施检验，不让检验不合格的商品出口，避免国外进口商的索赔与退货，可以为国家和企业避免商业上的损失。

8.1.2 检验机构

国际贸易中的商品检验检疫工作，一般由专业性的检验部门或检验企业来办理。检验机构大体可以分为官方检验机构、半官方检验机构和非官方检验机构 3 种。在实际交易中，选用哪类检验机构检验商品，取决于各国的规章制度、商品性质和交易条件等。

1. 国际商品检验机构的类型

商品检验机构的类型见表 8-1。

表 8-1 商品检验机构的类型

类型	含义
官方检验机构	即由国家设立的检验机构，各国的官方检验机构的结构各有不同，主要职责是进行检验检疫、监督管理和公证业务等
半官方检验机构	除了政府设立的官方商品检验机构外，世界上许多国家中还有由商会、协会、同业公会设立的半官方商品检验机构，担负着国际贸易货物的检验和鉴定工作
非官方检验机构	主要是指由私人创办的、具有专业检验、鉴定技术能力的公证行或检验公司

2. 我国的检验机构

在我国，主管全国出入境商品检验、鉴定和管理工作的机构，是中华人民共和国国家出入境检验检疫局及其在各地的分支机构。国家出入境检验检疫局是负责统一管理全国出入境商品检验工作的机关；设在全国各地的出入境检验检疫局，负责管理所辖地区的出入境商品检验工作。

根据《中华人民共和国进出口商品检验法》的规定，国家商检部门及其设在各地的检验机构的职责有三项，叙述如下。

(1) 法定检验。包括商品的质量、数量、重量、包装以及安全、卫生是否符合要求。商检机构实施进出口商品检验的范围可以归纳为两个方面：即强制性的法定检验和对法定检验以外的进出口商品的检验。凡属于法定检验范围内的进出口商品，必须经过商检机构或者国家商检部门和商检机构指定的检验机构的检验，未经检验或检验不合格的商品，一律不准进出口。

(2) 监督管理。国家商检部门、商检机构对进出口商品的收货人、发货人以及生产、经营、储运单位以及国家商检部门、检验机构指定或认可的检验机构和认可的检验人员的检验工作实施监督管理。

(3) 鉴定业务（Authentic Attesting Business）。鉴定业务是指商检机构接受对外贸易关系人的申请，或外国检验机构的委托，对进出口商品进行鉴定，签发鉴定证书，作为申请人办理进出口商品的交接、结算、报关、纳税、计费、理算、索赔和仲裁等的有效依据。

我国还有非官方的检验机构，如中国进出口商品检验总公司，接受进出口业务中的当事人和外国检验机构的委托，办理进出口商品的检验鉴定业务，并提供咨询服务。

8.1.3 检验证书

检验证书是商检机构对进出口商品进行检验、鉴定后出具的各种书面证明文件和鉴定证书，是各种进出口商品检验证书、鉴定证书和其他证明书的统称。

1. 检验证书的作用

(1) 检验证书是证明卖方所交货物的品质、重量、数量、包装以及卫生条件等是否符合合同规定的依据。

(2) 检验证书是办理索赔和理赔的依据，是证明货物装卸、在途中的实际情况，明确责任归属的依据。买方对品质、重量、数量、包装等条件提出异议、拒收货物、要求索赔必须出具检验证书。

(3) 检验证书是卖方办理货运结算的依据。如果检验证书中所列检验结果与合同或信用证中规定的不符，银行有权拒绝议付货款。

(4) 检验证书是海关验关放行的依据。凡列入"种类表"及其他法律、行政法规规定实施强度性检验的进出口商品应由商检机构予以检验出证，作为经营进出口业务的检验申请人据以向海关报关验收的有效法律证件。

2. 检验证书的种类

目前在国际贸易中常见的检验证书主要有9种，见表8-2。

表 8-2 检验证书的种类

检验证书种类	作用
品质检验证书(Inspection Certificate of Quality)	是证明进出口货物品质规格的证书,是出口商品交货结汇和进口商品结算索赔的有效凭证
重量检验证书(Inspection Certificate of Weight)	是证明进出口货物重量的证书,是出口商品交货结汇、签发提单和进口商品结算索赔的有效凭证,也是国外报关征税和计算运费、装卸费用的证件
数量检验证书(Inspection Certificate of Quantity)	是证明进货物品数量的证书,是出口商品交货结汇、签发提单和进口商品结算索赔的有效凭证
兽医检验证书(Veterinary Inspection Certificate)	是证明出口动物产品在出口前经过检疫检验的证书。适用于冻畜肉、冻禽、禽畜罐头、冻兔、皮张、毛类、绒类、猪鬃、肠衣等出口商品
卫生(健康)检验证书(Sanitary Inspection Certificate)	是证明可供人类食用的出口动物产品、食品等经过卫生检验或检疫合格的证件。适用于肠衣、罐头、冻鱼、冻虾、食品、蛋品、乳制品、蜂蜜等,是对外交货、银行结汇和通关验放的有效证件
消毒检验证书(Disinfections Inspection Certificate)	证明出口动物产品经过消毒处理,保证安全卫生的证件。适用于猪鬃、马尾、皮张、山羊毛、羽毛、人发等商品,是对外交货、银行结汇和国外通关验放的有效凭证
产地检验证书(Inspection Certificate of Origin)	合同规定须出具产地证明,按给惠国要求,出具原产地证明时,由检验机构签发原产地证书
价值检验证书(Inspection Certificate of Value)	有些货物需要证明其价值时,证明出口货物价值或发货人提供的发票上价值完全正确,需由检验机构出具的证书。在发票上签盖商检机构的价值证明章与价值证明书具有同等效力
残损检验证书(Inspection Certificate of Damaged Cargo)	证明进口货物残损情况,估定残损贬值程度,判断致损原因,供索赔时使用,需由检验机构出具此证书

8.1.4 商品检验的时间和地点

商品检验的时间和地点是指在何时、何地行使对货物的检验。所谓检验权,是指买方或卖方有权对所交易的货物进行检验,其检验结果即作为交接与接受货物的依据。确定检验的时间和地点,实际上就是确定买卖双方中的哪一方行使对货物的检验权,也就是确定检验结果以哪一方提供的检验证书为准。

1. 在出口国检验

在出口国检验,又可分为产地检验或工厂检验和装船前或装船时检验。

1) 工厂(产地)检验

由出口国生产工厂检验人员或会同买方验收人员在货物发运前进行检验。卖方承担货物离厂前的责任。如在运输途中出现品质、数量等方面的问题,则由买方承担。

2) 装运港(地)检验

这种方法又称为"离岸品质,离岸重量"(Shipping Quality, Shipping Weight),是指货物在装运港或装运地交货前,由买卖合同中规定的检验机构对货物的品质、重量、数量等项内容进行检验鉴定,并以该机构出具的检验证书作为最后依据。卖方对交货后货物所发生的变化不承担责任。如果买方在货物到达目的港后，对货物的品质、数量提出异议，卖方在法律上是有权予以拒绝。因此，这种规定从根本上否定了买方的复验权，对买方极为不利。

2．在进口国检验

1) 目的港(地)检验

这种方法又称为"到岸品质和重量(Landing Quality and Landing Weight)"，是指货物运达目的港或目的地时，由合同中规定的检验机构进行检验，并以该机构签发的品质、重量证明书为准。买方有权根据货物运抵目的港或目的地时的检验结果，对属于卖方责任的品质、重量、数量不符合的情况，向卖方索赔，这种做法显然是对买方有利。

2) 用户所在地检验

对于那些密封包装、精密复杂不宜在使用前拆包检验的商品，或需要安装调试后才能检验的产品，可将检验延伸至买方营业处所或最终用户所在地进行，由双方认可的检验机构检验并出具证明。

3．装运港检验重量，目的港检验品质

这种方法也称为"离岸重量与到岸品质(Shipping Weight and Landing Quality)"，是指在大宗商品交易的检验中，为了调和买卖双方在商品检验问题上存在的矛盾，常将商品的重量和品质检验分别进行，即以装运港或装运地验货后检验机构出具的重量检验证书，作为卖方所交货物重量的最后依据，以目的港或目的地检验机构出具的品质检验证书，作为商品品质的最后依据。

4．出口国检验与进口国复验

这是指由出口国检验机构检验货物后出具的商检证书，作为卖方向银行议付货款的单据之一。以装船口岸的商检证书作为结汇的凭证，同时，货物到达目的港后，允许买方在规定的时间内，由双方同意的检验机构对品质和数量进行复验。如果发现货物在品质、数量方面与合同规定不符，买方可凭复验证书向卖方提出异议，并作为索赔的依据。

上述各种做法，各有特点，应视具体的商品交易性质而定。对于大多数一般商品交易来说，"出口国检验，进口国复验"的做法最为方便而且合理，因为这种做法一方面肯定了卖方的检验证书是有效的交接货物和结算凭证，同时又确认买方在收到货物后有复验权，能照顾到买卖双方的利益，符合各国法律和国际公约的规定。该做法在国际贸易中使用比较普遍。目前，我国在进出口业务中，为了贯彻"平等互利"的原则，一般多采用这种办法。

8.1.5 买卖合同中的检验条款

合同中的检验条款主要内容一般包括检验时间、地点、检验内容、检验机构和检验费用等方面，签订检验条款要注意以下问题。

(1) 检验条款应订得明确具体、科学合理，切忌用笼统、模棱两可的语言，检验项目与标准要切合实际，并且能够检验。

(2) 要明确规定复验权时，应对复验的期限、地点和机构作出明确的规定。

(3) 要明确规定检验标准和方法。对于一些规格复杂的商品和机械设备的进口合同，应根据商品的不同特点，在合同条款中加列一些特殊性规定，如详细的检验标准、考核及检测方法、产品所使用的材料及其质量标准、样品及技术说明书等，以便检验时对照检验。

(4) 检验条款不能与合同中的数量、品质、重量等条款矛盾。

【例8-1】 我国某出口公司 A 向美国公司 B 以 CIF 纽约条件出口一批冷冻鸡，货到纽约后，B 公司发现货物的质量有问题，但 B 公司仍将货物运回仓库并转销给其他零售商。其后，由于零售过程中出现顾客投诉，B 公司在合同规定的索赔期限内凭美国商检机构签发的检验证书，向 A 公司提出退货要求。请问：A 公司应如何处理？为什么？

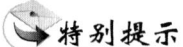

特别提示

买方没有利用合理的机会检验货物，则他就放弃了检验货物的权利。

8.2 争议与索赔

8.2.1 争议的含义与原因

争议是指交易的一方认为另一方未能全部或部分履行合同规定的责任而引起的业务纠纷。在国际贸易中，业务上的争议屡见不鲜。其原因是多方面的，主要有以下几种情况。

(1) 买方不按时开证、不按时赎单付款、无理拒收货物、不按时派船等。

(2) 卖方不按时交货，不按合同规定的品质、数量、包装交货，卖方不提供合同和信用证规定的单据等。

(3) 合同是否成立，双方国家法律和国际贸易惯例解释不一；合同条款规定欠明确，双方对合同条款解释不一致；同一合同的不同条款之间互相矛盾，致使双方当事人对合同规定的权利与义务的理解互不一致，导致合同的顺利履行产生困难，甚至发生争议。

(4) 在履行合同时产生了双方不能预见和无法控制的情况，导致合同无法履行或无法按时履行，但双方对发生的不可抗力的法律后果解释不一致。

上述种种都可能引起双方的争议。由上述原因引起的争议，集中起来讲就是：是否构成违约，双方对违约的事实有分歧，对违约的责任及其后果的认识相悖。

8.2.2 违约的法律责任及补救方法

违约是指买卖双方中，任何一方违反合同义务的行为。一方违约，就应承担违约的法律责任，而受损害方有权根据合同或有关法律规定提出损害赔偿要求。但是对违约方的违约行为及其应承担的法律后果则取决于有关法律对此所作的解释和所确定的法律责任。各国法律对违约行为的性质划分不很一致，有的国家是以合同中交易条件的主次为依据进行划分的，有的国家却以违约的后果轻重为依据进行划分。

1. 英国法律的规定

《英国货物买卖法》将违约的形式分为违反要件和违反担保两种。

违反要件是指违反合同的主要条款,即违反与商品有关的品质、数量、交货期等根本性的重要条款。在合同的一方当事人违反要件的情况下,另一方当事人即受损方有权解除合同,并有权提出损害赔偿。

违反担保是指违反合同的次要的、从属于合同的条款。在违反担保的情况下,受损方只能提出损害赔偿,而不能解除合同。至于在每份具体合同中,哪个属于要件,哪个属于担保,该法并无明确具体的解释,只是根据"合同所作的解释进行判断"。这样,在解释和处理违约案件时,难免带有不确定性和随意性。

2. 美国法律的规定

美国法将违约分为重大违约和轻微违约。

重大违约是指当事人没有履行合同或履行合同有缺陷致使债权人不能得到该项交易的主要利益。在此情况下,受损方可以解除合同并要求损害赔偿。如果一方违约的情况比较轻,并不影响双方在交易中得到的主要利益,则属于轻微违约。在此情况下受损方无权解除合同,只能要求损害赔偿。例如,履行时间略有延迟、交付的货物数量和品质与合同略有出入等,在此情况下,受损方可要求损害赔偿。

3. 《联合国国际货物销售合同公约》的规定

1980年,《联合国国际货物销售合同公约》把违约区分为根本性违约和非根本性违约。根本性违约,按《公约》第25条的规定,是指:"一方当事人违反合同的结果,如使另一方当事人蒙受损害,以至于实际上剥夺了他根据合同有权期待得到的东西,即为根本性违反合同。除非违反合同的一方并不预知而且同样一个通情达理的人处于相同情况中,也没有理由预知会发生这种结果。"这种根本违反合同是由于当事人的主观行为造成的,以致给另一方当事人造成实质性的损害,如卖方完全不交付货物,或买方无理拒收货物、拒绝付款。不构成根本性违约的情况,均视为非根本性违约。如果一方当事人根本违约,另一方当事人可以宣告合同无效,并可要求损害赔偿。如果是非根本性的,则不能解除,只能要求损害赔偿。

4. 我国的法律规定

我国的《合同法》规定,当事人一方延迟履行合同或者有其他违约行为,严重影响了订立合同所期望的经济利益,受损害方可以直接解除合同。当事人一方延迟履行合同主要义务,经催告在合理期限内未履行的,对方也可以解除合同。同时,我国《合同法》还规定合同终止并不影响当事人请求损害赔偿的权利。

【例8-2】 有一家美国公司A向别国一贸易商B购买一批火鸡,供应2009年感恩节市场。合同规定卖方应在9月底以前装船,但是卖方违反合同,推迟到10月7日才装船。结果感恩节销售时机已过,火鸡难以销售。因此,买方A拒收货物,并主张撤销合同。请问,在这种情况下,买方有无拒收货物和撤销合同的权利?

特别提示

公约规定,若构成根本性违约,受损方可解除合同并提出损害赔偿;反之则只能请求损害赔偿。

8.2.3 争议的解决方式

在国际贸易中，双方在履约过程中有可能发生争议。由于买卖双方之间的关系是一种平等互利的合作关系，所以一旦发生争议，首先应通过友好协商的方式解决，以利于保护商业秘密和企业声誉。如果协商不成，则当事人可按照合同约定或争议的情况采用调解、仲裁或诉讼方式解决争议。

1. 协商

协商是争议当事人在争议发生后最先选择采用的争议解决方式。它是指涉外贸易活动的当事人在发生争议后，以双方自愿为基础，针对所发生的争议进行口头或书面的磋商或谈判，自行达成和解协议解决纠纷的方式。

由于协商方式不需要第三人介入，而且程序简单灵活，因而大多数当事人同意在争议发生之初先行协商解决，很少有当事人在发生争议后不与对方当事人协商而直接提起诉讼或仲裁。协商简单灵活的特点可以节省当事人的时间及人力和物力。然而，协商也有其局限性。协商解决的结果往往取决于各方讨价还价的能力及所处的经济状况和经济实力，协商达成的和解协议也可能对处于弱势一方的利益保护不够。

2. 调解

调解是在双方自愿的基础上，在当事人之外的中立第三方的主持下，由第三方以中间人的身份在分清是非和责任的基础上，根据法律和合同规定，参考国际惯例，从中帮助和促使争议各方在互谅互让的基础上达成公平的调解协议，解决各方争议。

调解方式与协商方式一样，程序简便、费用较低，都是建立在当事人自愿和互谅互让基础上进行的。但与协商方式相比，调解由第三方作为调解人，而且调解人多具有较多的调解经验，因而有利于调解协议的达成，有利于维护各方当事人的合法权益。但是，调解方式也存在和协商方式共同的局限性，即调解的成功与否依赖于各方分歧大小及各方意志，如调解不能成功，还需仲裁和诉讼。因而对于有些纠纷来讲，调解不是有效的解决办法，且在时间上造成拖延。

3. 仲裁

双方当事人达成书面协议，自愿把争议提交给双方同意的仲裁机构，仲裁机构做出的裁决是终局的，对双方都有约束力。仲裁方式具有解决争议时间短、费用低、能为当事人保密、裁决有权威性、异国执行方便等优点。

4. 诉讼

一方当事人向法院起诉，控告合同的另一方，一般要求法院判令另一方当事人以赔偿经济损失或支付违约金的方式承担违约责任，也有要求对方实际履行合同义务的。诉讼是当事人单方面的行为，只要法院受理，另一方就必须应诉。但诉讼方式的缺点在于立案时间长、诉讼费用高，异国法院的判决未必是公正的，各国司法程序不同，当事人在异国诉讼比较复杂。

综观上述 4 种解决争议的方式，在国际贸易实践中，仲裁是被广泛采用的一种方式。

8.2.4 索赔的含义及种类

索赔是指在国际贸易中，遭受损害的一方在争议发生后，向违约的一方提出赔偿的要求。违约方对受损害方的索赔要求进行处理，称为理赔。由此可见，索赔与理赔是一个问题的两个方面，即对守约方而言是索赔，对于违约方而言是理赔。

在国际贸易中，发生损害的原因不同，索赔的对象也不同，一般有以下几种情况。

1. 贸易索赔

贸易索赔是以买卖合同为基础的，当一方当事人违反合同条款时，另一方当事人有权依据合同条款和违约事实提出索赔。如卖方未及时备好或装运合同所要求的货物等情况，由于卖方违约而造成的买方的损失，买方可以向卖方索赔。向买方的索赔较少发生。但是在买方违约的情况下，尤其卖方已根据合同备货而买方拒不开证，该货的专一性又强，以及买方采用不正当手段将货物转口至卖方限制的其他地区等，则会构成卖方对买方的索赔。

2. 运输索赔

运输索赔是建立在双方订立的运输合同的基础之上的，只有一方当事人发生违反运输合同的行为，另一方当事人才能依据运输合同规定和违约事实提出索赔的行为。在海洋运输中，海运提单是运输合同的证明，承运人与托运人之间的权利和义务，都是以提单条款及海运法为依据的，如果在运输途中发生货损，只有属于承运人的责任范围，他才承担赔偿的责任。在处理贸易索赔的案件中，经常会发生运输索赔的问题。如船公司推迟发船、私自改线绕航、推迟船到目的港的时间、货物数量少于提单所载明数量等。

3. 保险索赔

保险索赔是以保险合同为基础的，当发生保险合同承保范围内的损失时，被保险人可以依据保险合同向保险公司提出索赔。如货物在运输途中遇到暴风雨致水浸，由于投保了水浸险，被保险人可以凭保单向保险公司索赔。

总之，作为买卖双方当事人，只承担索赔范围内的责任。对于承运人、保险人应负的责任，则应由有关的当事人承担，而与买卖合同的当事人无关。因此，明确贸易索赔、运输索赔、保险索赔三者之间的区别，对于正确处理索赔纠纷是十分重要的。

【例 8-3】 我国某进出口公司以 CIF 鹿特丹条件出口食品 1 000 箱，并向中国人民保险公司投保一切险。货到目的港后，经进口人复验发现下列情况：(1)该批货物共 10 个批号，抽查 20 箱，发现其中 1 个批号，即 100 箱内出现玷污现象；(2)收货人实收 998 项，短少 2 箱；(3)有 15 箱货物外表良好，但箱内货物共短少 60 千克。根据以上情况，进口人应当分别向谁索赔？

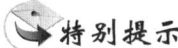特别提示

国际贸易索赔中，要根据发生损害的原因确定责任归属。

8.2.5 买卖合同中的索赔条款

索赔条款有两种规定方式：一种是异议与索赔条款，另一种是罚金条款。在一般货物买卖合同中，多数只订立异议与索赔条款。而在大宗商品和机械设备合同中，除了订明异议与索赔条款外，往往还需另订罚金条款。

1. 异议与索赔条款

异议与索赔条款是买卖合同中关于处理和索赔违约责任的规定。其内容主要包括索赔的依据、索赔的期限、索赔的办法。

1）索赔的依据

索赔依据主要规定索赔必需的证据和出证机构。索赔依据包括法律依据和事实依据两个方面。前者是指贸易合同和有关的国家法律规定；后者则指违约的事实真相及其书面证明，以证实违约的真实性。如双方约定：货到目的港卸货后，若发现品质、数量或重量与合同规定不符，除应由保险公司或船公司负责外，买方还可于货到目的港卸货后若干天内凭双方约定的某商检机构出具的检验证明向卖方提出索赔。提出索赔时必须按规定提供齐全、有效的证据，否则可能遭到拒赔。

2）索赔的期限

索赔期限是指索赔方向违约方提出赔偿的有效期限，逾期提出赔偿，违约方可不予受理。因此，索赔期限的长短应当规定合适。在规定索赔期限时，应考虑不同商品的特性和检验条件。对于有质量保证期限的商品，合同中还应加订保证期。一般货物规定为货物到达目的地后 30 天或 45 天，但对有质量保证期的机械设备的索赔期，可长达 1 年或 1 年以上。索赔期限的规定在进口合同中不宜太短，防止超过索赔期而被拒绝，或者在合同当中规定："如在有效期内，因检查手续和发证手续办理不及，可先电告对方延长索赔期若干天。"此外，在规定索赔期限时，还应对索赔期限的起算时间一并作出具体规定。

3）索赔的办法

处理索赔的办法和索赔金额通常在合同中只作一般规定。因为违约的情况比较复杂，如究竟在哪些业务环节上违约和违约的程度如何等，订约时难以预计，因此对于违约的索赔金额也难以预知，所以在合同中不作具体规定。

异议和索赔条款不仅是约束卖方履行合同义务的条款，同时也对买方起约束作用。不论何方违约，受害方都有权向违约方提出索赔。鉴于索赔是一项复杂而又重要的工作，故处理索赔时，应弄清事实，分清责任，并根据不同情况，有理有据地提出索赔。

2. 罚金条款

罚金条款是指合同中规定如由于一方未履约或未完全履约，应向对方支付一定数量的约定金额。金额的多少视延误时间长短而定，并规定最高罚款金额。这一条款的规定一般适用于卖方延长交货时间或买方延期接货等情况。它的特点是在合同中先约定一定赔偿金额或赔偿的幅度。例如，有的合同规定："如卖方不能按期交货，在卖方同意由付款行从议付货款中扣除罚金的条件下，买方可同意延长交货。但是因延期交货的罚金不得超过货物总金额的 5%，第 7 天收取 0.5%，不足 7 天按 7 天计算。如卖方未按合同规定的装运期交货，延长 10 周时，买方有权撤销合同，并要求卖方支付上述延期交货罚金。"罚金的支付，并不能解除卖方的交货义务。如卖方根本不履行交货义务，仍要承担因此而给买方造成的损失。

【例 8-4】 某企业从香港某商购买 20 台精密仪器，每台 3 万港元。合同规定，任何一方违反合同，应支付另一方违约金额 1 万港元。事后卖方只交付 12 台，其余 8 台不能交货。当时因市场价格上涨，每台价格为 4 万港元。卖方企图赔偿违约金 1 万港元了结此案。但买方不同意。在上述情况下，你认为买方能向卖方索赔多少金额？为什么？

特别提示

在国际贸易索赔中，要根据发生损害的原因确定责任归属。

8.3 不可抗力

8.3.1 不可抗力的含义及其条件

不可抗力是指买卖合同签订后，不是由于合同当事人的过失或疏忽，而是由于发生了合同当事人无法预见、无法预防、无法避免和无法控制的事件，以致不能履行或不能如期履行合同，发生意外事件的一方可以免除履行合同的责任或推迟履行合同。因此，不可抗力是一项免责条款，即免除由于不可抗力事件而违约的一方的违约责任。

构成不可抗力必须具备以下几个条件。

（1）该事故发生在合同签订以后，合同履行完毕之前，并且是在订立合同时当事人所不能预见的。

（2）它不是由于任何一方当事人的过失或疏忽行为所造成的，即不是由于当事人的主观原因所造成的。

（3）它是双方当事人所不能控制的，即这种事件的发生是不能预见、无法避免、无法预防的。因此，凡人们能够预见而未预见，经过努力能够预防或控制的，均不属于不可抗力事件。

8.3.2 不可抗力事件的范围

不可抗力事件有其特定的含义，并不是任何一种意外事件都可作为不可抗力事件。不可抗力事件的不可预见性和偶然性决定了人们不可能列举出它的全部外延，不可能穷尽人类和自然界可能发生的种种偶然事件。所以，尽管世界各国都承认不可抗力可以免责，但是没有一个国家能够确切地规定不可抗力的范围，而且由于习惯和法律意识不同，各国对不可抗力的范围理解也不同。

根据我国实践、国际贸易惯例和多数国家有关法律的解释，不可抗力事件的范围主要由两部分构成：一是由自然原因引起的事件，如火灾、旱灾、地震、风灾、暴雪、山崩、海啸、雷电等；二是由政治或社会原因引起的事件，如战争、动乱、政府干预、罢工、禁运等。一般来说，把自然现象及战争、严重的动乱看成不可抗力事件各国是一致的，而对上述事件以外的人为障碍，如政府干预、不颁发许可证、罢工、市场行情的剧烈波动，以及政府禁令、禁运等政府行为是否被归入不可抗力事件常引发争议。因此，当事人在签订合同时应具体约定不可抗力的范围。事实上，各国都允许当事人在签订合同时自行约定不可抗力的范围。自行约定不可抗力的范围实际上等于自订免责条款。

【例 8-5】　我国某进口商向巴西木材出口商订购一批木材，合同规定"如受到政府干预，合同应当延长，以致取消"。签约后适逢巴西热带雨林破坏加速，巴西政府对木材出口进行限制，致使巴西出口商在合同规定期内难以履行合同，并以不可抗力为由要求我方延迟合同执行或者解除合同，我方不同意对方要求，并提出索赔。请分析我方的索赔要求是否合理。

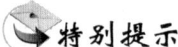

违约方在引用不可抗力条款时，要注意不可抗力事件的范围。

8.3.3　不可抗力事件的处理

不可抗力事件所引起的法律后果主要有两种：一种是解除合同，一种是延迟履行合同。至于在什么情况下可以解除合同，在什么情况下不能解除合同而只能延迟合同的履行，要看意外事故的原因、性质、规模及其对履行合同所产生的实际影响程度，也可由买卖双方在合同中做具体规定。如合同中没有规定，一般解释为：如不可抗力事件使合同的履行成为不可能，则可解除合同；如不可抗力事件只是暂时阻碍了合同的履行，则只能延迟履行合同。

【例 8-6】　我国某进出口公司与英国某公司以 FOB 价签订进口合同，装货港为伦敦。合同签订后不久，英方通知我方公司货已备妥，要求我方公司按时派船接货。然而，在我方公司安排的船舶前往英港途中，突然爆发"中东战争"，苏伊士运河被封锁，禁止一切船舶通行。我方船舶只好改变航线绕道好望角航行，增加航程近万千米，到达装运港时已过装运期。这时，国际上的汇率发生变化，合同中的计价货币英镑贬值。英方便以我方公司未按时派船接货为由，要求提高货物价格，并要求我方公司赔偿由于延期接货而产生的仓储费。对此，我方公司表示不能接受，双方遂发生争议。问：如果你是我方派出的商务代表，你将如何处理这一争议？

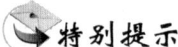

发生不可抗力事件后违约方可以解除合同或延迟履行合同。

8.3.4　不可抗力条款

在国际贸易中，买卖双方洽谈交易时，对成交后由于自然力量或社会原因而可能引起的不可抗力事件是无法预见、无法控制的，加之，国际上对不可抗力事件及其引起的法律后果并无统一的解释，为避免因发生不可抗力事件而引起不必要的纠纷，防止合同当事人对发生不可抗力事件的性质、范围作任意的解释，或提出不合理的要求，或无理拒绝对方的合理要求，故有必要在买卖合同中订立不可抗力条款，明确规定不可抗力事件的性质、范围、处理原则和处理办法，以利于合同的履行。

1. 不可抗力事故的范围

1) 概括规定

指在合同中不具体规定哪些事件属于不可抗力事件，而只是笼统地规定："由于公认的不可抗力的原因，致使卖方不能交货或延期交货，卖方不负责任"或"由于不可抗力事件使合同不能履行，发生事件的一方可据此免除责任"。例如，由于不可抗力的原因，致使出口商不能全部或部分装运，或延迟装运合同货物，出口商对于这种不能装运或延迟装运本合同货物不负责任。但我国出口商须用电报或电传通知进口商，并须在×天内，以航空挂号信件向进口商提交由中国国际贸易促进委员会（简称中国贸促会）出具的证明此类事件的证明书。

如果合同签订后，客观情况发生了变化，双方对其含义发生争执，则由受理案件的仲裁机关或法院根据合同的含义解释发生的客观情况是否构成不可抗力。因为这类规定办法，过于笼统，含义模糊，届时伸缩性大，容易引起争议，所以我们不宜采用。

2) 具体规定

在合同中详列不可抗力事件，凡是发生了所罗列的事件即构成不可抗力，凡是发生了合同中未列举的事件，即不构成不可抗力事件。例如，由于战争、地震、水灾、火灾、雪灾的原因致使卖方不能全部或部分装运或延迟装运合同货物，卖方对于这种不能装运或延迟装运本合同货物不负责任。但卖方须用电传或电报通知买方，并必须在15天内以航空挂号信件向买方提交由中国贸促会出具的证明此类事故的证明书。

这类规定方法虽然明确具体，但文字繁琐，且可能出现遗漏情况，因此，也不是最好的规定方法。

3) 综合规定

指列明可能经常发生的不可抗力事件（如战争、洪水、地震、火灾等）的同时，再加上"以及双方同意的其他不可抗力事件"的文句。例如，由于战争、地震、水灾、火灾、雪灾或其他不可抗力事故，致使卖方不能全部或部分装运或延迟装运合同货物，卖方对于这种不能装运或延迟装运本合同货物不负有责任。

这种规定方法，不仅在合同中概括不可抗力的具体含义，又列举属于不可抗力范围的事件。明确具体，有一定的灵活性，是一种可取的办法。在我国进出口合同中，一般都采取这种规定方法。

2. 不可抗力事件的处理

如前所述，不可抗力事件引起的法律后果有两种：一种是解除合同，一种是延期履行合同。买卖双方应在合同中作出具体规定，以便执行。

3. 不可抗力事件的通知和证明

按照国际惯例，不可抗力事件发生影响合同履行时，当事人必须及时通知对方，对方应在接到通知后及时答复，如有异议也应及时提出。为了明确责任，一般在不可抗力条款中规定一定的通知时限和方式。例如，"一方遭受不可抗力事故后，应以电报通知对方以挂号信提供事故的详情及影响合同履行程度的证明文件。"

在进出口业务中，当一方援引不可抗力条款要求免除责任时，都必须向对方提交一份机构出具的证明文件,作为发生不可抗力的证据。在国外,一般是由当地的商会或合法公证机构出具。在我国,是由中国国际贸易促进委员会或其设在口岸的贸促会分会出证,进出口合同都应明确规定出证机构。

【例8-7】 2010年,我国某外贸公司按FOB条件进口商品一批,合同规定交货期为5月。4月8日接对方来电称,因洪水冲毁公路(附有证明),要求将交货期推至7月。中方接信后,认为既然有因洪水冲毁公路的证明,推迟交货期应没有问题,但因广交会期间工作比较忙,中方一直未给对方答复。6月、7月船期较紧,于8月才派船前往装运港装货。这时才发现因货物置于码头仓库产生了巨额的仓租、保管等费用,对方便要求中方承担有关的费用。问:中方可否以对方违约在先为由,不予理赔?为什么?

特别提示

不可抗力事故发生影响合同履行时,当事人必须及时通知对方,对方应在接到通知后及时答复,如有异议也应及时提出。

8.4 仲　　裁

8.4.1 仲裁的含义与特点

1. 仲裁的含义

在国际贸易中,对于争议的处理通常可以采取协商、调剂、仲裁或诉讼的方式来解决。与其他方式相比,仲裁是解决国际贸易争端最常用的一种方式。

仲裁又称为公断,指买卖双方在发生争议之前或之后,签订书面协议,自愿将争议提交双方所同意的仲裁机构予以裁决,以解决争议的一种方式。仲裁裁决是终局性的,对双方都有约束力,双方都必须遵照执行。

2. 仲裁的特点

1) 自愿性

当事人的自愿性是仲裁最突出的特点。仲裁以双方当事人的自愿为前提,即当事人之间的纠纷是否提交仲裁,交与谁仲裁,仲裁庭如何组成,由谁组成,以及仲裁的审理方式、开庭形式等都是在当事人自愿的基础上,由双方当事人协商确定的。因此,仲裁是最能充分体现当事人意思自治原则的争议解决方式。

2) 专业性

民商事纠纷往往涉及特殊的知识领域,会遇到许多复杂的法律、经济贸易和有关的技术性问题,故专家裁判更能体现专业权威性。因此,由具有一定专业水平和能力的专家担任仲裁员对当事人之间的纠纷进行裁决是仲裁公正性的重要保障。根据《中华人民共和国仲裁法》的规定,仲裁机构都备有分专业的、由专家组成的仲裁员名册供当事人进行选择,专家仲裁由此成为民商事仲裁的重要特点之一。

3)灵活性

由于仲裁充分体现当事人的意思自治,仲裁中的诸多具体程序都是由当事人协商确定与选择的。因此,与诉讼相比,仲裁程序更加灵活,更具有弹性。

4)保密性

仲裁以不公开审理为原则。有关的仲裁法律和仲裁规则也同时规定了仲裁员及仲裁秘书人员的保密义务。因此当事人的商业秘密和贸易活动不会因仲裁活动而泄露。仲裁表现出极强的保密性。

5)快捷性

仲裁实行一裁终局制,仲裁裁决一经仲裁庭作出即发生法律效力,这使得当事人之间的纠纷能够迅速得以解决。

6)经济性

仲裁的经济性主要表现在:第一,时间上的快捷性使得仲裁所需费用相对减少;第二,仲裁无需多审级收费,使得仲裁费往往低于诉讼费;第三,仲裁的自愿性、保密性使当事人之间通常没有激烈的对抗,且商业秘密不必公之于世,对当事人之间今后的商业机会影响较小。

7)独立性

仲裁机构独立于行政机构各仲裁机构之间也无隶属关系。在仲裁过程中,仲裁庭独立进行仲裁,不受任何机关、社会团体和个人的干涉,也不受仲裁机构的干涉,显示出最大的独立性。

8.4.2 仲裁协议

仲裁协议是买卖双方在争议发生之前或争议发生之后自愿将他们的争议交付仲裁解决的一种书面协议,是申请仲裁的必备材料。作为双方当事人的协议,必须是建立在自愿、协商、平等互利的基础之上,不允许一方强加于另一方。仲裁协议是仲裁机构和仲裁员受理争议案件的依据,仲裁机关不受理没有仲裁协议的争议纠纷。

1. 仲裁协议的形式

仲裁协议有两种形式:一种是在争议发生之前订立的,它通常作为合同中的一项仲裁条款出现;另一种是在争议发生之后订立的,它是把已经发生的争议提交仲裁的协议。这两种形式的仲裁协议,其法律效力是相同的。

2. 仲裁协议的作用

(1)约束双方当事人只能以仲裁方式解决争议,不得向法院起诉,如一方去法院起诉,另一方有权要求法院停止审查,并将有关争议案件发还给仲裁庭审理。

(2)排除法院对有关案件的管辖权,如果一方违背仲裁协议,自行向法院起诉,另一方可根据仲裁协议要求法院不予受理,并将争议案件退交仲裁庭裁决。

(3)仲裁机构取得对争议案件的管辖权。

上述三项作用的中心是第二条,即排除法院对争议案件的管辖权。因此,双方当事人不愿将争议提交法院审理时,就应在争议发生前在合同中订立仲裁条款,以免将来发生争议后,由于达不成仲裁协议而不得不诉诸法院。

根据我国相关法律,有效的仲裁协议必须包括有请求仲裁的意思表示,选定的仲裁委员会和约定仲裁事项(该仲裁事项依法应具有可仲裁性);必须是书面的;当事人具有签订仲裁协议的行为能力;形式和内容合法。否则,依中国法律,该仲裁协议无效。

8.4.3 仲裁程序

所谓仲裁程序,是指由法律规定仲裁机构处理争议所需经过的步骤,一般包括申请、受理、组成仲裁庭、开庭和裁决等几个主要的必经环节。

1. 当事人申请

这里所说的申请,是指合同一方当事人依据双方达成的仲裁协议(含合同中的仲裁条款),向选定的仲裁机构提交仲裁申请书。双方当事人有仲裁协议的,当发生合同争议时,要处理该争议,一方当事人必须向仲裁机构提出仲裁申请。该方当事人为申请人,对方为被申请人。当事人申请,是仲裁程序的第一个法定环节。

仲裁申请书的内容,各国的法律规定并不一致。根据中国国际经济贸易仲裁委员会仲裁规定,我国仲裁机构受理争议案件的依据是双方当事人的仲裁协议和一方当事人(申诉方)的书面申请。申请书的主要内容为:①申请人和被申请人的名称和住址;②申请人所依据的仲裁协议;③案情和争议要点;④申请人的要求、所依据的事实和根据。

申请人提交仲裁申请书时还应附上有关证明文件,如合同、往来函电等的正本或副本、抄本,并预交规定的仲裁费。

2. 仲裁机构受理

仲裁机构收到仲裁申请书后,首先,审查仲裁协议是否合法,争议是否属于仲裁协议范围,该争议是否被处理过,以及时效是否过期等。其次,经审查认为申请人申请仲裁的手续完备,即予立案;并立即向被申请人发出仲裁通知。最后,将仲裁申请书及其附件连同仲裁机构的仲裁规则、仲裁员名册和仲裁费用表各一份发送给被申请人。

仲裁机构受理表明,仲裁机构已立案,打算处理该案件。当然,并不是所有仲裁申请都被仲裁机构接受,只有符合法定条件的申请才为仲裁机构接受。需要说明的是,提交仲裁申请或者仲裁机构受理后,申请人可以放弃或者变更仲裁请求(主要是增加或者减少仲裁请求事项等),被申请人可以承认或者反驳仲裁请求,且有权提出反请求(请求申请人赔偿因违约给自己造成的损失)。

3. 组成仲裁庭

仲裁委员会受理当事人仲裁申请后,应依法组成仲裁庭来处理案件,这也是仲裁争议案件的必经程序。这里所说的仲裁庭,不是指仲裁委员会内部常设的组织机构,而是指由仲裁委员会成员(即仲裁员)依据当事人约定或者仲裁委员会指定组成的仲裁某一具体争议的临时机构。关于仲裁员人数和选定办法,各国法律规定不同,多数国家规定为三人制,但英、美等国一般为一人独任制,少数国家也允许二人或采用双数制。在临时仲裁中,独任仲裁员都是由双方当事人在仲裁协议中指定。三人仲裁员则是由双方当事人各指定一名,再由这两名仲裁员指定第三名首席仲裁员。如当事人不指定,也可委托仲裁委员会主席指定。首席仲裁员由仲裁委员会主席在仲裁员名册中另行指定。由当事人双方分别指定一名仲裁员,目的在于使争议案件能得到公平合理的裁决。

4. 审理案件

仲裁庭审理案件的形式有两种：一是不开庭审理，一般是经当事人申请，或由仲裁庭征得当事人同意，只以书面文件进行审理并裁决。二是开庭审理，这种审理按照仲裁规则的规定，采取不公开审理，如果双方当事人要求公开进行审理，由仲裁庭作出决定。

5. 裁决

裁决是仲裁程序的最后一个环节，裁决作出后，审理案件的程序即告终结，因而这种裁决被称为最终裁决。仲裁裁决必须于案件审理终结之日起45天内以书面形式作出，仲裁裁决除由于调解达成和解而做出的裁决书外，应说明裁决所依据的理由，并写明裁决是终局的和做出裁决书的日期与地点，以及仲裁员的署名等。

当事人对于仲裁裁决书，应依照其规定的期限自动履行。裁决书未规定期限的，应立即履行。一方当事人不履行的，另一方当事人可以根据法律的规定，向法院申请执行，或根据有关国际公约的规定办理。

为了解决是否承认和执行外国仲裁裁决的问题，1958年6月联合国通过了《承认和执行外国仲裁裁决公约》，简称《1958年纽约公约》。我国于1987年4月正式加入这一公约，公约规定，各缔约国必须承认和执行外国的仲裁裁决。作为例外，缔约国可做两项保留，经济"互惠保留"和"商事保留"。我国加入时也做了这两项保留，即在互惠的基础上，对另一缔约国领土内作出的仲裁裁决适用于该公约，且只承认商事法律管辖关系所产生的争议适用于该公约。

知识链接

《1958年纽约公约》的主要规定

（1）缔约国相互承认仲裁裁决具有约束力，并应依照承认或执行地的程序规则予以执行。在承认或执行其他缔约国的仲裁裁决时，不应在实质上比承认或执行本国的仲裁裁决规定更繁琐的条件或更高昂的费用。

（2）申请承认与执行仲裁裁决的一方当事人，应该提供原裁决的正本或经过适当证明的副本，以及仲裁协议的正本或经过适当证明副本。必要时应附具经适当认证之译本。

（3）该公约第5条规定了拒绝承认和执行外国仲裁裁决的条件。按照该条第1款规定，凡外国仲裁裁决有下列情况之一者，被请求执行的国家的主管机关可依被执行人的请求，拒绝予以承认和执行。

①签订仲裁协议的当事人，根据对他们适用的法律，当时是处于某种无行为能力的情况下，或者根据仲裁协议所选定的准据法，或在未选定准据法时依据裁决地法，该仲裁协议无效。

②被执行人未接到关于指派仲裁员或关于仲裁程序的适当通知，或者由于其他情况未能在案件中进行申辩。

③裁决所处理的事项，非为交付仲裁的事项，或者不包括在仲裁协议规定之内，或者超出仲裁协议范围以外。

④仲裁庭的组成或仲裁程序同当事人间的协议不符，或者当事人间没有这种协议时，同仲裁地所在国家的法律不符。

⑤裁决对当事人还没有拘束力，或者裁决已经由作出裁决的国家或据其法律作出裁决的国家的主管机关撤销或停止执行。

> 按照该条第 2 款规定，如果被请求承认和执行仲裁裁决地所在国家的主管机关承认和执行仲裁裁决地所在国家的主管机关查明有下列情况之一者，也可以拒绝承认和执行。
> ① 争执和事项，依照这个国家的法律，不可以仲裁方法解决者。
> ② 承认和执行该项裁决将与这个国家的公共秩序抵触者。

8.4.4 仲裁条款

仲裁条款的规定应当明确合理，不能过于简单。合同中的仲裁条款一般包括仲裁地点、仲裁机构、仲裁规则、仲裁裁决的效力、仲裁费用等内容。

1. 仲裁地点的规定

仲裁地点是仲裁条款的主要内容，是一个关键问题。因为在什么地点仲裁就适用哪个国家的仲裁规则或有关法律。国际上对仲裁地点的选择与安排，一般有以下几种情形：在买方所在国、在卖方所在国、在第三国、在被告所在国、在原告所在国、在货物所在地等进行仲裁。我国对外规定仲裁地点时有以下 3 种办法。

1) 规定在我国仲裁

例如，"由于本合同或者出于违背合同、终止合同或者合同无效而发生的或与此有关的任何争端、争议或要求，双方应通过友好协商解决；如果协商不能解决，应提交中国国际贸易促进委员会对外经济贸易仲裁委员会，根据该仲裁机构的仲裁程序暂行规则进行仲裁。仲裁裁决是终局的，对双方都有约束力。"

2) 规定在被诉人所在国仲裁

例如，"由于本合同或者由于违背合同、终止本合同或者本合同无效而发生的或与此有关的任何争端、争议或要求，双方应通过友好协商解决；如果协商不能解决，应提交仲裁。仲裁在被诉人所在国进行，如在中国，由中国国际贸易促进委员会对外经济贸易仲裁委员会根据该仲裁机构的仲裁程序暂行规则进行仲裁。"

3) 规定在双方同意的第三国进行仲裁

例如，"由于本合同或者由于违背本合同，终止本合同，或者合同无效而发生的或与此有关的任何争端、争议或要求，双方应通过友好协商解决；如果协商不能解决，应提交××仲裁机构（某第三国某地名称及仲裁机构名称），根据该仲裁机构的仲裁程序规则进行仲裁。仲裁裁决是终局的，对双方都有约束力。"

在国际贸易发生纠纷时，买卖双方都希望采用在本国仲裁的规定，因为在本国仲裁可按本国法律处理和裁决；但是，根据业务需要，买卖双方往往同意采用在被告所在国或第三国仲裁的规定。

2. 仲裁机构的选择

当事人双方选择在哪个国家的仲裁机构审理争议，应在合同中作出具体规定。目前国际上进行仲裁的机构有以下几种。

1) 常设仲裁机构

常设仲裁机构有国际性的和区域性的，有全国性的，还有附设在特定行业内的专业性仲裁机构。它们都有一套机构和人员，负责组织和管理有关仲裁事务，可为仲裁的进行提供各种方便，所以大多数仲裁案件都被提交在常设仲裁机构进行审理。著名的常设仲裁机构有：国际商会仲裁院、伦敦国际仲裁院、瑞士苏黎世商会仲裁院、日本商事仲裁协会、美国仲裁协会、瑞典斯德哥尔摩商会仲裁院、中国国际贸易促进委员会对外经济贸易仲裁委员会。

2）临时仲裁机构

临时仲裁机构指根据各方当事人的仲裁协议，在争议发生后由各方当事人选定的仲裁员临时组成的，负责审理当事人之间的有关争议，并在审理终结做出裁决后即行解散的临时性机构。有关临时仲裁机构的组成及其活动规则、仲裁程序、法律适用、仲裁地点、裁决方式以至仲裁费用等都可以由有关当事人协商确定。

3）附设在特定行业内的专业性仲裁机构

这类仲裁机构有：伦敦羊毛协会、伦敦黄麻协会、伦敦油籽协会、伦敦谷物商业协会等行业内设立的仲裁机构。

3．仲裁规则

仲裁规则是当事人和仲裁员进行仲裁的行动准则，一般由各国的仲裁机构自行制定，在国际上还有一些国际性和地区性的仲裁规则。仲裁规则包括如何提出仲裁申请，如何进行答辩，如何指定仲裁员，怎样进行仲裁审理，如何作出仲裁裁决以及裁决的效力等内容。按照国际仲裁的一般做法，原则上采用仲裁所在地的仲裁规则，但是在法律上也允许根据双方当事人的约定，采用仲裁地点以外的其他国家（地区）仲裁机构的仲裁规则进行仲裁。在中国仲裁，双方当事人通常约定适用《中国国际经济贸易仲裁委员会仲裁规则》。根据中国现行仲裁规则规定："凡当事人同意将争议提交仲裁委员会仲裁的，均视为同意按照该仲裁规则进行仲裁。"但是，如果当事人约定适用其他仲裁规则，并征得仲裁委员会同意的，原则上也可适用其他仲裁规则。

4．仲裁裁决的效力

仲裁裁决的效力主要是指由仲裁庭作出的裁决，对双方当事人是否具有约束力，是否为终局性的，能否向法院起诉要求变更裁决。

在我国，凡由中国国际经济贸易仲裁委员会做出的裁决一般是终局性的，对双方当事人都有约束力，必须依照裁决执行，任何一方都不许向法院起诉要求变更。

在其他国家，一般也不允许当事人对仲裁裁决不服而上诉法院。即使向法院提起诉讼，法院一般也只是审查程序，不审查实体，即只审查仲裁裁决的法律程序是否完备，而不审查裁决本身是否正确。如果法院查出裁决在程序上有问题，有权宣布裁决无效。由于仲裁的采用是以双方当事人自愿为基础的，因此，对于仲裁裁决理应承认和执行。目前，从国际仲裁的实践看，当事人不服裁决诉诸法院只是一种例外，而且仅限于有关程序方面的问题，至于对裁决本身，是不得上诉的。若败诉方不执行裁决，胜诉方有权向有关法院起诉，请求法院强制执行。

为了强调和明确仲裁裁决的效力，以利执行裁决，在订立仲裁条款时，通常都规定仲裁裁决是终局性的，对当事人双方都有约束力。

5．仲裁费用的负担

通常在仲裁条款中会明确规定仲裁费用由谁负担。一般规定由败诉方承担，也有的规定由仲裁庭酌情决定。

国际贸易实务

【例8-8】 2006年9月13日，日本某贸易公司与我国江苏省某贸易公司在南京市签订一项购销制造乳胶手套合同。合同规定：日方向我方出售一套乳胶手套制造设备，价款CIF南通53万美元，其中75％即397 500美元以信用证支付，25％即132 500美元以产品补偿。此外，合同中还约定了出现争议提交中国国际经济贸易仲裁委员会仲裁的条款。合同签订后，日方交付了设备，我方支付了75％的货款。后来，双方就设备投产后的产品质量及补偿产品的价格等问题产生争议。为此，日方与该设备的实际用户江苏省××厂协商，于2006年11月26日签订了《备忘录》，对设备投产后的遗留问题作出规定，并将原合同中以产品补偿货款25％的付款方式变更为以现款方式，于2007年3月30日前分两次支付给日方14万美元。江苏省某外贸公司作为合同的买方和用户的代理人在《备忘录》上签署了同意的意见。付款期限过后，日方多次催要剩余货款，江苏省某外贸公司始终拒付的情况下，于2008年1月19日，依照合同中的仲裁条款，向中国国际经济贸易仲裁委员会申请仲裁。请问仲裁庭应该如何裁决？仲裁裁决的效力如何？

特别提示

仲裁裁决的效力是终局的，对双方当事人都具有约束力。

小 结

(1) 在国际货物买卖中，由于货物在长途运输过程中难免会发生残损、短少甚至灭失，买卖双方对所交货物的品质、数量等问题易产争议。因此，为了确定责任归属，以利货物交接和交易的顺利进行，商品检验是国际货物买卖中不可缺少的一个重要环节。

(2) 合同中检验条款的主要内容一般包括检验时间和地点、检验内容、检验机构和检验费用等方面的内容。

(3) 在国际贸易中，双方在履约过程中有可能发生争议，解决争议的方式主要有协商、调节、仲裁、诉讼。

(4) 买卖合同签订后，发生了合同当事人无法预见、无法预防、无法避免和无法控制的事件，以致不能履行或不能如期履行合同，发生意外事件的一方可以援用不可抗力条款免除履行合同的责任或推迟履行合同。

(5) 不可抗力条款主要包括不可抗力事件的性质、范围、处理原则和处理办法。

(6) 仲裁是解决国际贸易争端最常用的一种方式。仲裁程序一般包括申请、受理、组成仲裁庭、开庭和裁决等几个主要的必经环节。

(7) 仲裁条款一般包括仲裁地点、仲裁机构、仲裁规则、仲裁裁决的效力、仲裁费用等内容。

思考与练习题

一、单项选择题

1. 以仲裁方式解决交易双方争议的必要条件是（　　）。
   A. 交易双方当事人订有仲裁协议　　B. 交易双方当事人订有合同
   C. 交易双方当事人订有意向书　　　D. 交易双方当事人订有交易协议

2. 中国国际经济贸易仲裁委员会是我国的（　　）。
   A. 官方性常设仲裁机构　　　　　B. 民间性常设仲裁
   C. 官方性临时仲裁机构　　　　　D. 民间性临时仲裁机构
3. 多数国家都认定仲裁裁决是（　　）。
   A. 终局性的　　　　　　　　　　B. 可更改的
   C. 无约束力的　　　　　　　　　D. 不确定的
4. 仲裁协议是仲裁机构受理争议性案件的必要依据，仲裁协议（　　）达成。
   A. 必须在争议发生之前　　　　　B. 只能在争议发生之后
   C. 既可以在争议发生之前，也可以在争议发生之后
   D. 必须在争议发生的进程中
5. 发生不可抗力的法律后果是（　　）。
   A. 解除合同　　　　　　　　　　B. 延迟履行合同
   C. 解除合同或延迟履行合同　　　D. 既不解除合同，也不延迟履行合同
6. 解决争端最常用的方式有（　　）。
   A. 调解　　　B. 仲裁　　　C. 诉讼　　　D. 以上都是
7. 仲裁费用一般规定由（　　）。
   A. 胜诉方负担　　　　　　　　　B. 败诉方负担
   C. 双方各半负担　　　　　　　　D. 都有可能
8. 在国际贸易中，较常用的不可抗力事件范围的规定方法是（　　）。
   A. 概括规定　　B. 不规定　　C. 具体规定　　D. 综合规定
9. 发生（　　），违约方可以援引不可抗力条款要求免责。
   A. 战争　　　　　　　　　　　　B. 世界市场价格上涨
   C. 货币贬值　　　　　　　　　　D. 生产制作过程的过失
10. 在买卖合同的检验条款中，关于检验时间和地点的规定，在国际贸易中使用最多的是（　　）。
    A. 在出口国检验　　　　　　　　B. 在进口国检验
    C. 在出口国检验，在进口国复验　D. 在第三国检验

二、案例分析题

1. 我国某贸易公司与荷兰进口商签订一份皮手套合同，价格条件为 CIF 鹿特丹，向中国人民保险公司投保一切险。生产厂家在生产的最后一道工序将手套的湿度降到了最低程度，然后用牛皮纸包好装入双层瓦楞纸箱，再装入 20 英尺集装箱，货物到达鹿特丹后，检验结果表明：全部货物湿、霉、玷污、变色，损失价值达 10 万美元。据分析：该批货物的出口地不异常热，进口地鹿特丹不异常冷，运输途中无异常，运输完全属于正常运输。

试问：(1)保险公司对该批货损是否负责赔偿？
(2)进口商对受损货物是否支付货款？
(3)出口商应如何处理此事？

2. 我国某出口企业以 CIF 纽约的条件与美国某公司订立了 200 套特制家具的出口合同。合同规定 2009 年 12 月交货。当年 11 月底，该企业出口商品仓库因雷击发生火灾，致使一半左右的出口家具烧毁。该企业以发生不可抗力事故为由，要求免除交货责任，美方不同意，坚持要求我方按时交货。

出口企业是否可以不可抗力为由免除交货责任？

3. 我国某公司与外商订立一项出口合同，在合同中明确规定了仲裁条款，约定在履约过程中如发生争议，在我国仲裁。后来，双方对商品的品质发生争议，对方在其所在地法院起诉我方，法院发来传票，传我国该公司出庭应诉。

对此，你认为该如何处理？

三、技能实训题

1. 广州某贸易公司出口一批衬衫到加拿大，双方以 CIF 渥太华 10 美元/件成交，以发票金额的 110% 投保水渍险，买卖双方同意以装运港中国出入境检验检疫机构签发的质量检验证书作为信用证下议付所需单据之一，买方有权对货物的质量进行复检。

请根据这些条件拟定合同的索赔条款。

2. 广州某外贸公司出口一批木材到美国，双方以 CIF 洛杉矶 1 000 美元/公吨成交，以发票金额的 110% 投保一切险和战争险，不允许分批，允许转运，装运时间为 2009 年 10 月上旬。

请根据这些条件拟定不可抗力条款。

3. 深圳某贸易公司出口一批茶叶到英国，双方以 CIF 伦敦 2 000 美元/公吨成交，以发票金额的 110% 投保水渍险，买卖双方同意以装运港中国出入境检验检疫机构签发的质量检验证书作为信用证下议付所需单据之一，买方有权对货物的质量进行复检。货物到达目的地后，买方发现部分茶叶遭受水浸，于是向卖方提出索赔，卖方以所交货物符合装运港质量检验证书证明为由，拒绝索赔，双方产生争议，决定将争议提交给仲裁庭裁决。

请根据这些条件拟定解决争议的仲裁条款。

四、学习网址

1. 登录外贸大学网，网址：http：//university.ebay.cn/。

2. 登录中国外贸网，了解外贸行业新闻、资讯、外贸知识等外贸信息，网址：http：//www.cnwaimao.com/。

项目 9 交易磋商的流程

学习目标

知识目标：熟悉交易磋商前的准备工作；掌握交易磋商的流程。
能力目标：能够模拟交易磋商的流程。

章节导读

在国际贸易中，交易磋商是指贸易双方为买卖某种商品通过面谈，或通过信函、传真或电子数据交换等方式，对交易的各项条款进行讨价还价，最终达成一致并签订合同的国际商务谈判。

交易磋商活动从表面来看是一种经济行为，实质上是一种法律行为。买卖双方通过磋商谈判取得一致的协议促使双方交易达成，合同成立。交易磋商的程序一般包括询盘、发盘、还盘和接受4个环节，其中发盘和接受是达成交易、合同成立不可缺少的两个基本环节和必经的法律步骤。

导入案例

英国 A 商于 2008 年 8 月 5 日向德国 B 商发出一项发盘，出售某商品一批，B 商于收到该发盘的次日（8月8日）上午答复 A 商，表示完全同意发盘的内容。但 A 商在发出发盘后发现该商品行情趋涨，遂于8月9日下午致电 B 商，要求撤销其发盘。A 商收到 B 商接受通知的时间是 8 月 10 日上午。

试问：根据《联合国国际货物销售合同公约》的规定，A、B 双方是否存在合同关系？说明理由。

9.1 交易磋商前的准备工作

国际贸易的情况比较复杂，为了贯彻国家的对外贸易政策，提高成交的成功率，事前必须做好充分的准备工作，有备无患。在交易磋商之前，需要准备的事项很多，其中主要包括以下事项。

9.1.1 国际市场调研

在交易磋商之前，必须从调查研究入手，通过各种途径广泛收集市场资料，加强对国外市场供销状况、价格动态、政策法令措施和贸易习惯等方面情况的调查研究，以便择优选择适当的目标市场和合理地确定市场布局。国际市场调研的范围和内容包括环境调研、商品市场调研、竞争状况调研。

1. 环境调研

环境调研的目的在于对经济大环境有一个总体的了解,以便正确选择目标市场,更好地贯彻我国的对外方针、政策。具体有:①一般概况调研。包括人口、面积、气候、函电文字、通用语言、电器电压、度量衡制等。②政治情况调研。包括政治制度、对外政策、与我国的关系等。③经济情况调研。包括主要物产资源、工农业生产、财政金融、就业状况、收入状况等。④对外贸易情况调研。包括主要进出口商品贸易额、进出口贸易的主要国别地区、国际支付能力、主要贸易港口、对外贸易和外汇管制政策、海关税率和商检措施、民法和商法以及与我国进行贸易的情况等。⑤运输条件调研。包括港口及其设备、港口惯例、对外航线等。

2. 商品市场调研

商品市场调研的目的在于了解产品的市场行情,以便掌握出口商品的价格及交易的其他条件。具体有:①市场需求调研。包括市场需求总量、需求结构、需求的满足程度和潜在的需求量等。②消费者调研。包括消费者的购买能力、消费水平、消费习惯等。③销售情况调研。包括该类产品过去几年在当地的销售量、销售总额、生产规模、价格变动、销售趋势等。④价格调研。包括价格水平、影响价格变动的因素及价格变化趋势等。

3. 竞争状况调研

竞争状况调研的范围包括目标市场主要竞争对手的产品特性、价格水平、盈利能力、市场份额、竞争策略等,以了解竞争对手所具有的优势和弱势,预测自身产品的竞争力和市场地位。

9.1.2 选择交易对象

为了正确地选择和利用客户,需要对客户的情况进行全面调查,以便对各种不同类型的客户进行归类。

1. 资信情况

主要包括企业的资金和信用两方面。资金指的是企业的注册资金、实收资金、公积金、其他财产及资产债务情况等。信用是指企业的经营作风、履约守信用等。这些情况对决定选择哪些经销、代理、包销、寄售等业务客户是十分重要的。此外,对客户资信进行调查后,应建立档案卡备查,分类建立客户档案。

2. 经营能力

经营能力主要指企业每年的营业额、销售渠道、经营方式以及在当地和国际市场上的贸易关系等。

3. 经营范围

经营范围主要指企业生产或经营的商品是哪一类,经营的性质是代理商、生产商,还是零售批发商等。这类调查也是非常重要的。

4. 支付能力

主要是了解客户的财力，其中包括注册资本的大小、营业额的大小、潜在资本、资本负债和借贷能力等。

5. 客户背景

主要指客户的政治经济背景及其态度。凡愿意在平等互利原则的前提下进行友好往来、贸易合作的客户，都应积极与他们交往。

9.1.3 拟定商品经营方案

商品经营方案是厂商在一定时期内对外推销某种或某类商品的具体安排，是对外磋商交易的依据，是整个进出口交易活动的指导。一般来说，对大宗或重点推销的商品，通常逐个拟定经营方案；对一般商品，则按大类拟定经营方案；对一些中小商品或成交不大的商品，仅需拟定简单的价格方案。商品经营方案一般包括以下内容。

1. 国内货源情况

外贸企业为了及时交货，必须对自己的国内货源进行组织，主要包括国内生产能力、可供出口数量，以及商品的品质规格和包装等情况。一个成熟的外贸企业应该有自己固定的并有良好往来关系的国内货源供应商。这样，企业一方面可以在供货成本上取得比自己竞争对手更好的优势；另一方面还可以为企业进一步对货源的生产及运储等活动的监控打下良好的基础。

2. 国外市场情况

国外市场情况包括市场容量、生产、消费、贸易的基本情况，主要进出口国家的交易情况；今后可能发展变化的趋势；对商品品质、规格、包装、性能、价格等各方面的要求；国外市场经营该商品的基本做法和销售渠道。

3. 出口经济效益

出口经济效益包括出口成本、出口盈亏率和出口换汇成本等。通过核算同类商品在不同时期的出口经济效益，有助于出口商改进经营管理；而对同类商品出口到不同国家和地区的经济效益的比较，则可以为选择市场提供依据。

4. 销售计划和措施

销售计划包括分国别和地区、按品种数量与金额列明销售的计划进度，以及按销售计划采取的措施，如对客户的利用、贸易方式、收汇方式的应用，对价格佣金和折扣的掌握。

9.1.4 选配贸易谈判人员

对外贸易谈判是有关各方当事人对某项贸易活动有待解决的重大问题进行的会谈。为了保证交易磋商顺利进行，事先应选配精明能干的洽谈人员。他们应具有较强的业务素质，精通外语，通晓法律，了解市场行情，掌握谈判技巧，随机应变。另外，所选择的洽谈人员应包括商务、技术、法律、财务等领域的专业技术人员。一场国际商务谈判应配备多少人员才合适，应根据谈判及交易内容的阶段、技术性的强弱、时间长短以及谈判双方人员的素质等因素来确定。

9.2 交易磋商的内容和形式

交易磋商的内容涉及要签订买卖合同的各项条款，一般分为两个部分：一部分是变动性的交易条件，包括品名、品质、数量、包装、价格、装运、保险、支付等。这些条款需要买卖双方每次交易的时候——磋商并取得一致意见。另外一部分是一般交易条件，如商检、争议、索赔、仲裁和不可抗力等。这些条款是相对固定的，对每笔交易都是适用的，因此买卖双方不必每次交易都重复磋商。

交易磋商可分为口头磋商与书面磋商两种形式。虽然它们在做法形式上有所不同，但在同际贸易中，其法律效力是相同的。

口头磋商，是指通过商品交易会、洽谈会、商务出访等形式，买卖双方面对面地直接进行谈判，或通过国际长途电话洽商。书面磋商，是指通过信函、电传、传真、LDI 等通信方式进行业务洽商。随着现代通信技术的发展，书面磋商也越来越简便易行，书面磋商是日常业务的通常做法。

9.3 交易磋商的流程概述

交易磋商是买卖双方为了买卖某种商品，通过一定的程序就交易的各项条件进行洽谈，最后达成协议的整个过程。交易磋商的目的是签订合同，一旦双方对各项交易条件协商一致，买卖合同即告成立。交易磋商的程序一般包括询盘、发盘、还盘、接受4个环节，其中发盘和接受是交易成立的基本环节，也是合同成立的必要条件，如图 9.1 所示。

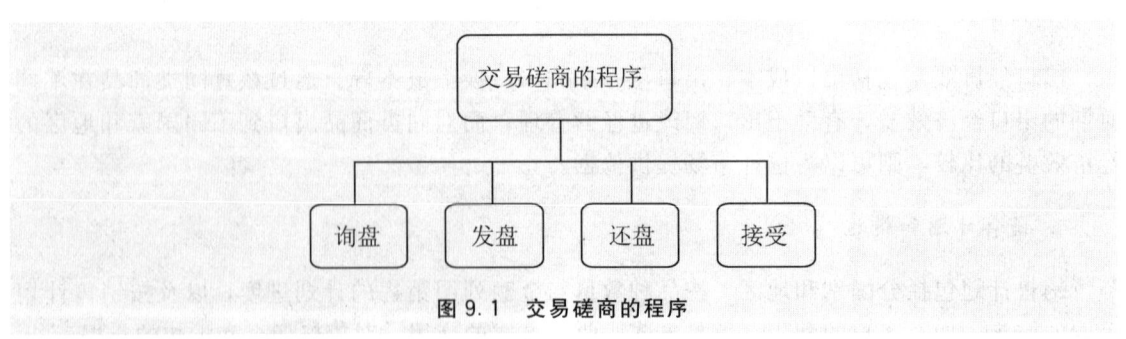

图 9.1 交易磋商的程序

9.3.1 询盘

询盘（Inquiry）又称为询价或邀请发盘，是指交易的一方打算购买或出售某种商品，向对方询问买卖该项商品的有关交易条件。询盘一般由买方向卖方发出，也可由卖方向买方发出。

询盘的内容可涉及价格、品质、数量、包装、装运以及索取样品等，而多数只是询问价格。所以，业务上常把询盘称作询价。

【例9-1】 "报100公吨东北大豆的最低价。"
QUOTE US YOUR LOWEST PRICE FOR 100M/T B=NO RTHEAST SOYBEAN.

【例9-2】 "可供东北大豆100公吨请递盘。"
CAN SUPPLY NORTHEAST SOYBEAN 100M/T PLEASE BID.

询盘对于询盘人和被询盘人均无法律上的约束力，仅仅表示买卖双方交易的一种愿望，因此询盘可以同时向一个或几个交易对象发出。发出询盘后，买方没有购买货物的义务，卖方也没有出售货物的责任。询盘往往是一笔交易的起点。但不是交易磋商的必要步骤。

9.3.2 发盘

1. 发盘的定义及具备的条件

发盘（Offer）又称为报盘、报价、发价，是指交易的一方向另一方提出购买或出售某种商品的各项交易条件，并愿意按这些条件达成交易，签订合同的一种意思表示。发盘既是商业行为，又是一种法律行为，法律上称为要约。发盘可由卖方提出，也可由买方提出。因此，分为卖方发盘和买方发盘。习惯上称后者为"递盘（Bid）"。

【例9-3】 "报盘东北圆粒大米500公吨，每净重公吨200美元，CIF伦敦，新单层麻袋包装，每包大约100千米，2月装运，不可撤销即期信用证。5日复到我地有效。"

【例9-4】 "兹发盘5 000打运动衫规格按3月15日样品每打CIF纽约价84.50美元，标准出口包装5至6月装运，以不可撤销信用证支付，限20日复到。"

根据《联合国国际货物销售合同公约》（简称《公约》）第14条第一款对发盘的规定："向一个或一个以上特定的人提出订立合同的建议，如果十分确定并且表明发盘人在得到接受时承受约束的意旨，即构成发盘。一个建议如果写明货物并且明示或暗示地规定数量和价格或规定如何确定数量和价格，即为十分确定。"可以看出一项发盘的构成必须具备下列三个条件。

（1）向一个或一个以上的特定人提出。发盘必须指定可以表示接受的受盘人，受盘人可以是自然人也可以是法人，可以是一个，也可以指定多个。不指定受盘人的发盘，仅应视为发盘的邀请。因此，报纸杂志或商业广告虽然内容完整，由于没有特定的受盘人，也不能构成有效的发盘，只等同于邀请发盘。

（2）表明订立合同的意旨。发盘必须表明严肃的订约意旨，即发盘人在得到接受时，将按发盘条件与受盘人订立合同。如发盘人只是就某些交易条件建议同对方进行磋商，而没有受其建议约束的意思，则此项建议不能被认为是一项发盘。例如，发盘"仅供参考"、"须以发盘人的最后砚认为准"或其他保留条件，这样的订约建议就不是发盘，而只是邀请对方发盘。

（3）发盘的内容须十分确定。一项有效的发盘，其内容必须是确定的，即发盘中的交易条件必须是完整的、确定的和终局性的。《公约》的解释是在发盘中明确货物，规定其数量和价格。在规定数量和价格时，可以明示，也可以暗示，还可以只规定确定数量和价格的方法。

《公约》关于发盘内容的上述规定，只是对构成发盘的起码要求。虽然这种做法在法律上可行，但在实际业务中，容易出现因买卖双方对发盘中没有列出的交易条件看法不同而引发争议。因此，在对外发盘时，最好将品名、品质、数量、包装、价格、交货时间、地点和支付办法等主要交易条件明确规定，从而有利于交易的顺利进行。

（4）发盘必须送达受盘人才能生效。一项发盘送达至特定的受盘人时才有效。如果发盘人用信件或电报向受盘人发盘，信件或电报在传递中遗失，以致受盘人未能收到，则此发盘无效。

2．发盘的有效期

通常发盘都有一个有效期限，只有在有效期内，受盘人对发盘的接受才有效。对发盘有效期的规定有以下几种情况。

1）发盘中明确规定了有效期限

在此种情况下，受盘人必须在规定的期限内接受才有效，超过发盘规定的时限，发盘人则不受约束。例如，"本发盘限2010年5月3月复到，以我方时间为准"。按此规定，受盘人的接受通知不得迟于5月3日送达发盘人。我国外贸企业在对外发盘时，一般都采用这种方法规定发盘的有效期，发盘送达受盘人时生效，至规定的有效期满为止。

2）在发盘中未明确规定有效期

当发盘未明确规定有效期时，按照国际惯例，受盘人应在合理时间内接受才能有效。对"合理时间"，国际上并没有统一规定，一般要由商品的特点和行业习惯或习惯做法决定。对于市场行情稳定的商品，有效期通常可以规定得较长；反之则较短。由于这种规定具有很大的不确定性，容易导致纠纷，因此，在进出口业务中一般较少采用这种形式的发盘。

3）口头方式的发盘

根据《公约》的规定，"采用口头发盘时，除发盘人发盘时另有声明外，受盘人只能当场表示接受，方为有效。"

3．发盘的撤回和撤销

在法律上，发盘的撤回与撤销属于两个不同的概念。发盘的撤回是指发盘尚未生效，发盘人采取行动，阻止它生效的行为；发盘的撤销是指在发盘已生效后，发盘人以一定方式解除发盘的效力。

1）发盘的撤回

根据《公约》的规定，"一项发盘，即使是不可撤销的，也可以撤回，如果撤回通知于发盘送达受盘人之前或同时送达受盘人。"因此，发盘人在发盘后发现发盘内容有误，或由于其他原因想取消发盘，可以在发盘生效前将其撤回，但撤回发盘的通知应赶在受盘人收到该发盘之前或同时送达受盘人。

2）发盘的撤销

关于发盘的撤销，世界各国的法律规定有很大的差异。英美法认为，发盘原则上对发盘人没有约束力，发盘人在受盘人对发盘表示接受之前的任何时候，都可撤回发盘或变更其内容。在受盘人表示接受之前，即使发盘中规定了有效期，发盘人也可以随时予以撤销，这显然对发盘人有利，对受盘人极为不利。

大陆法系国家对此问题的看法相反，认为发盘人原则上应受发盘的约束，不得随意将发盘撤销。例如，德国相关法律规定，发盘在有效期内，或没有规定有效期时，则通常情况下在可望得到答复之前不得将其撤销。法国虽然允许发盘人在受盘人接受之前撤销其发盘，但若撤销不当，发盘人应承担损害赔偿责任。

《公约》第15条规定，"在发盘已送达受盘人，即发盘已经生效，但受盘人尚未表示接受之前这一段时间内，只要发盘人及时将撤销通知送达受盘人，仍可将其发盘撤销。如一旦受盘人发出接受通知，则发盘人无权撤销该发盘。"但是，在下列情况下，发盘不能再撤销。

（1）发盘中注明了有效期，或以其他方式表示发盘是不可撤销的。

（2）受盘人有理由依赖该发盘是不可撤销的，并且已本着对该发盘的依赖行事。

【例9-5】 买方发盘要求卖方凭发盘人提供的规定，生产供应某机械设备。发盘人除列明品质、数量、价格、付款、货期等必要条件外，规定有效期为1个月，以便卖方能有足够的时间研究是否按所提条件生产供应。卖方收到发盘后，立即组织人员进行设计，探询必要生产设备添置的可能性和成本核算。两周后，突然接到买方通知，由于资金原因，决定不再定购该项机械设备，并撤销发盘。此时，卖方已因设计、询购生产设备、核算成本等付出了大量费用。接到买方撤盘通知后，卖方被迫停止尚未完成的设计与成本核算等工作。对此，你认为卖方能否提出异议？应如何处理？并说明理由。

特别提示

根据《公约》规定，在发盘有效期未满之前是不可以撤销的。

4. 发盘的失效

发盘的失效是指发盘法律效力的消失，发盘人不再受该发盘的约束。发盘失效的原因主要有下列几种情况。

（1）发盘在有效期内未被接受而失效。明确规定有效期的发盘，在有效期内如果未被受盘人接受，发盘即失效。或虽未规定有效期，但在合理时间未被接受，则该发盘自动失效。

（2）发盘被受盘人拒绝。如果受盘人对一项发盘明确表示拒绝，发盘立即失效。

（3）发盘被受盘人还盘随之失效。发盘一经受盘人还盘，便构成对原发盘实质性的拒绝，当还盘通知送达发盘人时，原发盘随之失效。

（4）发盘人在受盘人做出接受前对发盘进行了有效的撤销。

（5）发盘人或受盘人在发盘被接受前丧失行为能力（如死亡或精神失常）或被依法宣告破产，并将有关破产的书面通知送达受盘人；或发盘中的商品被出口国或进口国政府宣布禁止出口或进口。在以上任一情况下，发盘将依据法律而终止有效。

9.3.3 还盘

还盘（Counter Offer），又称为还价，在法律上称为反要约。受盘人在接到发盘后，不容易或不完全同意发盘的内容，为了进一步磋商交易，对发盘提出修改意见后用口头或书面形式表示出来，就构成还盘。

【例9-6】 "你5日电，还盘CFR价212英镑，10日复到有效。"

YC 5TH COUNTER OFFER CFR STERLING212 REPLY HERE 10TH.

【例9-7】 "你6日电可接受。但10月装船，电复"。

YC 6TH ACCEPTABLE BUT SHIPMENT OCTOBER CABLE REPLY.

还盘是对发盘的拒绝，还盘一经做出，原发盘即失去效力，原发盘人也不再受其约束。根据《公约》的规定，受盘人对货物的价格、付款、品质、数量、交货时间与地点、一方当事人对另一方当事人的赔偿责任范围或解决争端的办法等条件提出添加或更改，均作为实质性变更发盘条件。

此外，对发盘表示有条件的接受，也是还盘的一种形式。例如，受盘人在答复发盘人时，附加有"以最后确认为准"、"未售有效"等规定或类似的附加条件。这种答复只能视作还盘或邀请发盘。还盘的内容如不具备发盘条件，即为"邀请发盘"。如还盘的内容具备发盘条件，就构成一个新的发盘。还盘人成为新发盘人，原发盘人成为新受盘人，他有对新发盘做出接受、拒绝或再还盘的权利。

【例9-8】 我国某外贸企业于2007年向国外询购某商品，不久接到外商3月20日的发盘，有效期至3月26日。我方于3月22日复电："如能把单价降低5美元，可以接受。"对方没有反应。后因用货部门要货心切，以鉴于该商品行市看涨，我方随即于3月25日又去电表示同意对方3月20日发盘所提的各项条件。试分析，此项交易是否达成？理由何在？

特别提示

还盘是对发盘的拒绝，还盘一经做出，原发盘即失去效力，原发盘人也不再受其约束。

9.3.4 接受

1. 接受的含义

接受（Acceptance）在法律上称为"承诺"，是指受盘人在发盘有效期内，无条件地同意发盘中所提出的各项交易条件，并愿按这些条件与对方达成交易、订立合同的一种意思表示。按照《公约》的规定，发盘一经接受，合同便告成立，发盘人和受盘人任何一方都不得任意更改或撤销。

2. 接受构成的条件

根据《公约》的解释，构成有效的接受要具备以下4个条件。

1）接受必须由受盘人作出

其他人对发盘表示同意，不能构成接受，只能视为一项新的发盘。

2）接受必须以某种方式表示出来

根据《公约》规定，受盘人表示接受有两种方式：一是用声明（口头或书面）表示接受该项发盘；二是通过某种行为来表示接受，如按发盘中规定的条件开证、发运货物、支付货款等行为。但对后一种方式，我国在加入《公约》时作出了明确的保留态度。

3）接受的内容要与发盘的内容相符

构成一项有效的接受必须是无条件地、全部同意发盘的条件，即接受的内容必须与发盘相符。但在业务中，常有这种情况，受盘人在答复中使用了"接受"的字眼，但又对发盘的内容做了增加、限制或修改，这在法律上称为有条件的接受。《公约》中将接受中对发盘条件的变更分为两大类：实质性变更和非实质性变更。凡是有关货物价格、付款、货物质量和数量、交货地点和时间、一方当事人对另一方当事人赔偿责任范围或解决争端等的添加或不同条件，均视为实质性变更。实质性变更是对发盘的拒绝，构成还盘。如果合同中含有非实质性的变更，如增加合同的副本数、要求签订确认书、建议对合同进行公证，要求重量单、装箱单、原产地址书、要求将货物分两批装运等，在这种情况下，除非发盘人及时表示反对或者发盘中明确表示不得对发盘的内容做出任何变更，否则该接受构成一项有效的接受。

【例9-9】 我国某外贸公司于2006年3月1日向美商发去电子邮件，发盘供应某农产品1 000公吨并列明"牢固麻袋包装"。美商收到我方电子邮件后立即复电表示，"接受，装新麻袋装运"。我方收到上述复电后，即着手备货，准备于双方约定的6月装船。数周后，某农产品国际市价猛跌，针对我方的催证电子邮件，美商于3月20日来电称，"由于你方对新麻袋包装的要求未予确认，双方之间无合同"。而我外贸公司则坚持合同已有效成立，于是双方对此发生争执。试问：此案应如何处理？说明理由。

特别提示

按照《公约》规定，构成非实质性变更发盘条件的接受是有效的，合同是成立的，除非发盘人表示不同意并立即通知对方。

4）接受要在发盘的有效期内送达发盘人

发盘中通常都规定有效期。这一期限有双重意义：一方面它约束发盘人，使发盘人承担义务，在有效期内不能任意撤销或修改发盘的内容，过期则不再受其约束；另一方面，发盘人规定有效期，也约束受盘人，只有在有效期内作出接受，才有法律效力。

3. 接受的生效

关于接受的生效问题，不同的法律体系存在明显的分歧。英美法系实行的是"投邮生效"原则，又称为"投邮主义"。这是指在采用信件、电报等通信方式表示接受时，接受的函电一经投邮或发出立即生效，只要发出的时间是在有效期内，即使函电在邮寄途中延误或遗失，也不影响合同的成立。

大陆法采用的是"到达生效"原则，即表示接受的函电须在规定时间内送达发盘人，接受才生效。因此，函电在邮递途中延误或遗失，合同不能成立。

为了避免由于各国法律规定不同而引起误解和争议，《公约》规定：对发盘所作的接受，应于接受的通知到达发盘人时生效。如果表示接受的通知在发盘人所规定的时间内未能送达于发盘人，则该项接受即为无效。

4. 接受的撤回

接受的撤回也就是受盘人在对原发盘人发出接受通知时，采取某种方式阻止接受生效的行为。《公约》第22条规定，"如果撤回通知，于接受通知之前或同时送达发盘人，接受得予撤回。"由于接受在送达发盘人时才产生法律效力，故撤回或修改接受的通知，只要先于原接受通知或与原发盘接受通知同时送达发盘人，则接受可以撤回或修收。如果接受已送达发盘人，即接受一旦生效，合同即告成立，就不得撤回接受或修改其内容。

但是按照英美法的"投邮生效原则"，接受一经投邮立即生效，合同就此成立，因此接受不能撤回。

5. 逾期的接受

在国际贸易中，由于各种原因，导致受盘人的接受通知有时晚于发盘人规定的有效期送达，这在法律上称为"逾期的接受"。按照各国的法律，逾期接受在一般情况下是无效的，发盘人不受其约束，不具有法律效力，但也有例外的情况，《公约》第 21 条规定逾期的接受在下列两种情况下仍具有效力。

（1）如果发盘人毫不迟延地用口头或书面形式将此种意思通知受盘人。

（2）如果载有逾期接受的信件或其他书面文件表明，它在传递正常的情况下是能够及时送达发盘人的，那么这项逾期接受仍具有接受的效力，除非发盘人毫不迟延地用口头或书面方式通知受盘人，认为该发盘已经失效。

【例 9-10】 我国某公司于 2010 年 4 月 15 日向外商 A 发盘，限 20 日复到我方，外商于 17 日上午发出电传，但该电传在传递中延误，21 日才到达我方。我方以对方答复逾期为由，不予置理。当时该货物的市价已上涨，我方遂以较高价格于 22 日将货物售予外商 B。25 日外商 A 来电称：信用证已开出，要求我方尽早装运。我方立即复电外商 A：接受逾期，合同不成立。分析合同是否成立？

特别提示

根据《公约》规定，由于传递过程的逾期接受是有效的，除非原发盘人接受逾期接受通知后马上表示接受无效。

小　　结

（1）交易洽商是贸易双方通过一定程序对各项交易条件进行的国际商务谈判。为保证交易磋商工作的顺利进行，必须做好交易磋商前的各项准备工作，要对国内外市场进行调查研究，掌握价格动态，制定进、出口商品的经营方案，选配好贸易谈判人员。

（2）交易洽商在形式上分为口头和书面两种。

（3）交易磋商的一般程序包括询盘、发盘、还盘和接受 4 个环节，其中，发盘与接受是每笔交易达成和订立合同不可缺少的基本环节和必经的法定步骤。因此，了解发盘与接受的含义及其应具备的条件，发盘与接受生效的时间，发盘效力的终止和逾期接受的处理，以及发盘与接受的撤回或修改等，都有着重要的法律和实践意义。

思考与练习题

一、单项选择题

1. 一项接受由于电信部门的延误，发盘人收到此项接受时已超过该发盘的有效期，那么（　　）。

    A. 除非发盘人及时提出异议，该逾期接受有效，合同成立

    B. 只要发盘人及时表示确认，该逾期接受有效，合同成立

    C. 该逾期接受丧失接受效力，合同未成立

2. 一项发盘，经过还盘后，则该项发盘（　　）。
   A. 失效　　　　　　　　　　B. 仍然有效
   C. 对原发盘人有约束力　　　D. 对还盘人有约束力
3. "××公司：你方10日传真收悉。你方条件我方接受，但请降价10%，可否即复（签章）"。这份传真是一个（　　）。
   A. 询盘　　　B. 发盘　　　C. 还盘　　　D. 接受
4.《联合国国际货物销售合同公约》规定发盘生效的原则为（　　）。
   A. 投邮生效原则　　　　B. 签订书面合同原则
   C. 口头协商原则　　　　D. 到达生效原则
5. 根据《联合国国际货物销售合同公约》的规定，受盘人对（　　）提出添加或更改，视为非实质性变更发盘条件。
   A. 价格　　　B. 付款　　　C. 包装　　　D. 交货时间与地点

二、案例分析题

1. 一法国商人于2009年8月8日上午走访我国某外贸企业洽购某商品，我方口头发盘后，对方未置可否。当日下午法商再次来访表示无条件接受我方上午的发盘，那时，我方已获知该商品的国际市场价格有趋涨的迹象。对此，你认为我方应如何处理为好。为什么？

2. 我国某出口公司2010年6月5日向英国商人A发盘：实盘，东北大豆1000公吨，水分最高15%，杂质最高为1%，不完善粒为9%，单层旧麻袋装，每公吨USD150FOB大连，3月装运，不可撤销即期信用证支付，9日复到我地有效。9日A商人回电：我接受你5日发盘，合同订立后立即装运。出口公司未回复。A商人认为交易达成，即开立信用证。问买卖双方有无合同？

3. 我国某公司与某外商洽谈交易一宗，经往来电传磋商，就合同的主要条件全部达成协议，但在最后一次我方所发的表示接受的电传中列有"以签订确认书为准"。事后对方拟就合同草稿，要我方确认，但由于对某些条款的措辞尚待进一步研究，故未及时给予答复。不久，该商品的国际市场价格下跌，外商催我方开立信用证，我方以合同尚未有效成立为由拒绝开证。试分析我方的做法是否有理。

三、技能实训题

2010年8月1日，广州某进出口公司收到新加坡一客户来函，表明对该公司在网上发布的新产品感兴趣，于是该公司向新加坡客户寄发了样品和产品目录。新加坡客户确认了样品，于8月10日来函，要求该公司报价。根据所给条件和要求，请学生分组扮演进出口双方，模拟交易磋商的全过程。

(1) 根据客户8月10日来函，向客户发盘。
(2) 回复客户还盘。
(3) 对客户还盘进行再还盘。
(4) 对客户还盘表示接受。

四、学习网址

1. 登录外贸知识网，学习和了解外贸知识，网址：http://www.rfqy.net/。
2. 登录阿里巴巴网，了解目前企业企业首选的商务平台，网址：http://www.alibaba.com/。

项目 10 合同的签订与履行

 学习目标

知识目标:熟悉合同的形式;掌握合同的主要内容国;掌握进出口合同履行的业务程序。

能力目标:能够签订书面合同;能够正确地履行进出口合同。

 章节导读

在国际货物买卖过程中,买卖双方经过一系列的磋商,最终达成交易,但为了明确买卖双方的权利与义务,还要以书面形式签订一份合同作为依据。由于所买卖货物的品种不同、贸易条件不同、所选用的惯例不同,所以每份合同所规定的具体责任与义务会各不相同。按时、按质、按量履行合同的规定,不仅关系到买卖双方行使各自的权利和履行相应的义务,而且关系到企业、国家的对外信誉。因此,买卖双方必须本着"重合同、守信用"的原则,严格履行合同。在进出口贸易活动中,履行合同包括出口合同的履行和进口合同的履行。

 导入案例

假设你公司与国外客户签订了出口合同,内容为以 CIF 纽约条件出口货物一批,总数 200 箱。你公司按合同发运货物后取得了已装船清洁提单和保险单,但由于船方的错误,船到目的港时只卸下 180 箱。客户以此为由拒绝付款,并向你公司索赔。对此,你应如何处理?

10.1 合同的成立

10.1.1 合同成立的时间

我国《合同法》规定,承诺生效时合同成立。《联合国国际货物销售公约》规定,受盘人接受发盘并在发盘有效期内将接受送达发盘人,合同即告成立。在实际业务中,合同成立的时间以订约时合同上所写明的日期为准,或以收到对方确认合同的日期为准。

10.1.2 合同成立的要件

买卖双方即便签订了合同或协议,也并不意味着合同就一定有效。根据各国法律规定,一个有约束力的合同只有具备以下条件,才是一份有效的、有法律约束力的合同。

1. 合同当事人必须具有签订合同的行为能力

签订买卖合同的当事人应是自然人或法人。如果当事人是自然人，他必须是精神正常的成年人，未成年人、精神病人等订立合同必须受到限制；如果当事人是法人，必须通过其代理人，在法人的经营范围内签订合同，越权的合同是无效的。

2. 合同当事人的意思表示必须真实

国际货物买卖合同的签订是一种法律行为，只有双方当事人自愿表示意思合同才能成立。任何一方采取欺诈、威胁或暴力行为与对方订立的合同均无效。我国《涉外经济合同法》第七条也指出，当事人必须就合同条款达成协议，合同方告成立。这是我国涉外经济合同，包括国际货物买卖合同有效成立的实质条件。如果当事人不能达成协议，就不存在合同。而且，协议必须建立在当事人自愿和真实的基础上。《涉外经济合同法》第十条明确规定，"采取欺诈或者胁迫手段订立的合同无效"。

3. 合同必须有对价或约因

对价是指当事人为了取得合同利益所付出的代价。例如，在买卖合同中，卖方支付货款是为了得到卖方提交的货物，而卖方交付货物是为了取得买方支付的货款，买方支付货款和卖方交付货物就是买卖合同的对价。

约因是指当事人签订合同所追求的直接目的。在贸易实践中，买卖双方当事人所追求的直接目的分别为货物和货款，货物、货款分别是买卖双方当事人的约因。

按照英美法和法国法的规定，合同只有在具备对价和约因时，才是法律上有效的合同，无对价和约因的合同无效。

4. 合同的标的和内容物必须合法

几乎所有国家的法律的都要求当事人所订立合同的标的和内容必须合法，货物应是政府允许自由进出口的商品，如果属于政府管制的，应先取得有关许可证或配额；合同内容必须合法，包括不得违反法律、不得违反公共秩序或公共政策，以及不得违反善良的风俗习惯或道德三个方面。

5. 合同的形式必须合法

世界上大多数国家和地区只对少数合同才要求必须按照法律规定的特定形式成立，对大多数合同，一般没有法律形式要求。《联合国国际货物销售合同公约》第十一条中明确规定，"销售合同无须以书面订立或证明，在形式方面也不受其他条件的限制，销售合同可以用包括人证在内的任何方法证明。"即无论采用书面还是口头形式，均不影响合同效力。我国在参加《联合国国际货物销售合同公约》时做了保留，我国对外订立、修改或终止合同，必须采取书面形式，其中包括电报、电传等。

以上是合同成立的条件。一个合同只有符合了以上条件，才具有法律效力，才能得到法律的承认和受到法律保护，因此，在实际业务中，尤其在与外商签订合同时，对此要严格遵守，善加运用。

10.2 合同的签订

买卖双方经过磋商，一方的发盘被另一方有效接受，交易即达成，合同即告成立。但在实际业务当中，按照一般习惯做法，买卖双方达成协议后，通常还要制作书面合同，将各自的权利和义务用书面方式加以明确，这就是所谓的签订合同。

10.2.1 合同的意义

1. 它是合同成立的证据

一般情况下，虽然书面合同和口头合同具有同等的法律效力，但按照各国法律的要求，凡是合同都必须得到证明，一旦发生争议，当事人要对合同的成立提供书面证据。因为，口头合同不容易举证，这就给正确解决纠纷带来一定的不便，当事人的合法权益不能得到有效的保障。

2. 它是履行合同的依据

无论通过口头或是书面形式磋商达成的交易，均须把协商一致的交易条件综合起来，全面、清楚地列明在一份有一定格式的书面合同上，这将进一步明确双方的权利和义务，避免因双方对磋商具体条款记忆或理解的误差，而在履行合同的过程中产生争议，便于买卖双方准确地履行合同。

3. 有时是合同生效的条件

一般情况下，合同的生效是以接受的生效为条件的，只要接受生效，合同就成立。这是多数国家合同法的规定。但是，如果在买卖双方磋商时，一方曾声明合同的成立以签订书面合同为准，即使双方已对交易条件全部协商一致，也必须在正式签订合同后，合同才能成立。在此情况下，签订书面合同就成为合同生效的条件。

10.2.2 合同的形式

关于合同的形式，并无统一的规定，其格式的繁简也不一致。在我国进出口贸易实践中，书面合同的形式包括合同（Contract）、确认书（Confirmation）和协议书（Agreement）等。其中以采用"合同"和"确认书"两种形式居多。从法律效力来看，这两种形式的书面合同的内容没有区别，不同的只是格式和内容的繁简有所差异。

1. 进口或出口合同

其内容比较全面、完整，除商品的名称、规格、包装、单价、装运港和目的港、交货期、付款方式、运输标志、商品检验等条件外，还有异议索赔、仲裁、不可抗力等条件。它的特点在于内容比较全面，对双方的权利和义务以及发生争议后如何处理，均有全面的规定。由于这种形式的合同有利于明确双方的责任和权利，因此，大宗商品或成交金额较大的交易，多采用此种形式的合同。

2. 销售或购买确认书

属于一种简式合同,它所包括的条款较销售或购买合同简单。这种格式的合同适用于金额不大、批数较多的小土特产品和轻工产品,或者已订有代理、包销等长期协议的交易。

3. 协议书

指国家、政党、企业、团体或个人,就某个问题经过谈判或共同协商,取得一致意见后,订立的一种具有经济或其他关系契约性文书。

10.2.3 书面合同的内容

书面合同一般由下列三部分组成。

(1) 约首。一般包括合同名称、编号、双方名称、地址、电话和电传等基本内容。

(2) 基本条款。这是国际贸易货物合同的主体,包括品名、品质、数量、包装、价格、运输、付款、保险、商检、索赔、仲裁和不可抗力等各项交易条件。

(3) 约尾。一般列明合同的份数、使用的文字及其效力、订约的时间和地点及生效的时间。合同的订约地点往往要涉及合同准据法的问题,我国的出口合同的订约地点一般都写在我国。

 知识链接

销售合同样本

SALESCONTRACT

买方(BUYER):	地址(Address): 电话(Tel): 传真(Fax): 电子邮箱(E-mail):	销售合同号(S/C NO.): 日期(DATE):
卖方(SELLER):	地址(Address): 电话(Tel): 传真(Fax): 电子邮箱(E-mail):	

经买卖双方同意成交下列商品,订立条款如下:
This contract is made by and agreed between the BUYER and SELLER, in accordance with the terms and conditions stipulated below.

唛头 (Marks and Numbers)	名称及规格 (Description of goods)	数量 (Quantity)	单价 (Unit Price)	金额 (Amount)

总值(TOTAL):
转运(Transshipment):
允许(Allowed)　　　　　　　　　不允许(not allowed)
装运期(Shipment date):
保险(Insurance):
由____按发票金额110%投保____险,另加保____险至____为止。
to be covered by the ____ FOR 110% of the invoice value covering ____ additional ____ from ____ to ____.
付款条件(Terms of payment):

(续)

□买方不迟于＿＿年＿＿月＿＿日前将100％的货款用即期汇票/电汇送抵卖方。
The buyers shall pay 100％ of the sales proceeds through sight(demand)draft/by T/T remittance to the sellers not later than ＿＿ .

□买方须于＿＿年＿＿月＿＿日前通过＿＿银行开出以卖方为受益人的远期信用证，并注明在上述装运日期后＿＿天内在中国议付有效，信用证须注明合同编号。The buyers shall issue an irrevocable L/C at ＿＿ sight through ＿＿ in favor of the sellers prior to ＿＿ indicating L/C shall be valid in China through negotiation within ＿＿ day after the shipment effected, the L/C must mention the Contract Number.

□付款交单：买方应对卖方开具的以买方为付款人的见票后＿＿天付款跟单汇票，付款时交单。
Documents against payment：(D/P)
The buyers shall duly make the payment against documentary draft made out to the buyers at ＿＿ sight by the sellers.

□承兑交单：买方应对卖方开具的以买方为付款人的见票后＿＿天承兑跟单汇票，承兑交单。
Documents against acceptance：(D/A)
The buyers shall duly accept the documentary draft made out to the buyers at ＿＿ days by the sellers.

单据(Documents required)：

卖方应将下列单据提交银行议付/托收。
The sellers shall present the following documents required for negotiation/collection to the banks.
□整套正本清洁提单。
Full set of clean on Board Ocean Bills of Lading.
□商业发票一式＿＿份。
Signed commercial invoice in ＿＿ copies.
□装箱单或重量单一式＿＿份。
Packing list/weight memo in ＿＿ copies.
□由＿＿签发的质量与数量证明书一式＿＿份。
Certificate of quantity and quality in ＿＿ copies issued by ＿＿ .
□保险单一式＿＿份。
Insurance policy in ＿＿ copies.
□由＿＿签发的产地证一式＿＿份。
Certificate of Origin in ＿＿ copies issued by ＿＿ .

装运通知(Shipping advice)：

一旦装运完毕，卖方应即电告买方合同号、商品号、已装载数量、发票总金额、毛重、运输工具名称及启运日期等。
The sellers shall immediately, upon the completion of the loading of the goods, advise the buyers of the Contract No, names of commodity, loaded quantity, invoice values, gross weight, names of vessel and shipment date by TLX/FAX.

检验与索赔(Inspection and Claims)：

1. 卖方在发货前由＿＿检验机构对货物的品质、规格和数量进行检验，并出具检验证明书。
The buyers shall have the qualities, specifications, quantities of the goods carefully inspected by the ＿＿ Inspection Authority, which shall issue Inspection Certificate before shipment.

2. 货物到达目的口岸后，买方可委托当地的商品检验机构对货物进行复检。如果发现货物有损坏、残缺或规格、数量与合同规定不符，买方须于货到目的口岸的＿＿天内凭＿＿检验机构出具的检验证明书向卖方索赔。
The buyers have right to have the goods inspected by the local commodity inspection authority after the arrival of the goods at the port of destination if the goods are found damaged/short/their specifications and quantities not in compliance with that specified in the contract, the buyers shall lodge claims against the sellers based on the Inspection Certificate issued by ＿＿ the Commodity Inspection Authority within ＿＿ days after the goods arrival at the destination.

3. 如买方提出索赔，凡属品质异议须于货到目的口岸之起＿＿天内提出；凡属数量异议须于货到目的口岸之日起＿＿天内提出。对所货物所提任何异议应由保险公司、运输公司或邮递机构负责的，卖方不负任何责任。

(续)

The claims, if any regarding to the quality of the goods, shall be lodged within ____ days after arrival of the goods at the destination, if any regarding to the quantities of the goods, shall be lodged within ____ days after arrival of the goods at the destination. The sellers shall not take any responsibility if any claims concerning the shipping goods is up to the responsibility of Insurance Company/Transportation Company/Post Office.
不可抗力(Force Majeure):
如因人力不可抗拒的原因造成本合同全部或部分不能履约,卖方概不负责但卖方应将上述发生的情况及时通知买方。 The sellers shall not hold any responsibility for partial or total non-performance of this contract due to Force Majeure. But the sellers advise the buyers on time of such occurrence.
争议之解决方式(Disputes settlement):
凡因执行本合约或有关本合约所发生的一切争执,双方应协商解决。如果协商不能得到解决,应提交仲裁。仲裁地点在被告方所在国内,或者在双方同意的第三国。仲裁裁决是终局的,对双方都有约束力,仲裁费用由败诉方承担。 All disputes in connection with this contract of the execution thereof shall be amicably settled through negotiation. In case no amicable settlement can be reached between the two parties, the case under dispute shall be submitted to arbitration, which shall be held in the country where the defendant resides, or in third country agreed by both parties. The decision of the arbitration shall be accepted as final and binding upon both parties. The Arbitration Fees shall be borne by the losing party.
法律适用(Law application):
本合同之签订地,或发生争议时货物所在地在中华人民共和国境内或被诉人为中国法人的,适用中华人民共和国法律,除此规定外,适用《联合国国际货物销售公约》。 It will be governed by the law of the People's Republic of China under the circumstances that the contract is signed or the goods while the disputes arising are in the People's Republic of China or the defendant is Chinese legal person, otherwise it is governed by Untied Nations Convention on Contract for the International Sale of Goods. 本合同使用的价格术语系根据国际商会《Incoterms 1990》。 The terms in the contract based on INCOTERMS 1990 of the International Chamber of Commerce.
文字(Versions):
本合同中、英两种文字具有同等法律效力,在文字解释上,若有异议,以中文解释为准。 This contract is made out in both Chinese and English of which version is equally effective. Conflicts between these two languages arising there from, if any, shall be subject to Chinese version.
本合同共____份,自双方代表签字(盖章)之日起生效。 This contract is in copies, effective since being singed/sealed by both parties.
买方(签章)   卖方(签章) The Buyer(signature)   The Seller(signature)

10.3 出口合同的履行

出口合同的履行往往要经过不同的环节。在我国的出口业务中,最常见的就是以信用证为支付方式、以海运为运输方式的CIF与CFR合同。这类合同在履行时往往要经过备货、催证、审证、改证、租船订舱、报检、报关、保险、装船、制单结汇、收汇核销、出口退税等诸多环节。在这些环节中,以证(催证、审证和改证)、货(备货、报验)、船(租船订舱、

办理货运手续)、款(制单结汇)四个环节的工作最为重要,它们是出口合同履行的必要程序。为了更清楚地了解出口和合同的履行过程,接下来介绍信用证和 CIP 价格术语成交的海运出口工作程序。

10.3.1 备货

备货工作是指卖方根据出口合同的规定,按质、按量地准备好应交的货物,这是卖方履行合同的基本义务。货物是履行合同的基础,没有货物就无法履行合同。

出口企业性质不同,备货的形式也不同。对于外贸进出口公司,如果公司没有固定的生产加工部门,就要向国内有关生产企业联系货源,订立国内采购合同。对于自营出口的生产型企业的备货是向生产加工或仓储部门下达联系单,要求该部门按联系单的要求,对应交的货物进行清点、加工整理、包装、刷制运输标志以及办理申报检验和领证等工作。在备货工作中,应注意以下几个问题。

1. 货物的品质、规格必须与合同规定一致

货物的品质、规格应按合同的要求核实,必要时应进行加工整理,以保证货物的品质、规格与合同规定一致。

2. 货物的数量必须与信用证和合同规定一致

货物的数量是国际货物买卖合同中的主要交货条件之一。按约定数量交货是卖方的重要义务。备货的数量应保证满足合同或信用证对数量的要求,并适当留有余地,以备装运时可能发生的调换和适应舱容之用。

3. 货物的包装必须符合出口合同的规定和运输的要求

在备货过程中,要求对货物的内、外包装(包括商标、贴头、标签)均认真核对和检查,使之符合信用证的规定,并要做到保护商品和适应运输的要求,如发现包装不良或有破损的情况,应及时进行修整或换装,以免在装运时取不到清洁提单,造成收汇损失。货物备妥,应按合同和信用证规定刷制运输标志。

4. 备货时间

备货时间应根据合同和信用证规定的装运期限,同时结合船期安排,以利于船货衔接。

10.3.2 报验

凡属国家规定法定检验的商品,或合同规定必须经中国进出口商品检验检疫局检验出证的商品,在货物备齐后,应向商品检验局申请检验。只有取得商检局发给的合格检验证书,海关才准放行。经检验不合格的货物,一般不得出口。

报验的一般程序如下。

1. 申请

具有该商品出口经营权的单位或受其委托的单位填写《出口商品检验申请单》,向当地商

检机构申请报验。《出口商品检验申请单》的内容一般包括品名、规格、数量(或重量)、包装、产地等项。如需有外文译文,应注意中、外文内容一致。报验时,须随附下列单据或证件。

(1) 出口货物明细单。

(2) 出口货物报关单或其他供通关用的凭证(如《××商检局放行通知单》)。

(3) 对外贸易合同或售货确认书及有关函电、信用证(或购买证)。如信用证有修改的,要提供修改函电。

(4) 凭样成交的,提供成交小样。

(5) 经生产经营单位自行检验的,须加附厂检结果单或化验报告单,如同时申请鉴重的,须加附重量明细单(磅码单)。

申请报验后,如出口公司发现"申请单"内容填写有误,或因国外进口人修改信用证以致货物规格有变动时,应提出更改申请,并填写"更改申请单",说明更改事项和更改原因。

2. 检验

报验的出口商品,原则上由商检机构进行检验,或由国家商检部门指定的检验机构进行检验。检验的内容包括商品的质量、规格、数量、重量、包装,以及是否符合安全、卫生要求。检验的依据是法律、行政法规规定有强制性标准,或者其他必须执行的检验标准(如输入国政府法令、法规规定),或对外贸易合同约定的检验标准。

3. 出证

出口商品经检验合格的,由商检机构签发《检验证书》,或在《出口货物报关单》上加盖检验印章。经检验不合格的,由商检机构签发《不合格通知单》。根据不合格的原因,商检机构可酌情同意申请人申请复验,复验原则上仅限一次,或由申请单位重新加工整理后申请复验。检验证书的有效期,一般货物是从发证起 2 个月内有效,鲜果、鲜蛋类为 2~3 个星期内有效,植物检验为 3 个星期。如果超过有效期,装运前应向商检局申请复验。

10.3.3 催证、审证与改证

在履行信用证付款的合同时,对信用证的掌握、管理和使用,直接关系到我国对外政策的贯彻和收汇的安全。信用证的掌握、管理和使用,主要包括催证、审证和改证等项内容,这也是履行合同的一项重要工作。

1. 催证

在出口合同中,买卖双方如约定采用信用证方式付款,买方则应严格按照合同的规定按时开立信用证。如合同中对买方开证时间未作规定,买方应在合理时间内开出,因为买方按时开证是卖方履约的前提。但在实际业务中,有时国外进口商在遇到市场发生变化或资金发生短缺的情况时,往往会拖延开证,这时出口方应催促对方迅速办理开证手续。如果经催促对方仍不开证,应向对方提出保留索赔的声明。

2. 审证

当买方开来信用证后,卖方应根据买卖合同内容审查信用证。信用证是依据合同开立的,信用证内容应该是与合同条款一致的。但在实践中,由于种种因素,如工作的疏忽、电

文传递的错误、贸易习惯的不同、市场行情的变化或进口商有意利用开证的主动权加列对其有利的条款等，往往会出现开立的信用证条款与合同规定不符。为了确保收汇安全和合同顺利执行，卖方应该在国家对外政策的指导下，对不同国家、不同地区以及不同银行的来证，依据合同进行认真的核对与审查。

在实际业务中，银行和进出口公司共同承担审证任务。其中，银行着重审核开证行的政治背景、资信能力、付款责任和索汇路线等方面的内容，进出口公司则着重审核信用证内容与买卖合同是否一致。对信用证审核的内容，一般应包括以下几个方面。

1) 开证银行资信

为了保证安全收汇，对开证行所在国家的政治经济状况、开证行的资信、经营作风等必须进行审查，对于资信不佳的银行，可采取适当措施，例如，要求银行加保兑、分批出运、分批收汇等，以保证我方收汇安全。

2) 信用证性质

信用证的性质和开证行付款责任是否明确具体，直接关系到我方出口货物能否安全收汇。根据跟单信用证统一惯例（UCP600）的规定，凡是信用证都是不可撤销的，即使未如此表明也如此。所以来证中不得标明"可撤销"字样。同时证内对开证行付款责任方面加列"限制性"条款或"保留"条件的条款，受益人对此必须特别注意。如来证注明"以领到进口许可证后通知时方能生效"，电报来证注明"以领到进口许可证后通知时方能生效"，电报来证注明"另函详"等类似文句，应在接到上述生效通知书或信用证详细条款后方履行交货义务。

3) 信用证金额与货币

信用证金额应与合同金额相一致。如合同订有溢短装条款，信用证金额还应包括溢短装部分的金额。信用证金额中单价与总值要填写正确，大、小写并用。来证所采用的货币应与合同规定相一致。

4) 信用证的装运期、有效期和到期地点

装运期必须与合同规定一致，如国外来证晚，无法按期装运，应及时电请国外买方延展装运期限。信用证有效期一般应与装运期有一定的合理间隔，以便在装运货物后有足够的时间办理制单结汇工作。信用证有效期与装运期规定在同一天的，称为"双到期"。"双到期"是不合理的，受益人应视具体情况考虑是否就此提出修改。信用证的到期地点，通常要求规定在中国境内到期，如信用证将到期地点规定在国外，一般不宜轻易接受。

5) 商品的品质、规格、数量、包装等条款

信用证中有关商品货名、规格、数量、包装、单价等内容必须和合同规定相符，特别是要注意有无另外的特殊条款。如发现信用证与合同规定不符，应酌情作出是否接受或修改的决策。

6) 单据的审查

单据是出口方收款的重要证据，对于来证中要求提供的单据种类、份数及填制方法等，要进行仔细审核，如发现有不正常规定，例如，要求商业发票或产地证明须由国外第三者签证以及提单上的目的港后面加上指定码头等字样，都应慎重对待。

7) 审核转船和分批装运条款

一般情况下，买方都不愿意接受对其进口的货物在运输中可以转船的条款，因为货物中途转船，不仅延误时间、增加费用开支，还有可能出现货损货差。卖方在审核有关条款时，应注意它是否与合同的规定一致。合同中如规定分批、定期、定量装运，那么在审核来证

时，应注意每批装运的时间是否留有足够的间隔。因为按照惯例，对于分批装运合同，若任何一批未按期装运，则信用证中的该批和以后各批均告失败，所以审证时要认真对待。

8) 信用证的付款方式

银行的付款方式有4种：即期付款、延期付款、承兑汇票到期付款和议付。信用证都必须清楚地表明付款属于哪一类。

9) 对其他特殊条款的审查

在审证时，除对上述内容进行仔细审核外，有时信用证内还加列许多特殊条款，如指定船公司、指定船籍、船龄、船级等条款，或不准在某个港口转船等，一般不应轻易接受，但若对我方无关紧要，尚且也可办到，则也可酌情灵活掌握。

3. 改证

对信用证进行全面细致的审核以后，如果发现问题，应区别问题的性质，分别同银行、运输、保险、商检等有关部门研究，做出恰当妥善的处理。凡是属于不符合我国对外贸易方针政策，影响合同执行和安全收汇的情况，必须要求国外客户通过开证行进行修改，并坚持在收到银行修改信用证通知书后才能对外发货，以免发生货物装出后而修改通知书未到的情况，造成我方工作上的被动和经济上的损失。

在办理改证工作中应注意以下几点。

(1) 凡需要修改的各项内容，应做到一次向国外客户提出，尽量避免由于考虑不周而多次提出修改要求。否则，不仅增加双方的手续和费用，而且对外造成不良影响。

(2)《跟单信用证统一惯例》规定：未经开证行、保兑行(若已保兑)和受益人同意，不可撤销信用证既不能修改，也不能取消。因此，对不可撤销信用证中任何条款的修改，都必须在有关当事人全部同意后才能生效。

(3) 根据UCP600的规定，"对同一修改通知中的修改内容不许部分接受，因而对修改内容的部分接受当属无效。"国外开证行发来的修改通知中如包括两项或两项以上的内容时，对此通知要么全部接受，要么全部拒绝，不能只接受其中一部分而拒绝另一部分。

总之，对国外来证的审核和修改，是保证顺利履行合同和安全迅速收汇的重要前提，必须给予足够的重视，认真做好审证工作。

10.3.4 租船订舱和装船

出口企业在备货的同时，还必须及时办理运输、投保和报关等手续。

1. 租船订舱手续

在CIF或CFR条件下，租船订舱是卖方的责任之一。如出口货物数量较大，需要整船载运的，则要对外办理租船手续；对出口货物数量不大，不需整船装运的，则安排洽订班轮或租订部分舱位运输。

订舱工作的基本程序大致如下。

(1) 各进出口公司填写托运单，作为订舱依据。托运单是指托运人(发货人)根据贸易合同和信用证条款内容填写的向承运人办理货物托运的单证。承运人根据托运单内容，并结合船舶的航线挂靠港、船期和舱位等条件考虑，认为合适后，即接受这一托运，并在托运单上签章，留存一份，退回托运人一份。至此，订舱手续即告完成，运输合同即告成立。

(2) 船公司或其代理人在接受托运人的托运单证后，即发给托运人装货单(Shipping

Order, S/O)。装货单俗称下货纸。其作用有三点：一是通知托运人货物已配妥××航次××船，以及装货日期，让其备货装船；二是便于托运人向海关办理出口申报手续，海关凭以验放货物；三是作为命令船长接受该批货物装船的通知。

(3) 货物装船之后，即由船长或大副签发收货单，即大副收据。收货单是船公司签发给托运人的表明货物已装船的临时收据。

(4) 托运人凭收货单向外轮代理公司交付运费并换取正式提单(Bill of Lading, B/L)，收货单上如有大副批注，则在换取提单时，将该项大副批注转注在提单上。

知识链接

装货单样本

中国外轮代理公司
CHINA OCEAN SHIPPING AGENCY
装货单
SHIPPING ORDER　　S/O NO. ＿＿＿＿＿＿＿

船名　　　　　　　　　　　　目的港
S/S ＿＿＿＿＿＿＿＿＿＿＿　For 托运人＿＿＿＿＿＿＿＿＿＿
Shipper ＿＿＿＿＿＿＿＿＿＿＿＿＿＿＿＿＿＿＿＿＿＿＿＿＿

受货人
Consignee ＿＿＿＿＿＿＿＿＿＿＿＿＿＿＿＿＿＿＿＿＿＿＿

通知
Notify ＿＿＿＿＿＿＿＿＿＿＿＿＿＿＿＿＿＿＿＿＿＿＿＿＿

兹将下列完好状况之货物装船并签署收货单据。
Received on board the under mentioned goods apparent in good order and condition and sign the accompanying receipt for the same.

标记及号码 Marks & No.	件数 Quantity	货名 Description of Goods	毛/净重量（千克） Weight In Kilos		尺码 Measurement 立方公尺 CBM
			Net	Gross	

共计件数（大写）
Total Number of Packages in writing ＿＿＿＿＿＿＿＿＿＿＿＿＿＿

日期　　　　　　　　　　　　时间
Date ＿＿＿＿＿＿＿＿＿＿＿　Time ＿＿＿＿＿＿＿＿＿＿

装入何舱
Stowed ＿＿＿＿＿＿＿＿＿＿＿＿＿＿＿＿＿＿＿＿＿＿＿＿

实收
Received ＿＿＿＿＿＿＿＿＿＿＿＿＿＿＿＿＿＿＿＿＿＿＿

理货员签名　　　　　　　　　经办员
Tallied By ＿＿＿＿＿＿＿＿＿　Approved By ＿＿＿＿＿＿＿

项目10 合同的签订与履行

知识链接

海运提单样本
BILL OF LADING

托运人 Shipper			CHINA OCEAN SHIPPING COMPANY	
收货人或指示 Consignee				
通知地址 Notify Party				
前段运输 Pre carriage by	收货地点 Place of Receipt			
卸货港 Port of discharge	交货地点 Final destination	运费支付地 Freight payable at	正本提单份数 Number original Bs/L	
标志和号码 Marks and No. s	件数和包装种类 No. and Kind of Packages; Description		毛重(千克) Gross Weight	尺码(立方米) Measurement m³
以上细目由托运人提供(ABOVE PARTICULARS FURNISHED BY SHIPPER)				
TOTAL PACKAGES(IN WORDS)				
运费和费用 Freight and Charges				
	签单地点和日期 Place and Date of Issue			
	代表承运人签字 Signed for the Carrier			
Applicable only when document used as a Through Bill of Loading.				

2. 报关

报关是指进出口货物装船出运前、向海关申报的手续。《中华人民共和国海关法》简称《海关法》规定：凡是进出国境的货物，必须经由设有海关的港口、车站、国际航空站进出，并由货物所有人向海关申报，经过海关放行后，货物才可提取或者装船出口。进出口公司在办理报关时，必须填写出口货物报关单，必要时，还需提供出口合同副本、发票、装箱单或重量单、商品检验证书及其他有关证。

出口公司可以自行办理报关手续，也可以通过专业的报关行和国际货运代理公司来办理。

知识链接

报关单样本

中华人民共和国海关出口货物报关单

标记号码及备注			
出口口岸	备案号	出口日期	申报日期
经营单位	运输方式	运输工具名称	提运单号
发货单位	贸易方式	征免性质	结汇方式
许可证号	运抵国（地区）	指运港	境内货源地
批准文号	成交方式	运费　　　保费	杂费
合同协议号	件数	包装种类　毛重(公斤)	净重(公斤)
集装箱号	随附单据		生产厂家
标记号码及备注			

项号	商品编号	商品名称、规格型号	数量及单位	最终目的地(地区)	单价	总价	币制	征免

税费征收情况			
录入员： 　　录入单位	兹声明以上申报无讹并承担法律责任 申报单位（签章）	海关审单批注及放行日期(签章) 审单　　　　审单	
报关员： 邮编 电话	单位地址 填制日期	征税　　　　统计 查验 放行	

预录入编号：　　　　海关编号：

3. 投保

凡是按 CIF 价格成交的出口合同，卖方在装船前，须及时向保险公司办理投保手续，填制投保单。出口商品的投保手续，一般都是逐笔办理的，投保人在投保时，应将货物名称、保额、运输路线、运输工具、开航日期、投保险别等一一列明。保险公司接受投保后，即签发保险单或保险凭证。

项目10 合同的签订与履行

 知识链接

保险单样本

保险单

中国人民保险公司
The People's Insurance Company of China
总公司设于北京　　　　1949 年创立
HEAD OFFICE：BEIJING　　　ESTABLISHED IN 1949
发票号码　　保险单　　　保险单号
Invoice No.　　INSURANCE POLICY　　Policy No.
中国人民保险公司（以下简称本公司）
This policy of Insurance witnesses(that The People's Insurance company of China called "The Company").
根据_____（以下简称被保险人）的要求，由被保险人向本公司缴付约定的保险费，按照本保险单承保险别和背面所载条款与下列特款承保下述货物运输保险，特立本保险单。
At the request of _____（Here in first called the "insured"）, and in consideration of the agreed premium paying to the company by the insured, undertakes to insure the under mentioned goods in transportation subject to the conditions of the policy as per the Clauses printed overleaf and other special clauses attached hereon.

标记	包装及数量	保险货物项目	保险金额
Marks & notes	Quantity	Description of goods	Amount insured

发票号码
As per Invoice No.
总保险金额
(Total Amount Insured)_____
保费费率装载运输工具
Premium _____ Rate _____ Per conveyance S.S _____
开行日期 _____ 从 _____ 至 _____
Sig. On of abt _____ From _____ to _____
承保险别
Conditions.
所保货物，如遇出险，本公司凭本保险单及其他有关证件给付赔款。所保货物，如发生本保险单项下负责赔偿的损失或事故，应立即通知本公司下述代理人查勘。
Claims, if any, payable on surrender of this Policy together with other relevant documents. In the event of accident where by loss or damage may result in a claim under this Policy immediate notice applying for Surbey must be given to the company's Agent as mentioned here under.
赔款偿付地点_____
Claim payable at _____.
日期 _____ 上海
DATE _____ Shanghai
地址：中国上海中山东一路 23 号　中国人民保险公司上海分公司
Address：23 Zhongshan Dong Yi Lu, Shanghai, China　THE SHANGHAI BRANCH PEOPLE'S INSURANCE CO. OF CHINA
Cable：42001　Shanghai
TEL：3234305 3217466－44
Telex：33128 PICCS CN.
General Manager：

10.3.5 制单结汇

当出口货物装出之后，出口商即应按照信用证的规定，正确缮制各种单据。信用证结汇的单据很多，主要有以下几种。

1. 发票

发票种类很多,通常指的是商业发票,此外,还有其他各种发票,如海关发票、领事发票和厂商发票等。商业发票是卖方开立的载有货物名称、数量、价格等内容的清单,作为买卖双方交接货物和结算货款的主要单证,也是进出口报关完税必不可少的单证之一。

我国各进出口公司的商业发票没有统一格式,但主要项目基本相同,主要包括:发票编号、开制日期、数量、包装、单价、总值和支付方式等项内容。

在制作发票时应注意以下问题。

(1) 对收货人的填写,如属信用证方式,除了少数信用证另有规定外,一般均应填写来证的开证申请人。

(2) 凡属信用证方式,发票的总值不能超过信用证规定最高金额,按照银行惯例的解释,开证银行可以拒绝接受超过信用证所许可金额的商业发票。

(3) 对货物的名称、规格、数量、单价、包装等项内容的填制,凡属于信用证方式,必须与来证所列各项要求完全相符,不能与来证的内容有抵触,以防国外银行拒付货款。

(4) 来证和合同规定的单价含有"佣金",发票上应照样填写,不能以"折扣"字样代替。如来证和合同规定有"现金折扣"的字样,在发票上也应全名照列,不能只写"折扣"或"贸易折扣"等字样。

(5) 如客户要求或信用证规定在发票内加列船名、原产地、生产企业的名称、进口许可证号码等,均可一一照办。

(6) 如信用证内规定"选港费"、"港口拥挤费"或"超额保费"等费用由买方负担,并允许凭本信用证支取的条款,可在发票上将各项有关费用加在总值内,一并向开证银行收款。但是如信用证内未做上述注明,即使合同中有此约定,也不能凭信用证支取。除非国外客户同意并经银行通知在信用证内加列上述条款,否则,上述增加费用,应另制单据通过银行托收解决。

(7) 由于各国法令或习惯不同,有的来证要求在发票上加注"证明所列内容真实无误"、"货款已经收讫"或有关出口人国籍、原产地等证明文句,应在不违背我国方针、政策和法令的情况下,酌情办理。出具"证实发票"时,应将发票的下端通常印有的"有错当查"字样删去。

 知识链接

商业发票格式

世格国际贸易有限公司
DESUN TRADING CO., LTD.
Room 2901, HuaRong Mansion, Guanjiaqiao 85#, Nanjing 210005, P. R. CHINA
TEL: 025-4715004 025-4715619 FAX: 4691619

COMMERCIAL INVOICE

To:	NEO GENERAL TRADING CO. P. O. BOX 99552, RIYADH 22766, KSA TEL: 00966-1-4659220	FAX: 00966-1 -4659213	Invoice No.:	2001SDT001
			Invoice Date:	2001-04-16
			S/C No.:	NEO2001026
			S/C Date:	2001-02-28

(续)

From:	SHANGHAI PORT	To:	DAMMAM PORT	
Letter of Credit No.:	0011LC123756	Date:	2001-03-20	
Marks and Numbers	Number and kind of package Description of goods	Quantity	Unit Price	Amount
ROSE BRAND 178/2001 RIYADH	ABOUT 1700 CARTONS CANNED MUSRHOOMS PIECES & STEMS 24 TINS X 425 GRAMS NET WEIGHT (D.W. 227 GRAMS) AT USD7.80 PER CARTON. ROSE BRAND.	1700CARTONS	CFR DAMMAM PORT, SAUDI ARABIA USD7.80	USD13 260.00
TOTAL:		1 700CARTONS		USD13 260.00
SAY TOTAL:	USD THIRTEEN THOUSAND TWO HUNDRED AND SIXTY ONLY.			

2. 汇票

汇票一般开具一式两份，两份具有同等效力，其中一份付讫，另一份自动失效。缮制汇票时应注意以下的问题。

(1) 配付款人。采用信用证支付方式时，汇票的付款人应按信用证的规定填写，如来证没有具体规定付款人名称，可理解为付款人是开证行。

(2) 受款人。除个别来证另有规定外，汇票的受款人应为出口公司。

(3) 出票依据。开具汇票的依据也就是汇票上的出票条款。如属于信用证方式，应按照来证的规定文句填写。如信用证内没有规定具体文句，可在汇票上注明开证行名称、地点、信用证号码及开证日期。

3. 提单

我国外贸运输方式以海运为主。海运提单是具有物权的凭证，收货人在目的港提取货物时，必须提交正本提单。

4. 保险单

按 CIF 条件成交，出口商代为投保并提供保险单。保险单的内容应与有关单据内容一致。

(1) 保险单的被保险人应是信用证上的受益人，并加空白背书，便于办理保险单转让。

(2) 保险险别和保险金额应与信用证规定一致。在单据的表面上对 CIF 和 CIP 的金额能够确定时，保险单必须表明投保最低金额，该项金额应为货物的 CIF 或 CIP 的金额加 10%，否则，银行接受的最低投保金额，应为根据信用证要求而付款，承兑或议付金额的 110% 或发票金额的 110%，以两者之中较高者为准。保险单所表明的货币，应与信用证可规定的货币相符。

(3) 保险单的签发日期应当合理，在保险单上，除非表明保险责任最迟于货物装船或发运或接受监督之日起生效外，银行将拒受出单日期迟于装船或发运或接受监管的保险单。

5. 商检证书

各种检验证书分别用以证明货物的品质、数量、重量和卫生条件等方面的状况。在我国，这类证书一般由国家出入境检验检疫局出具，如合同或信用证无特别规定，也可以根据不同情况，由进出口公司或生产企业出具。但应注意证书的名称及所列项目或检验结果应与合同及信用证规定相同。出证日期迟于提单日期的商检证书无效。

6. 袋箱单和重量单

这两种单据是用来补充商业发票内容的不足，便于国外买方在货物到达目的港时，供海关检查和核对货物。装箱单又称为花色码单，列明每批货物的逐件花色搭配；重量单则列明每件货物的毛、净重。UCP600第38条对其他单据规定，"在采用海运以外的运输情况下，如信用证要求重量证明，除非信用证明确对此项重量证明必须另行提供单据外，银行将接受承运人或其代理人附加于运输单据上的重量戳记或重量声明。"

7. 普惠制单据

普惠制是工业发达国家对来自发展中国家的某些产品，特别是工业制成品和半制成品，给予一种普遍的、非互惠的、非歧视性的关税减免优惠制度。目前，已有新西兰、澳大利亚、日本、加拿大和欧洲的一些国家给予我国以普惠制待遇。对这些国家的出口货物，须提供普惠制单据，作为进口国海关减免关税的依据。

8. 原产地证书

原产地证书是一种证明货物原产地或制造地的证件。不用海关发票或领事发票的国家，通常要求提供产地证明，以便确定对货物应征收的税率。也有的国家要求以产地证来证明货物的来源。在我国，可由国家出入境检验检疫局或贸促会签发。

以上是信用证结算常用的单据，在信用证方式下，出口结汇的关键是出口企业提交的各种单据必须与信用证的规定一致，单据之间也不得有矛盾之处，这就是银行审单时所遵循的单证严格相符原则。由于银行可以以任何不符点为借口拒绝付款，因此出口企业在缮制单据时必须使单据的种类、内容、份数、交单期等方面都符合信用证的规定，做到正确、完整、及时、简明、整洁。

我国的出口结汇主要有3种方法，见表10-1。

表10-1 出口结汇方法

方法	流程
出口押汇	又称为买单结汇，就是对信用证的议付。议付行审单无误后，按照信用证规定贴现买入出口企业提交的汇票或全套单据，从票面金额中扣除从议付日到收到票款日之间的利息及手续费，将余额按当日外汇牌价折算成人民币，垫付给出口企业。议付行买入跟单汇票后，即成为汇票的持有人，可凭汇票向付款行索取票款。若日后议付行遭拒付，它可以处理货运单据，或向出口企业追索票款
收妥结汇	又称为收妥付款，是指议付行收到出口商的出口单据后，经审查无误，将单据寄交国外付款行索取货款，待收到付款行将货款拨入议付行账户的贷记通知书时，即按当日外汇牌价，折成人民币拨给外贸公司
定期结汇	指议付行根据向国外付款行索偿所需时间，预先确定一个固定的结汇期限，待期满时无论票款收到与否，主动将票款付给出口企业的结汇方法

10.3.6 出口收汇核销

出口收汇核销是指国家为了加强出口收汇管理，保证国家的外汇收入，防止外汇流失，指定外汇管理等部门对出口企业贸易项下的外汇收入情况进行监督检查的一种制度。

当货款汇至出口地外汇指定银行后，该银行向出口方出具结汇水单或收账通知，并在出口收汇核销单专用联盖章。出口商持已用于出口报关的核销单通过专门的申报系统软件网上向当地外汇管理局申报交单，经审核后出口商持收汇核销单和出口核销专用联、结汇水单或收账通知、出口发票去外汇管理局办理核销手续，按规定核销后，将其中的出口退税专用联退还出口方。

10.3.7 出口退税

出口退税是国家为了降低出口产品成本、增强出口竞争力、鼓励出口而制定的一项政策措施。我国政府为了加强对出口退税的管理，采取了出口退税与出口收汇核销挂钩电办法，即凭"两单两票"（出口货物报关单退税专用联、出口销售发票、出口货物收购增值税发票、出口收汇核销单退税专用联）。由出口商填写出口产品退税申请表并附经海关盖有"验讫"章的出口报关单退税专用联、出口销售发票、出口货物收购增值税发票、结汇水单、出口收汇核销单退税专用联以及其他有关材料，报所在地的主管税务机关审核，按照出口退税的审批权限逐级上报办理迟税。

10.4 进口合同的履行

在我国进口业务中，大多数商品是采用FOB价格条件和即期信用证支付方式成交，履行这类进口合同的一般程序是：开立信用证、租船订舱、装运、办理保险、审单付款、接货报关、检验、拨交、索赔等。

10.4.1 开立信用证

签订进口合同后，进口商应按照合同规定填写开立信用证申请书并向银行办理开证手续。信用证的内容应与合同条款一致，例如，品质、规格、数量、价格、交货期、装货期、装运条件及装运单据等，应以合同为依据，并在信用证中一一作出规定。

信用证的开证时间应按合同规定办理，如合同规定在卖方确定交货期后开证则应在接到卖方上述通知后开证；如合同规定在卖方领到出口许可证或支付履约保证金后开证，则应在收到对方已领到许可证的通知，或银行转知保证金已照收后开证。

对方收到信用证后，如提出修改信用证的请求，经我方同意后，即可向银行办理改证手续。

10.4.2 租船订舱

进口货物按照FOB条件成交，应由买方安排运输并订立运输合同。卖方在交货前一定时期内，应将预计装船日期通知买方。买方在接到上述通知后，如本公司没有船位，应及时向船方办理租船订舱手续。在办妥租船订舱手续后，应按规定的期限将船名及船期及时通知对方，以便对方备货装船。同时，为了防止船货脱节和出现船等货物的情况，还应随时了解和掌握卖方备货和装船前的准备工作，催促对方按时装运。对数量大或重要物资的进口，如有必要，也可请我国驻外机构就地了解，督促外商履约，或派员前往出口地点检验监督。

10.4.3 投保

FOB 或 CFR 交货条件下的进口合同，保险由买方办理。买方在收到国外装船通知后，应及时向保险公司投保，否则，货物在投保前的运输途中发生的损失，保险公司不负赔偿责任。投保的方式可分为以下两种。

1. 预约保险

我国部分外贸企业进口次数多，为了简化进口投保手续，这些外贸企业和保险公司签订海运货物的预约保险合同，简称"预保合同"。该类保险办理手续简便。外贸公司接到外商的装船通知后，只要将进口货物的合同号、起运口岸、船名、起运日期、航线、货物名称、数量、金额等内容通知保险公司，经保险公司审核签章即可作为投保凭证。货物启运后，保险公司自动按预约保单所订的条款承保。

2. 逐笔投保

外贸企业在接到出口方的装运通知后，立即向保险公司办理保险手续。一般情况下，外贸企业填写"装货通知"代替投保单交保险公司。"装货通知"中必须注明合同号、启运港、运输地、运输工具、启运日期、目的地、估计到达日期、货物名称、数量、保险金额等内容。

保险公司接受承保后，签发一份正式的保险单。

10.4.4 审单付汇

在货物装船后，出口方即凭单据向当地议付行申请付款。议付行议付之后，将全套单据寄给开证行索款，由开证银行会同有关进口企业对单据的种类、份数、内容进行审核。如内容无误，即由银行对国外付款，同时进出口公司用人民币按照国家规定的有关折算的牌价向银行付款赎单。如审核国外单据发现证、单不符时，应作出适当的处理。处理办法很多，例如：停止对外付款；相符部分付款，不符部分拒付；货到检验合格后再付款；凭卖方或议付行出具担保付款；要求国外改正；在付款的同时，提出保留索赔权等。

10.4.5 进口报关

进口方付款赎单后，货物抵达目的地，进口收货人要按海关规定的手续向海关办理申报验放手续。办理报关的程序如下。

1. 填写进口货物报关单

货到目的港后，进口企业要根据进口单据填写进口货物报关单，连同商业发票、提单、装箱单或重量单、保险单及其他必要文件向海关申报进口。根据我国《海关法》的规定，向海关申报的时限为自运输工具申报进境之日起14日内，超过14天的期限未向海关申报的，由海关按日征收进口货物CIF价格的0.05%的滞报金；超过3个月未向海关申报的，由海关提交变卖。

2. 查验

海关接受申报后，对进口货物进行检查，以核对与进口货物报关单及其他单据文件上所列是否一致，查验应在海关规定的时间和场所进行，即在海关监管区域内的仓库、场地进行。

3. 纳税

海关按照《中华人民共和国海关进口税则》的规定，对进口货物征进口税。根据《海关法》的规定，进口方应在海关签发税款缴款书的次日起7天内（星期日和节假日除外），向指定的银行缴纳税款。逾期未缴的，将依法追缴并按滞纳天数征收应缴款额的0.1%的滞纳金。

4. 放行

放行又称为"结关"，进口货物经海关查验并纳税后，由海关在报关单和货运单据上签字和加盖"验讫"章，进口企业或其代理人持海关签字并盖有放行章的货物提单提取货物。未经海关放行的货物，任何单位和个人都不得将货物提走。但是，对保税货物和加工贸易项下的进口货物，海关放行不等于"结关"，海关还要对货物进行后续监管，直到以后办完海关手续。但在此之前，未经海关许可，任何人不得转让或作他用。

10.4.6 报验与检验

进口货物运达港口卸货时，港务局要进行卸货核对。如发现短缺，应及时填写"短卸报告"交由船方签认，并根据短缺情况向船方提出保留索赔权的书面声明。卸货时如发现残损，货物应存放于海关指定的地方，待保险公司会同商检机构检验后作出处理。

我国法律规定，凡属法定检验的进口商品，不经商检机构的检验就不得销售和使用，同时如果商检不能在合同规定的检验期内进行，买方即被视为放弃索赔权。因此，凡是属于法定检验或合同规定在卸货港检验，或检验后付款，或合同规定的索赔期较短，或卸离海轮时已发现残损或有异状或提货不着的商品，均应在卸货后进行检验。

非法定检验的货物，如合同规定由检验检疫机构检验的，应按法定检验，办理报验和检验；如合同未规定检验检疫机构检验的，但卸货口岸已发现有残、损、短缺情况，应及时向口岸检验机构申请检验出证。其他情况，由收货人按照合同规定验收。

10.4.7 提取与拨交货物

进口货物的报关、报验手续办完后，即可在报关口岸按规定提取货物或拨交货物。如订货或用货单位在卸货口岸附近，则就近转交货物；如订货或用货单位不在卸货地区，则委托货运代理将货物转运内地并转交给订货或用货单位。

10.4.8 进口索赔

在履行进口合同过程中，由于人为、天灾或其他各种原因，使进口方收到的货物不符合

合同规定或货物有其他损害,进口方有权向有关方面提出赔偿要求,以弥补其所受的损失。在进口索赔时应注意以下几个问题。

1. 要合理确定索赔对象

在查明原因、分清责任的基础上确定索赔对象。如果是货物品质与合同规定不符、数量(重量)短少不足、拒不交货或不按期交货等,应向卖方提出索赔。如果卸货数量少于提单记载的数量,在签发清洁提单情况下货物出现残损,应向承运人提出索赔。如果是由于自然灾害、意外事故或其他外来原因造成了货物在保险人承保范围内的损失,或在承保范围内承运人赔偿金额不足以抵补损失的部分,应向保险公司索赔。

2. 索赔依据

首先,索赔时应提交索赔清单和有关货运单据,如发票、提单(副本)、装箱单。其次,针对不同的索赔对象要另附其他有关证件。向卖方索赔时,应提交商检机构出具的检验证书;向承运人索赔时,应提交理货报告和货差证明;向保险公司索赔时,除上述各项证明外,还应附加保险公司出具的检验报告。

3. 索赔期限

向责任方提出索赔,应在合同规定的索赔期限之内提出,过期提出索赔无效。如果合同没有规定索赔期限,应按《联合国国际货物销售公约》的规定,买方向卖方提出索赔的期限在买方收到货物之日起两年;向船公司索赔的期限是货物到达目的港交货后一年;向保险公司索赔的期限是货物在卸货港全部卸离海轮后两年。

4. 索赔金额

索赔金额应适当确定,除了包括受损商品价值外,还应加上有关费用,如检验费、装卸费、银行手续费、仓租、利息等。索赔金额究竟为多少,应视具体情况而定。

小　结

(1) 买卖双方经过磋商,一方的发盘被另一方有效接受,交易即达成,合同即告成立。

(2) 合同的形式并无统一的规定,其格式的繁简也不一致。在我国进出口贸易实践中,书面合同的形式有合同、确认书和协议书。其中以采用"合同"和"确认书"两种形式的居多。

(3) 书面合同一般由约首、基本条款和约尾3部分组成。

(4) 出口合同的履行要经过不同的环节。在我国的出口业务中,最常见的就是以信用证为支付方式、以海运为运输方式的CIF与CFR合同。这类合同在履行时往往要经过备货、催证、审证、改证、租船订舱、报检、报关、保险、装船、制单结汇、收汇核销、出口退税等诸多环节。在这些环节中,以证(催证、审证和改证)、货(备货、报验)、船(租船订舱、办理货运手续)、款(制单收汇)4个环节的工作最为重要,它们是出口合同履行的必要程序。

(5) 在我国进口业务中,大多数商品是采用FOB价格条件和即期信用证支付方式成交,履行这类进口合同的一般程序是:开立信用证、租船订舱、装运、办理保险、审单付款、接货报关、检验、拨交、索赔等。

思考与练习题

一、单项选择题

1. 根据《联合国国际货物销售合同公约》的规定,合同成立的时间是( )。
   A. 接受生效的时间　　　　　　　　B. 交易双方签订书面合同的时间
   C. 在合同获得国家批准时　　　　　D. 当发盘送达受盘人时

2. 信用证上有时还规定交单期。信用证上可规定"在提单日后若干天内交单"的条款,如未作此项规定,则必须在不超过信用证有效期的前提下于出单日后( )天内交单。
   A. 30　　　　　B. 14　　　　　C. 21　　　　　D. 7

3. 信用证的到期地点应按信用证的规定而定,在我国外贸实务中通常使用的到期地点为( )。
   A. 出口地　　　B. 进口地　　　C. 第三地　　　D. 开证行所在地

4. 在实际业务中,由( )作为当事人承担审证任务。
   A. 银行　　　B. 银行和出口公司　　C. 出口公司　　　D. 进口公司

5. 根据《跟单信用证统一惯例》规定,在金额、数量和单价前有"约"的词语,应解释为有( )的增减幅度。
   A. 5%　　　　B. 7%　　　　C. 10%　　　　D. 8%

6. 在信用证支付条件下,开证行对受益人履行付款责任,是以( )。
   A. 卖方将货物装运完毕为条件的　　　B. 买方收到货物为条件的
   C. 按时收到与信用证相符的全套单据为条件的
   D. 收到卖方提供的代表所有权的提单为条件的

7. 按照国际保险市场的一般习惯,保险金额是以发票的( )的价格基数,再加上适当的保险加成率计算得出的。
   A. FOB　　　　B. CFR　　　　C. FAS　　　　D. CIF

8. 进口单位采用逐笔保险方式一般是在( )。
   A. 进口数量较大时　　　　　　　B. 进口数量不大时
   C. 进口产品贵重时　　　　　　　D. 进口产品廉价时

二、案例分析题

1. 我国某公司与英商签订一笔服装合同。合同按 CIF 伦敦即期 L/C 方式付款,合同和信用证中均规定不允许分批装运和转船。我方按时将货物装上直达轮,并凭直达提单在信用证有效期内向银行议付货款。该轮船中途经过某港时,船公司为了接载其他货物,擅自将我方服装卸下,换装其他船舶继续运往伦敦。由于换装的船舶设备陈旧,该批服装比原定时间晚了 2 个月到达。为此,英商向我方提出索赔,理由是我方提交的是直达提单,而实际是转船运输,是弄虚作假行为。
   请问我方应否赔偿?为什么?

2. 我国 A 公司从德国 B 公司进口一套大型生产设备,分三批交货。第一批交付的货物符合合同的要求,第二批交付的货物为该设备的主要部件,其型号、性能与合同不符,无法安装投产。A 公司因此提出撤销整个合同，而 B 公司提出异议。

请问 A 公司有权撤销整个合同吗？

3. A 商场进口一集装箱彩电，通关后由承运人 B 公司另雇 C 运输队运往北京。运送的集装箱车在中途翻车，电视机部分受损，在 A、B、C 三方都已投保了一切险的情况下，A 商场应向何方索赔？

三、技能实训题

广州某外贸纺织服装有限公司成立于 1990 年，是专门从事纺织服装进出口的公司，拥有多家下属工厂，产品主要销往欧洲、美加地区及日本等国家和地区。美国客户 FASHION Manluka CO. LTD 与该公司是合作多年的业务伙伴。双方经过磋商，以每件 USD12.80 CIF 纽约、即期信用证付款的方式签订了全棉运动上衣的销售合同，请分别以进口商和出口商的角色模拟进出口合同的履行流程。

四、学习网址

1. 登录报关员考试网，了解海关法规和报关知识。网址：http：//www.bgyedu.com/。
2. 登录合众外贸论坛，了解外贸流程和外贸商机。网址：http：//bbs.tradeknow.com/。
3. 登录外贸 B2B 网站大全，了解外贸 B2B 网站。网址：http：//www.dragon－guide.net/index1.htm。

附录 UCP600 中文版

(2007年7月1日起实施)

第一条 UCP 的适用范围
第二条 定义
第三条 解释
第四条 信用证与合同
第五条 单据与货物、服务或履约行为
第六条 兑用方式、截止日和交单地点
第七条 开证行责任
第八条 保兑行责任
第九条 信用证及其修改的通知
第十条 修改
第十一条 电讯传输的和预先通知的信用证和修改
第十二条 指定
第十三条 银行之间的偿付安排
第十四条 单据审核标准
第十五条 相符交单
第十六条 不符单据、放弃及通知
第十七条 正本单据及副本
第十八条 商业发票
第十九条 涵盖至少两种不同运输方式的运输单据
第二十条 提单
第二十一条 不可转让的海运单
第二十二条 租船合同提单
第二十三条 空运单据
第二十四条 公路、铁路或内陆水运单据
第二十五条 快递收据、邮政收据或投邮证明
第二十六条 "货装舱面"、"托运人装载和计数"、"内容据托运人报称"及运费之外的费用
第二十七条 清洁运输单据
第二十八条 保险单据及保险范围
第二十九条 截止日或最迟交单日的顺延
第三十条 信用证金额、数量与单价的伸缩度
第三十一条 部分支款或部分发运
第三十二条 分期支款或分期发运
第三十三条 交单时间
第三十四条 关于单据有效性的免责

第三十五条　关于信息传递和翻译的免责
第三十六条　不可抗力
第三十七条　关于被指示方行为的免责
第三十八条　可转让信用证
第三十九条　款项让渡

第一条　UCP 的适用范围

《跟单信用证统一惯例——2007 年修订本，国际商会第 600 号出版物》（简称"UCP"）乃一套规则，适用于所有的其文本中明确表明受本惯例约束的跟单信用证（下称信用证）（在其可适用的范围内，包括备用信用证）。除非信用证明确修改或排除，本惯例各条文对信用证所有当事人均具有约束力。

第二条　定义

就本惯例而言：

通知行　指应开证行的要求通知信用证的银行。

申请人　指要求开立信用证的一方。

银行工作日　指银行在其履行受本惯例约束的行为的地点通常开业的一天。

受益人　指接受信用证并享受其利益的一方。

相符交单　指与信用证条款、本惯例的相关适用条款以及国际标准银行实务一致的交单。

保兑　指保兑行在开证行承诺之外作出的承付或议付相符交单的确定承诺。

保兑行　指根据开证行的授权或要求对信用证加具保兑的银行。

信用证　指一项不可撤销的安排，无论其名称或描述如何，该项安排构成开证行对相符交单予以承付的确定承诺。

承付　指：

a. 如果信用证为即期付款信用证，则即期付款。

b. 如果信用证为延期付款信用证，则承诺延期付款并在承诺到期日付款。

c. 如果信用证为承兑信用证，则承兑受益人开出的汇票并在汇票到期日付款。

开证行　指应申请人要求或者代表自己开出信用证的银行。

议付　指指定银行在相符交单下，在其应获偿付的银行工作日当天或之前向受益人预付或者同意预付款项，从而购买汇票（其付款人为指定银行以外的其他银行）及/或单据的行为。

指定银行　指信用证可在其处兑用的银行，如信用证可在任一银行兑用，则任何银行均为指定银行。

交单　指向开证行或指定银行提交信用证项下单据的行为，或指按此方式提交的单据。

交单人　指实施交单行为的受益人、银行或其他人。

第三条　解释

就本惯例而言：

如情形适用，单数词形包含复数含义，复数词形包含单数含义。

信用证是不可撤销的,即使未如此表明。

单据签字可用手签、摹样签字、穿孔签字、印戳、符号或任何其他机械或电子的证实方法为之。诸如单据须履行法定手续、签证、证明等类似要求,可由单据上任何看似满足该要求的签字、标记、印戳或标签来满足。

一家银行在不同国家的分支机构被视为不同的银行。

用诸如"第一流的"、"著名的"、"合格的"、"独立的"、"正式的"、"有资格的"或"本地的"等词语描述单据的出单人时,允许除受益人之外的任何人出具该单据。

除非要求在单据中使用,否则诸如"迅速地"、"立刻地"或"尽快地"等词语将被不予理会。

"在或大概在(on or about)"或类似用语将被视为规定事件发生在指定日期的前后五个日历日之间,起讫日期计算在内。

"至(to)"、"直至(until、till)"、"从……开始(from)"及"在……之间(between)"等词用于确定发运日期时包含提及的日期,使用"在……之前(before)"及"在……之后(after)"时则不包含提及的日期。

"从……开始(from)"及"在……之后(after)"等词用于确定到期日时不包含提及的日期。

"前半月"及"后半月"分别指一个月的第一日到第十五日及第十六日到该月的最后一日,起讫日期计算在内。

一个月的"开始(beginning)"、"中间(middle)"及"末尾(end)"分别指第一日到第十日、第十一日到第二十日及第二十一日到该月的最后一日,起讫日期计算在内。

第四条 信用证与合同

a. 就其性质而言,信用证与可能作为其开立基础的销售合同或其他合同是相互独立的交易,即使信用证中含有对此类合同的任何援引,银行也与该合同无关,且不受其约束。因此,银行关于承付、议付或履行信用证项下其他义务的承诺,不受申请人基于与开证行或与受益人之间的关系而产生的任何请求或抗辩的影响。

受益人在任何情况下不得利用银行之间或申请人与开证行之间的合同关系。

b. 开证行应劝阻申请人试图将基础合同、形式发票等文件作为信用证组成部分的做法。

第五条 单据与货物、服务或履约行为

银行处理的是单据,而不是单据可能涉及的货物、服务或履约行为。

第六条 兑用方式、截止日和交单地点

a. 信用证必须规定可在其处兑用的银行,或是否可在任一银行兑用。规定在指定银行兑用的信用证同时也可以在开证行兑用。

b. 信用证必须规定其是以即期付款、延期付款、承兑还是议付的方式兑用。

c. 信用证不得开成凭以申请人为付款人的汇票兑用。

d. i. 信用证必须定一个交单的截止日。规定的承付或议付的截止日将被视为交单的截止日。

ⅱ. 可在其处兑用信用证的银行所在地即为交单地点。可在任一银行兑用的信用证其交单地点为任一银行所在地。除规定的交单地点外,开证行所在地也是交单地点。

e. 除非如第二十九条 a 款规定的情形,否则受益人或者代表受益人的交单应在截止日当天或之前完成。

第七条 开证行责任

a. 只要规定的单据提交给指定银行或开证行,并且构成相符交单,则开证行必须承付,如果信用证为以下情形之一:

ⅰ. 信用证规定由开证行即期付款、延期付款或承兑;

ⅱ. 信用证规定由指定银行即期付款但其未付款;

ⅲ. 信用证规定由指定银行延期付款但其未承诺延期付款,或虽已承诺延期付款,但未在到期日付款;

ⅳ. 信用证规定由指定银行承兑,但其未承兑以其为付款人的汇票,或虽然承兑了汇票,但未在到期日付款。

ⅴ. 信用证规定由指定银行议付但其未议付。

b. 开证行自开立信用证之时起即不可撤销地承担承付责任。

c. 指定银行承付或议付相符交单并将单据转给开证行之后,开证行即承担偿付该指定银行的责任。对承兑或延期付款信用证下相符交单金额的偿付应在到期日办理,无论指定银行是否在到期日之前预付或购买了单据。开证行偿付指定银行的责任独立于开证行对受益人的责任。

第八条 保兑行责任

a. 只要规定的单据提交给保兑行,或提交给其他任何指定银行,并且构成相符交单,保兑行必须:

ⅰ. 承付,如果信用证为以下情形之一:

a) 信用证规定由保兑行即期付款、延期付款或承兑;

b) 信用证规定由另一指定银行延期付款,但其未付款;

c) 信用证规定由另一指定银行延期付款,但其未承诺延期付款,或虽已承诺延期付款但未在到期日付款;

d) 信用证规定由另一指定银行承兑,但其未承兑以其为付款人的汇票,或虽已承兑汇票未在到期日付款;

e) 信用证规定由另一指定银行议付,但其未议付。

ⅱ. 无追索权地议付,如果信用证规定由保兑行议付。

b. 保兑行自对信用证加具保兑之时起即不可撤销地承担承付或议付的责任。

c. 其他指定银行承付或议付相符交单并将单据转往保兑行之后,保兑行即承担偿付该指定银行的责任。对承兑或延期付款信用证下相符交单金额的偿付应在到期日办理,无论指定银行是否在到期日之前预付或购买了单据。保兑行偿付指定银行的责任独立于保兑行对受益人的责任。

d. 如果开证行授权或要求一银行对信用证加具保兑,而其并不准备照办,则其必须毫不延误地通知开证行,并可通知此信用证而不加保兑。

第九条 信用证及其修改的通知

a. 信用证及其任何修改可以经由通知行通知给受益人。非保兑行的通知行通知信用及修改时不承担承付或议付的责任。

b. 通知行通知信用证或修改的行为表示其已确信信用证或修改的表面真实性,而且其通知准确地反映了其收到的信用证或修改的条款。

c. 通知行可以通过另一银行("第二通知行")向受益人通知信用证及修改。第二通知行通知信用证或修改的行为表明其已确信收到的通知的表面真实性,并且其通知准确地反映了收到的信用证或修改的条款。

d. 经由通知行或第二通知行通知信用证的银行必须经由同一银行通知其后的任何修改。

e. 如一银行被要求通知信用证或修改但其决定不予通知,则应毫不延误地告知自其处收到信用证、修改或通知的银行。

f. 如一银行被要求通知信用证或修改但其不能确信信用证、修改或通知的表面真实性,则应毫不延误地通知看似从其处收到指示的银行。如果通知行或第二通知行决定仍然通知信用证或修改,则应告知受益人或第二通知行其不能确信信用证、修改或通知的表面真实性。

第十条 修改

a. 除第三十八条另有规定者外,未经开证行、保兑行(如有的话)及受益人同意,信用证既不得修改,也不得撤销。

b. 开证行自发出修改之时起,即不可撤销地受其约束。保兑行可将其保兑扩展至修改,并自通知该修改时,即不可撤销地受其约束。但是,保兑行可以选择将修改通知受益人而不对其加具保兑。若然如此,其必须毫不延误地将此告知开证行,并在其给受益人的通知中告知受益人。

c. 在受益人告知通知修改的银行其接受该修改之前,原信用证(或含有先前被接受的修改的信用证)的条款对受益人仍然有效。受益人应提供接受或拒绝修改的通知。如果受益人未能给予通知,当交单与信用证以及尚未表示接受的修改的要求一致时,即视为受益人已作出接受修改的通知,并且从此时起,该信用证被修改。

d. 通知修改的银行应将任何接受或拒绝的通知转告发出修改的银行。

e. 对同一修改的内容不允许部分接受,部分接受将被视为拒绝修改的通知。

f. 修改中关于除非受益人在某一时间内拒绝修改否则修改生效的规定应被不予理会。

第十一条 电讯传输的和预先通知的信用证和修改

a. 以经证实的电讯方式发出的信用证或信用证修改即被视为有效的用证或修改文据,任何后续的邮寄确认书应被不予理会。

如电信声明"详情后告"(或类似用语)或声明以邮寄确认书为有效信用证或修改,则该电讯不被视为有效信用证或修改。开证行必须随即不迟延地开立有效信用证或修改,其条款不得与该电讯矛盾。

b. 开证行只有在准备开立有效信用证或作出有效修改时,才可以发出关于开立或修改信用证的初步通知(预先通知)。开证行作出该预先通知,即不可撤销地保证不迟延地开立或修改信用证,且其条款不能与预先通知相矛盾。

第十二条　指定

　　a. 除非指定银行为保兑行,对于承付或议付的授权并不赋予指定银行承付或议付的义务,除非该指定银行明确表示同意并且告知受益人。

　　b. 开证行指定一银行承兑汇票或做出延期付款承诺,即为授权该指定银行预付或购买其已承兑的汇票或已做出的延期付款承诺。

　　c. 非保兑行的指定银行收到或审核并转递单据的行为并不使其承担承付或议付的责任,也不构成其承付或议付的行为。

第十三条　银行之间的偿付安排

　　a. 如果信用证规定指定银行("索偿行")向另一方("偿付行")获取偿付时,必须同时规定该偿付是否按信用证开立时有效的 ICC 银行间偿付规则进行。

　　b. 如果信用证没有规定偿付遵守 ICC 银行间偿付规则,则按照以下规定:

　　ⅰ. 开证行必须给予偿付行有关偿付的授权,授权应符合信用证关于兑用方式的规定,且不应设定截止日。

　　ⅱ. 开证行不应要求索偿行向偿付行提供与信用证条款相符的证明。

　　ⅲ. 如果偿付行未按信用证条款见索即偿,开证行将承担利息损失以及产生的任何其他费用。

　　ⅳ. 偿付行的费用应由开证行承担。然而,如果此项费用由受益人承担,开证行有责任在信用证及偿付授权中注明。如果偿付行的费用由受益人承担,该费用应在偿付时从付给索偿行的金额中扣取。如果偿付未发生,偿付行的费用仍由开证行负担。

　　c. 如果偿付行未能见索即偿,开证行不能免除偿付责任。

第十四条　单据审核标准

　　a. 按指定行事的指定银行、保兑行(如果有的话)及开证行须审核交单,并仅基于单据本身确定其是否在表面上构成相符交单。

　　b. 按指定行事的指定银行、保兑行(如有的话)及开证行各有从交单次日起至多五个银行工作日用以确定交单是否相符。这一期限不因在交单日当天或之后信用证截止日或最迟交单日届至而受到缩减或影响。

　　c. 如果单据中包含一份或多份受第十九、二十、二十一、二十二、二十三、二十四或二十五条规制的正本运输单据,则须由受益人或其代表在不迟于本惯例所指的发运日之后的二十一个日历日内交单,但是在任何情况下都不得迟于信用证的截止日。

　　d. 单据中的数据,在与信用证、单据本身以及国际标准银行实务参照解读时,无须与该单据本身中的数据、其他要求的单据或信用证中的数据等同一致,但不得矛盾。

　　e. 除商业发票外,其他单据中的货物、服务或履约行为的描述,如果有的话,可使用与信用证中的描述不矛盾的概括性用语。

　　f. 如果信用证要求提交运输单据、保险单据或者商业发票之外的单据,却未规定出单人或其数据内容，则只要提交的单据内容看似满足所要求单据的功能，且其他方面符合第十四条 d 款，银行将接受该单据。

g. 提交的非信用证所要求的单据将被不予理会，并可被退还给交单人。

h. 如果信用证含有一项条件，但未规定用以表明该条件得到满足的单据，银行将视为未作规定并不予理会。

i. 单据日期可以早于信用证的开立日期，但不得晚于交单日期。

j. 当受益人和申请人的地址出现在任何规定的单据中时，无须与信用证或其他规定单据中所载相同，但必须与信用证中规定的相应地址同在一国。联络细节（传真、电话、电子邮件及类似细节）作为受益人和申请人地址的一部分时将被不予理会。然而，如果申请人的地址和联络细节为第十九、二十、二十一、二十二、二十三、二十四或二十五条规定的运输单据上的收货人或通知方细节的一部分时，应与信用证规定的相同。

k. 在任何单据中注明的托运人或发货人无须为信用证的受益人。

l. 运输单据可以由任何人出具，无须为承运人、船东、船长或租船人，只要其符合第十九、二十、二十一、二十二、二十三或二十四条的要求。

第十五条　相符交单

a. 当开证行确定交单相符时，必须承付。

b. 当保兑行确定交单相符时，必须承付或者议付并将单据转递给开证行。

c. 当指定银行确定交单相符并承付或议付时，必须将单据转递给保兑行或开证行。

第十六条　不符单据、放弃及通知

a. 当按照指定行事的指定银行、保兑行（如有的话）或者开证行确定交单不符时，可以拒绝承付或议付。

b. 当开证行确定交单不符时，可以自行决定联系申请人放弃不符点。然而这并不能延长第十四条 b 款所指的期限。

c. 当按照指定行事的指定银行、保兑行（如有的话）或开证行决定拒绝承付或议付时，必须给予交单人一份单独的拒付通知。

该通知必须声明：

ⅰ．银行拒绝承付或议付；及

ⅱ．银行拒绝承付或者议付所依据的每一个不符点；及

ⅲ．a) 银行留存单据听候交单人的进一步指示；及

b) 开证行留存单据直到其从申请人处收到放弃不符点的通知并同意接受该放弃，或者其同意接受对不符点的放弃之前从交单人处收到其进一步指示；或者

c) 银行将退回单据；或者

d) 银行将按之前从交单人处获得的指示处理。

d. 第十六条 c 款要求的通知必须以电讯方式，如不可能，则以其他快捷方式，在不迟于自交单之翌日起第五个银行工作日结束前发出。

e. 按照指定行事的指定银行、保兑行（如有的话）或开证行在按照第十六条 c 款 ⅲ 项 a) 或 b) 发出了通知后，可以在任何时候将单据退还交单人。

f. 如果开证行或保兑行未能按照本条行事，则无权宣称交单不符。

g. 当开证行拒绝承付或保兑行拒绝承付或者议付，并且按照本条发出拒付通知后，有权要求返还已偿付的款项及利息。

第十七条　正本单据及副本

a. 信用证规定的每一种单据须至少提交一份正本。

b. 银行应将任何带有看似出单人的原始签名、标记、印戳或标签的单据视为正本单据，除非单据本身表明其非正本。

c. 除非单据本身另有说明，在以下情况下，银行也将其视为正本单据：

ⅰ. 单据看似由出单人手写、打字、穿孔或盖章；或者

ⅱ. 单据看似使用出单人的原始信纸出具；或者

ⅲ. 单据声明其为正本单据，除非该声明看似不适用于提交的单据。

d. 如果信用证要求提交单据的副本，提交正本或副本均可。

e. 如果信用证使用诸如 "一式两份(in duplicate)"、"两份(in two fold)"、"两套(in two copies)" 等用语要求提交多份单据，则提交至少一份正本，其余使用副本即可满足要求，除非单据本身另有说明。

第十八条　商业发票

a. 商业发票：

ⅰ. 必须看似由受益人出具（第三十八条规定的情形除外）；

ⅱ. 必须出具成以申请人为抬头（第三十八条 g 款规定的情形除外）；

ⅲ. 必须与信用证的货币相同；且

ⅳ. 无须签名。

b. 按指定行事的指定银行、保兑行（如有的话）或开证行可以接受金额大于信用证允许金额的商业发票，其决定对有关各方均有约束力，只要该银行对超过信用证允许金额的部分未作承付或者议付。

c. 商业发票上的货物、服务或履约行为的描述应该与信用证中的描述一致。

第十九条　涵盖至少两种不同运输方式的运输单据

a. 涵盖至少两种不同运输方式的运输单据（多式或联合运输单据），无论名称如何，必须看似：

ⅰ. 表明承运人名称并由以下人员签署：

a) 承运人或其具名代理人，或

b) 船长或其具名代理人。

承运人、船长或代理人的任何签字，必须标明其承运人、船长或代理人的身份。

代理人签字必须表明其系代表承运人还是船长签字。

ⅱ. 通过以下方式表明货运站物已经在信用证规定的地点发送、接管或已装船：

a) 事先印就的文字，或者

b) 表明货物已经被发送、接管或装船日期的印戳或批注。

运输单据的出具日期将被视为发送、接管或装船的日期，也即发运的日期。然而如单据以印戳或批注的方式表明了发送、接管或装船日期，该日期将被视为发运日期。

ⅲ．表明信用证规定的发送、接管或发运地点，以及最终目的地，即使：

a)该运输单据另外还载明了一个不同的发送、接管或发运地点或最终目的地，或者，

b)该运输单据载有"预期的"或类似的关于船只，装货港或卸货港的限定语。

ⅳ．为唯一的正本运输单据，或者，如果出具为多份正本，则为运输单据中表明的全套单据。

ⅴ．载有承运条款和条件，或提示承运条款和条件参见别处（简式/背面空白的运输单据）。银行将不审核承运条款和条件的内容。

ⅵ．未表明受租船合同约束。

b．就本条而言，转运指在从信用证规定的发送、接管或者发运地点最终目的地的运输过程中从某一运输工具上卸下货物并装上另一运输工具的行为（无论其是否为不同的运输方式）。

c．ⅰ．运输单据可以表明货物将要或可能被转运，只要全程运输由同一运输单据涵盖。

ⅱ．即使信用证禁止转运，注明将要或者可能发生转运的运输单据仍可接受。

第二十条　提单

a．提单，无论名称如何，必须看似：

ⅰ．表明承运人名称，并由下列人员签署：

a) 承运人或其具名代理人，或者

b) 船长或其具名代理人。

承运人，船长或代理人的任何签字必须标明其承运人，船长或代理人的身份。

代理人的任何签字必须标明其系代表承运人还是船长签字。

ⅱ．通过以下方式表明货物已在信用证规定的装货港装上具名船只：

a) 预先印就的文字，或

b) 已装船批注注明货物的装运日期。

提单的出具日期将被视为发运日期，除非提单载有表明发运日期的已装船批注，此时已装船批注中显示的日期将被视为发运日期。

如果提单载有"预期船只"或类似的关于船名的限定语，则须以已装船批注明确发运日期以及实际船名。

ⅲ．表明货物从信用证规定的装货港发运至卸货港。

如果提单没有表明信用证规定的装货港为装货港，或者其载有"预期的"或类似的关于装货港的限定语，则须以已装船批注表明信用证规定的装货港、发运日期以及实际船名。即使提单以事先印就的文字表明了货物已装载或装运于具名船只，本规定仍适用。

ⅳ．为唯一的正本提单，或如果以多份正本出具，为提单中表明的全套正本。

ⅴ．载有承运条款和条件，或提示承运条款和条件参见别外（简式/背面空白的提单）。银行将不审核承运条款和条件的内容。

ⅵ．未表明受租船合同约束。

b．就本条而言，转运系指在信用证规定的装货港到卸货港之间的运输过程中，将货物从一船卸下并再装上另一船的行为。

c.ⅰ．提单可以表明货物将要或可能被转运，只要全程运输由同一提单涵盖。

　　ⅱ．即使信用证禁止转运，注明将要或可能发生转运的提单仍可接受，只要其表明货物由集装箱、拖车或子船运输。

　　d．提单中声明承运人保留转运权利的条款将被不予理会。

第二十一条　不可转让的海运单

　　a．不可转让的海运单，无论名称如何，必须看似：

　　ⅰ．表明承运人名称并由下列人员签署：

　　a）承运人或其具名代理人，或者

　　b）船长或其具名代理人。

　　承运人、船长或代理人的任何签字必须标明其承运人、船长或代理人的身份。

　　代理签字必须标明其系代表承运人还是船长签字。

　　ⅱ．通过以下方式表明货物已在信用证规定的装货港装上具名船只：

　　a）预先印就的文字，或者

　　b）已装船批注表明货物的装运日期。

　　不可转让海运单的出具日期将被视为发运日期，除非其上带有已装船批注注明发运日期，此注明已装船批注注明的日期将被视为发运日期。

　　如果不可转让海运单载有"预期船只"或类似的关于船名的限定语，则需要以已装船批注表明发运日期和实际船名。

　　ⅲ．表明货物从信用证规定的装货港发运至卸货港。

　　如果不可转让海运单未以信用证规定的装货港为装货港，或者如果其载有"预期的"或类似的关于装货港的限定语，则需要以已装船批注表明信用证规定的装货港、发运日期和船只。即使不可转让海运单以预先印就的文字表明货物已由具名船只装载或装运，本规定也适用。

　　ⅳ．为唯一的正本不可转让海运单，或如果以多份正本出具，为海运单上注明的全套正本。

　　ⅴ．载有承运条款的条件，或提示承运条款和条件参见别处（简式/背面空白的海运单）。银行将不审核承运条款和条件的内容。

　　ⅵ．未注明受租船合同约束。

　　b．就本条而言，转运系指在信用证规定的装货港到卸货之间的运输过程中，将货物从一船卸下并装上另一船的行为。

　　c.ⅰ．不可转让海运单可以注明货物将要或可能被转运，只要全程运输由同一海运单涵盖。

　　ⅱ．即使信用证禁止转运，注明转运将要或可能发生的不可转让的海运单仍可接受，只要其表明货物装于集装箱、拖船或子船中运输。

　　d．不可转让的海运单中声明承运人保留转运权利条款将被不予理会。

第二十二条　租船合同提单

　　a．表明其受租船合同约束的提单（租船合同提单），无论名称如何，必须看似：

ⅰ．由以下员签署：

a）船长或其具名代理人，或

b）船东或其具有名代理人，或

c）租船人或其具有名代理人。

船长、船东、租船人或代理人的任何签字必须标明其船长、船东、租船人或代理人的身份。

代理人签字必须表明其系代表船长、船东还是租船人签字。

代理人代表船东或租船人签字时必须注明船东或租船人的名称。

ⅱ．通过以下方式表明货物已在信用证规定的装货港装上的具名船只：

a）预先印就的文字，或者

b）已装船批注注明货物的装运日期

租船合同提单的出具日期将被视为发运日期，除非租船合同提单载有已装船批注注明发运日期，此时已装船批注上注明的日期将被视为发运日期。

ⅲ．表明货物从信用证规定的装货港发运至卸货港。卸货港也可显示为信用证规定的港口范围或地理区域。

ⅳ．为唯一的正本租船合同提单，或如以多份正本出具，为租船合同提单注明的全套正本。

b. 银行将不审核租船合同，即使信用证要求提交租船合同。

第二十三条　空运单据

a. 空运单据，无论名称如何，必须看似：

ⅰ．表明承运人名称，并由以下人员签署：

a）承运人，或

b）承运人的具名代理人。

承运人或其代理人的任何签字必须标明其承运人或代理人的身份。

代理人签字必须表明其系代表承运人签字。

ⅱ．表明货物已被收妥待运。

ⅲ．表明出具日期。该日期将被视为发运日期，除非空运单据载有专门批注注明实际发运日期，此时批注中的日期将被视为发运日期。

空运单据中其他与航班号和航班日期相关的信息将不被用来确定发运日期。

ⅳ．表明信用证规定的起飞机场和目的地机场。

ⅴ．为开给发货人或托运人的正本，即使信用证规定提交全套正本。

ⅵ．载有承运条款和条件，或提示条款和条件参见别处。银行将不审核承运条款和条件的内容。

b. 就本条而言，转运是指在信用证规定的起飞机场到目的地机场的运输过程中，将货物从一飞机卸下再装上另一飞机的行为。

c. ⅰ．空运单据可以注明货物将要或可能转运，只要全程运输由同一空运单据涵盖。

ⅱ．即使信用证禁止转运，注明将要或可能发生转运的空运单据仍可接受。

第二十四条　公路、铁路或内陆水运单据

a. 公路、铁路或内陆水运单据，无论名称如何，必须看似：

ⅰ. 表明承运人名称，并且

a）由承运人或其具名代理人签署，或者

b）由承运人或其具名代理人以签字、印戳或批注表明货物收讫。

承运人或其具名代理人的收货签字、印戳或批注必须标明其承运人或代理人的身份。

代理人的收货签字、印戳或批注必须标明代理人系代理承运人签字或行事。

如果铁路运输单据没有指明承运人，可以接受铁路运输公司的任何签字或印戳作为承运人签署单据的证据。

ⅱ. 表明货物的信用规定地点的发运日期，或者收讫待运或待发送的日期。运输单据的出具日期将被视为发运日期，除非运输单据上盖有带日期的收货印戳，或注明了收货日期或发运日期。

ⅲ. 表明信用证规定的发运地及目的地。

b. ⅰ. 公路运输单据必须看似为开给发货人或托运人的正本，或没有任何标记表明单据开给何人。

ⅱ. 注明"第二联"的铁路运输单据将被作为正本接受。

ⅲ. 无论是否注明正本字样，铁路或内陆水运单据都被作为正本接受。

c. 如运输单据上未注明出具的正本数量，提交的份数即视为全套正本。

d. 就本条而言，转运是指在信用证规定的发运、发送或运送的地点到目的地之间的运输过程中，在同一运输方式中从一运输工具卸下再装上另一运输工具的行为。

e. ⅰ. 只要全程运输由同一运输单据涵盖，公路、铁路或内陆水运单据可以注明货物将要或可能被转运。

ⅱ. 即使信用证禁止转运，注明将要或可能发生转运的公路、铁路或内陆水运单据仍可接受。

第二十五条　快递收据、邮政收据或投邮证明

a. 证明货物收讫待运的快递收据，无论名称如何，必须看似：

ⅰ. 表明快递机构的名称，并在信用证规定的货物发运地点由该具名快递机构盖章或签字；并且

ⅱ. 表明取件或收件的日期或类似词语，该日期将被视为发运日期。

b. 如果要求显示快递费用付讫或预付，快递机构出具的表明快递费由收货人以外的一方支付的运输单据可以满足该项要求。

c. 证明货物收讫待运的邮政收据或投邮证明，无论名称如何，必须看似在信用证规定的货物发运地点盖章或签署并注明日期。该日期将被视为发运日期。

第二十六条　"货装舱面"、"托运人装载和计数"、"内容据托运人报称"及运费之外的费用

a. 运输单据不得表明货物装于或者将装于舱面。声明货物可能装于舱面的运输单据条款可以接受。

b. 载有诸如"托运人装载和计数"或"内容据托运人报称"条款的运输单据可以接受。

c. 运输单据上可以以印戳或其他方法提及运费之外的费用。

第二十七条　清洁运输单据

银行只接受清洁运输单据，清洁运输单据指未载有明确宣称货物或包装有缺陷的条款或批注的运输单据。"清洁"一词并不需要在运输单据上出现，即使信用证要求运输单据为"清洁已装船"的。

第二十八条　保险单据及保险范围

a. 保险单据，例如保险单或预约保险项下的保险证明书或者声明书，必须看似由保险公司或承保人或其代理人或代表出具并签署。

b. 如果保险单据表明其以多份正本出具，所有正本均须提交。

c. 暂保单将不被接受。

d. 可以接受保险单代预约保险项下的保险证明书或声明书。

e. 保险单据日期不得晚于发运日期，除非保险单据表明保险责任不迟于发运日生效。

f. ⅰ. 保险单据必须表明投保金额并以与信用证相同的货币表示。

ⅱ. 信用证对于投保金额为货物价值、发票金额或类似金额的某一比例的要求，将被视为对最低保额的要求。

如果信用证对投保金额未做规定，投保金额须至少为货物的 CIF 或 CIP 价格的 110%。

如果从单据中不能确定 CIF 或者 CIP 价格，投保金额必须基于要求承付或议付的金额，或者基于发票上显示的货物总值来计算，两者之中取金额较高者。

ⅲ. 保险单据须表明承保的风险区间至少涵盖从信用证规定的货物接管地或发运地开始到卸货地或最终目的地为止。

g. 信用证应规定所需投保的险别及附加险（如有的话）。如果信用证使用诸如"通常风险"或"惯常风险"等含义不确切的用语，则无论是否有漏保之风险，保险单据将被照样接受。

h. 当信用证规定投保"一切险"时，如保险单据载有任何"一切险"批注或条款，无论是否有"一切险"标题，均将被接受，即使其声明任何风险除外。

i. 保险单据可以援引任何除外条款。

j. 保险单据可以注明受免赔率或免赔额（减除额）约束。

第二十九条　截止日或最迟交单日的顺延

a. 如果信用证的截止日或最迟交单日适逢接受交单的银行非因第三十六条所述原因而歇业，则截止日或最迟交单日，视何者适用，将顺延至其重新开业的第一个银行工作日。

b. 如果在顺延后的第一个银行工作日交单，指定银行必须在其致开证行或保兑行的面函中声明交单是在根据第二十九条 a 款顺延的期限内提交的。

c. 最迟发运日不因第二十九条 a 款规定的原因而顺延。

第三十条　信用证金额、数量与单价的伸缩度

a."约"或"大约"用于信用证金额或信用证规定的数量或单价时,应解释为允许有关金额或数量或单价有不超过10%的增减幅度。

b. 在信用证未以包装单位件数或货物自身件数的方式规定货物数量时,货物数量允许有5%的增减幅度,只要总支取金额不超过信用证金额。

c. 如果信用证规定了货物数量,而该数量已全部发运,及如果信用证规定了单价,而该单价又未降低,或当第三十条 b 款不适用时,则即使不允许部分装运,也允许支取的金额有5%的减幅。若信用证规定有特定的增减幅度或使用第三十条 a 款提到的用语限定数量,则该减幅不适用。

第三十一条　部分支款或部分发运

a. 允许部分支款或部分发运。

b. 表明使用同一运输工具并经由同次航程运输的数套运输单据在同一次提交时,只要显示相同目的地,将不视为部分发运,即使运输单据上表明的发运日期不同或装货港、接管地或发运地点不同。如果交单由数套运输单据构成,其中最晚的一个发运日将被视为发运日。

含有一套或数套运输单据的交单,如果表明在同一种运输方式下经由数件运输工具运输,即使运输工具在同一天出发运往同一目的地,仍将被视为部分发运。

c. 含有一份以上快递收据、邮政收据或投邮证明的交单,如果单据看似由同一快递或邮政机构在同一地点和日期加盖印戳或签字并且表明同一目的地,将不视为部分发运。

第三十二条　分期支款或分期发运

如信用证规定在指定的时间段内分期支款或分期发运,任何一期未按信用证规定期限支取或发运时,信用证对该期及以后各期均告失效。

第三十三条　交单时间

银行在其营业时间外无接受交单的义务。

第三十四条　关于单据有效性的免责

银行对任何单据的形式、充分性、准确性、内容真实性、虚假性或法律效力,或对单据中规定或添加的一般或特殊条件,概不负责;银行对任何单据所代表的货物、服务或其他履约行为的描述、数量、重量、品质、状况、包装、交付、价值或其存在与否,或对发货人、承运人、货运代理人、收货人、货物的保险人或其他任何人的诚信与否、作为或不作为、清偿能力、履约或资信状况,也概不负责。

第三十五条　关于信息传递和翻译的免责

当报文、信件或单据按照信用证的要求传输或发送时,或当信用证未作指示,银行自行选择传送服务时,银行对报文传输或信件或单据的递送过程中发生的延误、中途遗失、残缺

或其他错误产生的后果，概不负责。

如果指定银行确定交单相符并将单据发往开证行或保兑行，无论指定银行是否已经承付或议付，开证行或保兑行必须承付或议付，或偿付指定银行，即使单据在指定银行送往开证行或保兑行的途中，或保兑行送往开证行的途中丢失。

银行对技术术语的翻译或解释上的错误，不负责任，并可不加翻译地传送信用证条款。

第三十六条 不可抗力

银行对由于天灾、暴动、骚乱、叛乱、战争、恐怖主义行为或任何罢工、停工或其无法控制的任何其他原因导致的营业中断的后果，概不负责。

银行恢复营业时，对于在营业中断期间已逾期的信用证，不再进行承付或议付。

第三十七条 关于被指示方行为的免责

a. 为了执行申请人的指示，银行利用其他银行的服务，其费用和风险由申请人承担。

b. 即使银行自行选择了其他银行，如果发出的指示未被执行，开证行或通知行对此亦不负责。

c. 指示另一银行提供服务的银行有责任负担被指示方因执行指示而发生的任何佣金、手续费、成本或开支（"费用"）。

如果信用证规定费用由受益人负担，而该费用未能收取或从信用证款项中扣除，开证行依然承担支付此费用的责任。

信用证或其修改不应规定向受益人的通知以通知行或第二通知行收到其费用为条件。

d. 外国法律和惯例加诸于银行的一切义务和责任，申请人应受其约束，并就此对银行负补偿之责。

第三十八条 可转让信用证

a. 银行无办理信用证转让的义务，除非其明确同意。

b. 就本条而言：

可转让信用证系指特别注明"可转让（transferable）"字样的信用证。可转让信用证可应受益人（第一受益人）的要求转为全部或部分由另一受益人（第二受益人）兑用。

转让行系指办理信用证转让的指定银行，或当信用证规定可在任何银行兑用时，指开证行特别如此授权并实际办理转让的银行。开证行也可担任转让行。

已转让信用证指已由转让行转为可由第二受益人兑用的信用证。

c. 除非转让时另有约定，有关转让的所有费用（诸如佣金、手续费，成本或开支）须由第一受益人支付。

d. 只要信用证允许部分支款或部分发运，信用证可以分部分地转让给数名第二受益人。

已转让信用证不得应第二受益人的要求转让给任何其后受益人。第一受益人不视为其后受益人。

e. 任何转让要求须说明是否允许及在何条件下允许将修改通知第二受益人。已转让信用证须明确说明该项条件。

f. 如果信用证转让给数名第二受益人，其中一名或多名第二受益人对信用证修改的拒绝并不影响其他第二受益人接受修改。对于接受者而言该已转让信用证即被相应修改,而对拒绝改的第二受益人而言,该信用证未被修改。

　　g. 已转让信用证须准确转载原证条款,包括保兑(如果有的话),但下列项目除外:
　　　ⅰ. 信用证金额;
　　　ⅱ. 规定的任何单价;
　　　ⅲ. 截止日;
　　　ⅳ. 交单期限;或
　　　ⅴ. 最迟发运日或发运期间。
　　以上任何一项或全部均可减少或缩短。
　　必须投保的保险比例可以增加,以达到原信用证或本惯例规定的保险金额。
　　可用第一受益人的名称替换原证中的开证申请人名称。
　　如果原证特别要求开证申请人名称应在除发票以外的任何单据出现时,已转让信用证必须反应该项要求。
　　h. 第一受益人有权以自己的发票和汇票(如有的话)替换第二受益人的发票的汇票,其金额不得超过原信用证的金额。经过替换后,第一受益人可在原信用证项下支取自己发票与第二受益人发票间的差价(如有的话)。
　　i. 如果第一受益人应提交其自己的发票和汇票(如有的话),但未能在第一次要求照办的,或第一受益人提交的发票导致了第二受益人的交单中本不存在的不符点,而其未能在第一次要求时修正,转让行有权将从第二受益人处收到的单据照交开证行,并不再对第一受益人承担责任。
　　j. 在要求转让时,第一受益人可以要求在信用证转让后的兑用地点,在原信用证的截止日之前(包括截止日),对第二受益人承付或议付。本规定并不得损害第一受益人在第三十八条 h 款下的权利。
　　k. 第二受益人或代表第二受益人的交单必须交给转让行。

第三十九条　款项让渡

　　信用证未注明可转让,并不影响受益人根据所适用的法律规定,将该信用证项下其可能有权或可能将成为有权获得的款项让渡给他人的权利。本条只涉及款项的让渡,而不涉及在信用证项下进行履行行为的权利让渡。

参 考 文 献

[1] 宫焕久,许源. 进出口业务教程[M]. 3版. 上海:上海人民出版社,2011.
[2] 李金萍,等. 国际贸易实务[M]. 3版. 北京:经济科学出版社,2011.
[3] 吴百福,等. 进出口贸易实务教程[M]. 5版. 上海:上海人民出版社,2007.
[4] 韩玉珍. 现代国际贸易实务[M]. 2版. 北京:首都经济贸易大学出版社,2003.
[5] 黎孝先,等. 国际贸易实务[M]. 5版. 北京:对外经济贸易大学出版社,2011.
[6] 姚新超. 国际贸易运输与保险[M]. 北京:对外经济贸易大学出版社,2006.
[7] 叶梅. 国际运输与保险[M]. 北京:中国人民大学出版社,2004.
[8] 邢金虎,马莉. 国际贸易实务[M]. 广州:华南理工大学出版社,2009.
[9] 毕甫清. 国际贸易实务与案例[M]. 北京:清华大学出版社,2006.
[10] 刘翠萍,王海鸥,国际贸易理论与实务[M]. 徐州:中国矿业大学出版社,2006.
[11] 孙国忠. 国际贸易实务[M]. 2版. 北京:机械工业出版社,2009.
[12] 冷柏军. 国际贸易实务[M]. 北京:对外经济贸易大学出版社,2005.
[13] 刘文广,张晓明. 国际贸易实务[M]. 2版. 北京:高等教育出版社,2011.
[14] 陈平. 国际贸易实务[M]. 武汉:华中科技大学出版社,2009.
[15] 夏合群,周英芬. 国际贸易实务[M]. 北京:北京大学出版社,中国林业出版社,2007.
[16] 安徽. 国际贸易实务教程案例与习题集[M]. 3版. 北京:北京大学出版社,2010.
[17] 章艳华. 国际贸易实务[M]. 北京:清华大学出版社,2011.
[18] 傅龙海. 国际贸易实务[M]. 北京:对外经济贸易大学出版社,2008.
[19] 刘迎春,张宇馨. 国际贸易实务[M]. 北京:首都经济贸易大学出版社,2008.
[20] 贺雪娟. 国际贸易实务案例分析[M]. 大连:大连理工大学出版社,2009.
[21] 何璇. 国际贸易实务[M]. 北京:科学出版社,2007.
[22] 吴安南,等. 国际贸易实务[M]. 大连:大连理工大学出版社,2006.
[23] 李敏华,任铁争. 国际贸易实务[M]. 北京:中国人民大学出版社,2010.

北京大学出版社高职高专财经类规划教材书目

财务会计系列

序号	书　名	标准书号	主编	定价	出版年月
1	统计学基础	978-7-81117-756-5	阮红伟	30	201101 第2次印刷
2	统计学原理	978-7-81117-825-8	廖江平	25	201111 第3次印刷
3	统计学原理	978-7-301-21924-9	吴思莹	36	201301
4	统计学原理与实务	978-7-5038-4836-0	姜长文	26	201007 第5次印刷
5	实用统计基础与案例	978-7-301-20409-2	黄彬红	35	201204
6	经济学基础	978-7-301-21034-5	陈守强	34	201301
7	经济法实用教程	978-7-81117-675-9	胡卫东	39	201111 第3次印刷
8	经济法原理与实务	978-7-5038-4846-9	孙晓平	38	200905 第3次印刷
9	财经法规	978-7-81117-885-2	李　萍	35	201202 第2次印刷
10	会计基本技能	978-7-5655-0067-1	高东升	26	201211 第3次印刷
11	会计基础实训	978-7-301-19964-0	刘春才	29	201201
12	会计基础实务	978-7-301-21145-8	刘素菊等	27	201208
13	企业会计基础	978-7-301-20460-3	徐炳炎	33	201204
14	基础会计	978-7-5655-0062-6	常　美	28	201008
15	基础会计教程	978-7-81117-753-4	侯　颖	30	200907
16	基础会计教程与实训	978-7-5038-4845-2	李　洁	28	201008 第5次印刷
17	基础会计教程与实训（第2版）	978-7-301-16075-6	李　洁	30	201301 第2次印刷
18	基础会计实训教程	978-7-5038-5017-2	王桂梅	20	201106 第3次印刷
19	基础会计原理与实务	978-7-5038-4849-0	侯旭华	28	200908 第3次印刷
20	财务管理	978-7-5655-0328-3	翟其红	29	201107
21	财务活动管理	978-7-5655-0162-3	石兰东	26	201301 第2次印刷
22	财务管理教程与实训	978-7-5038-4837-7	张　红	37	200911 第3次印刷
23	财务会计	978-7-5655-0117-3	张双兰	40	201101
24	财务会计（第2版）	978-7-81117-975-6	李　哲	32	201003
25	财务会计	978-7-301-20951-6	张严心等	32	201208
26	财务会计实用教程	978-7-5038-5027-1	丁增稳	36	200805
27	财务会计实务	978-7-301-22005-4	管玲芳	36	201301
28	财务管理	978-7-301-17843-0	林　琳	35	201301 第2次印刷
29	Excel财务管理应用	978-7-5655-0358-0	陈立稳	33	201108
30	中小企业财务管理教程	978-7-301-19936-7	周　兵	28	201201
31	财务管理实务教程	978-7-301-21945-4	包忠明等	30	201302
32	成本会计	978-7-5655-0130-2	陈东领	25	201101
33	成本会计	978-7-81117-592-9	李桂梅	28	201207 第3次印刷
34	成本会计实训教程	978-7-81117-542-4	贺英莲	23	201101 第3次印刷
35	成本费用核算	978-7-5655-0165-4	王　磊	27	201211 第2次印刷
36	成本会计	978-7-301-19409-6	徐亚明	24	201211 第2次印刷
37	成本会计实务	978-7-301-19308-2	王书果	36	201108
38	成本会计	978-7-301-21561-6	潘素琼	27	201301
39	审计业务操作	978-7-5655-0171-5	涂申清	30	201301 第2次印刷
40	审计业务操作全程实训教程	978-7-5655-0259-0	涂申清	26	201204 第2次印刷
41	审计学原理与实务	978-7-5038-4843-8	马西牛	32	201007 第2次印刷
42	税务会计实用教程	978-7-5038-4848-3	李克桥	37	200808 第2次印刷
43	涉税业务核算	978-7-301-18287-1	周常青	29	201101
44	企业纳税实务	978-7-5655-0188-3	司宇佳	25	201101
45	企业纳税与筹划实务	978-7-301-20193-0	郭武燕	38	201203
46	纳税申报与筹划	978-7-301-20921-9	李英艳等	38	201207
47	企业纳税计算与申报	978-7-301-21327-8	傅凤阳	30	201210

序号	书 名	标准书号	主编	定价	出版年月
48	会计电算化实用教程	978-7-5038-4853-7	张耀武	28	200802
49	会计电算化实用教程（第2版）	978-7-301-09400-6	刘东辉	20	200806
50	电算会计综合实习	978-7-301-21096-3	陈立稳等	38	201208
51	会计电算化项目教程	978-7-301-22104-4	亓文会	34	201303
52	会计英语	978-7-5038-5012-7	杨 洪	28	200908 第2次印刷
53	财经英语阅读	978-7-81117-952-1	朱 琳	29	201301 第3次印刷
54	行业特殊业务核算	978-7-301-18204-8	余 浩	30	201101
55	预算会计	978-7-301-20440-5	冯 萍	39	201205
56	Excel 在财务和管理中的应用	978-7-301-22264-5	陈跃安等	33	201303

经济贸易系列

序号	书 名	标准书号	主编	定价	出版年月
1	资产评估	978-7-81117-645-2	董亚红	40	201107 第2次印刷
2	国际结算	978-7-81117-842-5	黎国英	25	201207 第2次印刷
3	国际结算	978-7-5038-4844-5	徐新伟	32	200907 第2次印刷
4	国际贸易结算	978-7-301-20980-6	罗俊勤	31	201207
5	货币银行学	978-7-5038-4838-4	曹 艺	28	201206 第4次印刷
6	货币银行学	978-7-301-21181-6	王 菲等	37	201209
7	国际金融基础与实务	978-7-5038-4839-1	冷丽莲	33	200708
8	国际金融	978-7-301-21097-0	张艳清	26	201208
9	国际金融实务	978-7-301-21813-6	付玉丹	36	201301
10	国际贸易概论	978-7-81117-841-8	黎国英	28	201204 第4次印刷
11	国际贸易理论与实务	978-7-5038-4852-0	程敏然	40	200708
12	国际贸易实务	978-7-301-19393-8	李湘滇	34	201108
13	国际贸易实务操作	978-7-301-19962-6	王言炉	37	201201
14	国际贸易实务	978-7-301-20929-5	夏新燕	30	201208
15	国际贸易实务	978-7-301-20192-3	刘 慧等	25	201305 第2次印刷
16	国际贸易实务	978-7-301-16838-7	尚 洁等	26	201208
17	国际商务谈判	978-7-81117-532-5	卞桂英	33	201001 第2次印刷
18	国际商务谈判（第2版）	978-7-301-19705-9	刘金波	35	201112
19	国际商法实用教程	978-7-5655-0060-2	聂红梅	35	201204 第2次印刷
20	进出口贸易实务	978-7-5038-4842-1	周学明	30	200805 第2次印刷
21	金融英语	978-7-81117-537-0	刘 娣	24	201009 第3次印刷
22	财政基础与实务	978-7-5038-4840-7	才凤玲	34	201001 第2次印刷
23	财政与金融	978-7-5038-4856-8	谢利人	37	200808 第2次印刷
24	外贸单证	978-7-301-17417-3	程文吉	28	201109
25	新编外贸单证实务	978-7-301-21048-2	柳国华	30	201208
26	国际商务单证	978-7-301-20974-5	刘 慧等	29	201207
27	商务英语学习情境教程	978-7-301-18626-8	孙晓娟	27	201109
28	国际投资	978-7-301-21041-3	高田歌	33	201208
29	商业银行会计实务	978-7-301-21132-8	王启姣	35	201208
30	商业银行经营管理	978-7-301-21294-3	胡良琼等	27	201209
31	保险实务	978-7-301-20952-3	朱丽莎	30	201208
32	国际市场营销项目教程	978-7-301-21724-5	李湘滇	38	201301
33	报关实务	978-7-301-21987-4	董章清等	35	201301
34	报关与报检实务	978-7-301-16612-3	农晓丹	37	201303
35	报检报关业务：认知与操作	978-7-301-21886-0	姜 维	38	201301
36	外贸英语函电	978-7-301-21847-1	倪 华	28	201301

营销管理系列

序号	书 名	标准书号	主编	定价	出版年月
1	电子商务实用教程	978-7-301-18513-1	卢忠敏	33	201211 第2次印刷

序号	书　名	标准书号	主编	定价	出版年月
2	网络营销理论与实务	978-7-5655-0039-8	宋沛军	32	201112 第2次印刷
3	电子商务项目式教程	978-7-301-20976-9	胡　雷	25	201208
4	电子商务英语	978-7-301-17603-0	陈晓鸣	22	201111 第2次印刷
5	市场营销学	978-7-5038-4859-9	李世宗	28	200807 第2次印刷
6	市场营销	978-7-81117-957-6	钟立群	33	201207 第2次印刷
7	市场调查与预测	978-7-5655-0252-1	徐　林	27	201105
8	市场调查与预测	978-7-301-19904-6	熊衍红	31	201112
9	市场营销理论与实训	978-7-5655-0316-0	路　娟	27	201107
10	市场营销项目驱动教程	978-7-301-20750-5	肖　飞	34	201206
11	市场调查与预测情景教程	978-7-301-21510-4	王生云	36	201301
12	市场调研案例教程	978-7-81117-570-7	周宏敏	25	201101 第2次印刷
13	营销策划技术	978-7-81117-541-7	方志坚	26	201012 第2次印刷
14	营销策划	978-7-301-20608-9	许建民	37	201205
15	现代推销技术	978-7-301-20088-9	尤凤翔等	32	201202
16	推销与洽谈	978-7-301-21278-3	岳贤平	25	201009
17	商务沟通实务	978-7-301-18312-0	郑兰先	31	201112 第2次印刷
18	商务礼仪	978-7-5655-0176-0	金丽娟	29	201207 第2次印刷
19	商务礼仪	978-7-81117-831-9	李　巍	33	201205 第3次印刷
20	现代商务礼仪	978-7-81117-855-5	覃常员	24	201206 第3次印刷
21	商务谈判	978-7-5038-4850-6	范银萍	32	200908 第2次印刷
22	商务谈判	978-7-301-20543-3	尤凤翔等	26	201205
23	职场沟通实务	978-7-301-16175-3	吕宏程	30	201208
24	管理学基础	978-7-81117-974-3	李蔚田	34	201204 第3次印刷
25	管理学原理	978-7-5038-4841-4	季　辉	26	201007 第3次印刷
26	管理学原理与应用	978-7-5655-0065-7	秦　虹	27	201207 第2次印刷
27	管理学实务教程	978-7-301-21324-7	杨清华	33	201301
28	企业管理	978-7-5038-4858-2	张　亚	34	201007 第3次印刷
29	现代企业管理	978-7-81117-806-7	于翠华	38	200908
30	现代企业管理	978-7-301-19687-8	刘　磊	32	201204 第2次印刷
31	通用管理实务	978-7-81117-829-6	叶　萍	39	201101 第2次印刷
32	中小企业管理	978-7-81117-529-5	吕宏程	35	201108 第4次印刷
33	中小企业管理（第2版）	978-7-301-21124-3	吕宏程	39	201208
34	企业管理实务	978-7-301-20657-7	关善勇	28	201205
35	连锁经营与管理	978-7-5655-0019-0	宋之苓	37	201208 第3次印刷
36	企业经营管理模拟训练（含记录手册）	978-7-301-21033-8	叶　萍等	29	201208
37	企业经营ERP沙盘实训教程	978-7-301-21723-8	葛颖波	29	201301
38	管理信息系统	978-7-81117-802-9	刘　宇	30	200907
39	现代公共关系原理与实务	978-7-5038-4835-3	张美清	25	201003 第2次印刷
40	公共关系实务	978-7-301-20096-4	李　东等	32	201202
41	人力资源管理	978-7-5038-4851-3	李蔚田	40	200802
42	人力资源管理实务	978-7-301-19096-8	赵国忻	30	201107
43	消费心理学	978-7-81117-661-2	臧良运	31	201205 第5次印刷
44	消费心理与行为分析	978-7-301-19887-2	王水清	30	201112
45	广告原理与实务	978-7-5038-4847-6	郑小兰	32	201007 第2次印刷
46	零售学	978-7-81117-759-6	陈文汉	33	201111 第2次印刷
47	商品学概论	978-7-5038-4855-1	方凤玲	20	201008 第3次印刷
48	秘书理论与实务	978-7-81117-590-5	赵志强	26	200812
49	广告实务	978-7-301-21207-3	夏美英	29	201209
50	营销渠道开发与管理	978-7-301-21214-1	王水清	34	201209
51	商务统计实务	978-7-301-21293-6	陈晔武	29	201209

序号	书 名	标准书号	主编	定价	出版年月
52	秘书与人力资源管理	978-7-301-21298-1	肖云林等	25	201209
53	市场营销学	978-7-301-22046-7	饶国霞等	35	201301
54	市场营销策划	978-7-301-22384-0	冯志强	36	201305

物流管理系列

序号	书 名	标准书号	编著者	定价	出版时间
1	现代物流概论	978-7-81117-803-6	傅莉萍	40	201010 第 2 次印刷
2	现代物流管理	978-7-301-17374-9	申纲领	30	201205 第 2 次印刷
3	现代物流管理	978-7-5038-4854-4	沈默	37	200908 第 3 第印刷
4	现代物流概论	978-7-301-20922-6	钮立新	38	201207
5	企业物流管理	978-7-81117-804-3	傅莉萍	32	201208 第 3 次印刷
6	物流专业英语	978-7-5655-0210-1	仲颖	24	201205 第 2 次印刷
7	现代生产运作管理实务	978-7-301-17980-2	李陶然	39	201211 第 2 次印刷
8	物流案例与实训	978-7-301-17521-7	申纲领	28	201201 第 2 次印刷
9	物流市场调研	978-7-81117-805-0	覃逢	22	201102 第 2 次印刷
10	物流营销管理	978-7-81117-949-1	李小叶	36	201205 第 2 次印刷
11	采购管理实务	978-7-301-17917-8	李方峻	28	201205 第 2 次印刷
12	采购实务	978-7-301-19314-3	罗振华	33	201108
13	供应链管理	978-7-301-20639-3	杨华	33	201205
14	采购与供应链管理实务	978-7-301-19968-8	熊伟	36	201201
15	采购作业与管理实务	978-7-301-22035-1	李陶然	30	201301
16	仓储管理技术	978-7-301-17522-4	王冬	26	201007
17	仓储管理实务	978-7-301-18612-1	李怀湘	30	201209 第 2 次印刷
18	仓储与配送管理	978-7-81117-995-8	吉亮	38	201207 第 3 次印刷
19	仓储与配送管理实训教程	978-7-81117-886-9	杨叶勇	24	201209 第 2 次印刷
20	仓储与配送管理实务	978-7-5038-4857-5	郭曙光	44	201009 第 2 次印刷
21	仓储与配送管理实务	978-7-301-20182-4	李陶然	35	201203
22	仓储与配送管理项目式教程	978-7-301-20656-0	王瑜	38	201205
23	仓储配送技术与实务		张建奇	36（估）	201305
24	物流运输管理	978-7-301-17506-4	申纲领	29	201109 第 2 次印刷
25	物流运输实务	978-7-301-20286-9	黄河	40	201203
26	运输管理项目式教程	978-7-301-19323-5	钮立新	30	201108
27	物流信息系统	978-7-81117-827-2	傅莉萍	40	201205 第 2 次印刷
28	物流信息系统案例与实训	978-7-81117-830-2	傅莉萍	26	200908
29	物流信息技术与应用	978-7-301-17212-4	谢金龙	30	201211 第 3 次印刷
30	物流成本管理	978-7-301-20891-5	傅莉萍	28	201207
31	第三方物流综合运营	978-7-301-21213-4	施学良	32	201209
32	物流市场营销	978-7-301-21249-3	张勤	36	201209
33	国际货运代理实务	978-7-301-21968-3	张建奇	38	201301
34	物流经济地理	978-7-301-21963-8	葛颖波等	29	201301
35	运输组织与管理项目式教程	978-7-301-21946-1	苏玲利	26	201301

相关教学资源如电子课件、电子教材、习题答案等可以登录 www.pup6.com 下载或在线阅读。

扑六知识网（www.pup6.com）有海量的相关教学资源和电子教材阅读及下载（包括北京大学出版社第六事业部的相关资源），同时欢迎您将教学课件、视频、教案、素材、习题、试卷、辅导材料、课改成果、设计作品、论文等教学资源上传到 pup6.com，与全国高校师生分享您的教学成就与经验，并可自由设定价格，知识也能创造财富。具体情况请登录网站查询。

如您需要免费纸质样书用于教学，欢迎登录第六事业部门户网（www.pup6.com）填表申请，并欢迎在线登记选题以到北京大学出版社来出版您的大作，也可下载相关表格填写后发到我们的邮箱，我们将及时与您取得联系并做好全方位的服务。

扑六知识网将打造成全国最大的教育资源共享平台，欢迎您的加入——让知识有价值，让教学无界限，让学习更轻松。

联系方式：010-62750667，sywat716@126.com（经管），lihui851085153@163.com（物流），linzhangbo@126.com，欢迎来电来信咨询。